文化视域下的
对外汉语教学研究

张丁煜　殷淑文　王禄芳◎主编

线装书局

图书在版编目（CIP）数据

文化视域下的对外汉语教学研究 / 张丁煜，殷淑文，
王禄芳主编． -- 北京 ：线装书局，2022.1
ISBN 978-7-5120-4902-4

Ⅰ．①文… Ⅱ．①张… ②殷… ③王… Ⅲ．①对外汉
语教学－教学研究 Ⅳ．①H195

中国版本图书馆CIP数据核字(2022)第011616号

文化视域下的对外汉语教学研究
WENHUA SHIYU XIA DE DUIWAI HANYU JIAOXUE YANJIU

主　　编：张丁煜　殷淑文　王禄芳
责任编辑：林　菲
出版发行：线裝書局
　　　　　地　址：北京市丰台区方庄日月天地大厦B座17层(100078)
　　　　　电　话：010-58077126(发行部)010-58076938(总编室)
　　　　　网　址：www.zgxzsj.com
经　　销：新华书店
印　　制：湖北诚齐印刷股份有限公司
开　　本：787mm×1092mm　1/16
印　　张：19.75
字　　数：350千字
版　　次：2022年1月第1版第1次印刷

线装书局官方微信

定　　价：48.00元

作者简介

张丁煜(1983.10—),女,汉族,河北邢台人,研究生学历,职称是讲师,研究方向是汉语、对外汉语教学和文化传播,2012年韩国国民大学新闻传播学博士毕业,毕业后一直在邢台学院国际教育交流学院工作,担任对外汉语教研室主任,一直在一线为留学生授课。主持和参与多项省级和市级科研课题,发表专业文章10余篇、出版专著一部。

殷淑文(1985.06—),女,汉族,河北邢台人,研究生学历,职称是讲师,研究方向是英语翻译理论与实践、跨文化交流与传播,2011年毕业于河北大学,获文学硕士学位,之后在邢台医学高等专科学校任专职英语教师至今,讲师,多次获优秀教学奖。主持及参加了5项省级及市厅级科研课题,发表专业文章8余篇,其中包括两篇中文核心、一篇SCI。

王禄芳(1973.10—),女,汉族,河北沙河人,本科学历,职称是副教授,研究方向是英语教学、中西文化比较,邢台学院外国语学院专任教师,副教授,主要从事英语专业和公共英语教学,主持或参与国家和省、市级课题十余项,其中主持河北省社科基金课题两项。在省级及以上刊物发表论文二十余篇,多次指导学生参加全国大学生英语竞赛、"外研社杯"全国英语演讲大赛等并获奖。

【基金项目】

本文系2020年河北省社会科学基金项目"一带一路视域下河北省文化对外传播路径研究"(HB20XW014)的研究成果

前　言

　　伴随着全球化进程的推动和世界文化的多元发展,大力推广本国语言,传播本国文化已成为世界各国语言教育的一种共同的价值取向。对外汉语教学是促进汉语国际推广、传播中国优秀文化的主要途径,它强调以语言的理解和运用为前提,整合中国丰富多彩的文化资源以适应外国学习者的学习需求,为不同文化背景的学生创造汉语学习和文化理解的机会,以促进语言文化传播,增进国际理解和合作,实现语言和文化的多元发展。

　　汉语中蕴含着丰富的文化信息,是影响外国学生汉语习得的重要因素;中国文化历史悠久,具有巨大的合理性内核,能为当今世界提供优秀的文化资源;弘扬中国文化,有助于树立中国国际形象,提升文化软实力。因此,文化理应纳入对外汉语教学体系,使教学反映语言和文化相结合的特性。然而,当前在对外汉语教学中主要采用以语言教学为核心的教学模式,这导致外国学生在汉语学习中常常产生文化的障碍,也缺乏对中国文化的理解和认同。因此,在当前文化发展机遇与挑战并存的时代背景下,对外汉语教学理应将中国文化精华有机地融入对外汉语现行教学体系中,以反映语言和文化融合的观点,并保持中国文化的必要张力,构建语言与文化相结合的对外汉语教学体系。这不仅有助于我国对外汉语教学理论的丰富和充实,并对对外汉语教学改革实践提供理论指导,而且也可为国家文化发展战略提供现实支持。

目　录

第一章 对外汉语教学的概念

第一节 文化

一、关于文化的定义

关于文化,无论是在各种工具书中还是在各个学者们的脑海中有着不同的定义,文化的定义应该包括文化的内涵与外延以及它的本质特征,把它简洁、全面地概括出来。"文化"一词包罗万象,根据人们对其范围大小理解的不同可以分为狭义文化和广义文化,据其产生与发展的历史来看,文化的定义在历史上在不停地演变。

根据《苏联大百科全书》介绍,英语中的"文化"(culture)一词源于拉丁语,在欧洲几种语言中经历了复杂的历史演变,属于英语中最复杂的词汇之一。从其拉丁词源上讲是指"人们在改造外部自然界使之适应于满足食住等需要的过程中,对土壤、土地的耕耘、加工和改良"。之后欧洲的思想一直处于神学的禁锢之中,19世纪英国学者泰勒在《原始文化》(1871)中将文化定义为:"文化是包括知识、信仰、艺术、道德、法律、习俗以及包括作为社会成员的个人而获得的其他任何能力、习惯在内的一种综合体。"这一定义影响深远,此后人们从不同的领域,用不同方法,以不同角度对文化进行研究并产生了许多派别。

石中英教授曾说:"关于'文化'的定义现在已有几千种。不同的国家、不同的时代、不同的学科、不同的人都有不同的说法"。据克罗门(Kroeber)和克勒克洪(Kluckhohn)在1963年出版的《文化——关于概念和定义的评论》(*Culture:A Critical Review of Concepts and Definitions*)一书中的统计,有关"文化"的各种不同的定义至少就有150个之多。因为文化的内涵广阔而深邃,而且还与复杂的政治、制度、历史、地理等因素关联,所以很难准确地加以定义,要厘清文化的内涵及其与教学的关系更是不易。但"文化若是无所不包,就什么也说明不了",因此,不管文化的定义有多复杂,本文的展开首先就要对文化的概念加以界定。

"文化"一词在中国最早以分开的形式见于《易传》"观乎天文,以察时变,观乎人文,以化成天下。"其意思是根据人文来进行教化。后经汉代刘向将"人文化成"转为"教化治理"之义。

"文"本义是指相互交错的纹理,后又引申出多种含义:①各种象征符号,进而具体化为文物典籍、礼乐制度;②由伦理之说导出彩画、装饰、人为修养之义;③在前两层意义上,更导出美、善、德行之义。

"化"本义是改易、化育、生成的意思,指事物形态或性质的改变,亦引申为教行迁善之义。

对外汉语教学中的文化研究始于20世纪80年代,主要研究文化在对外汉语教学中的形态、地位、原则、方法等,并没有对文化概念作清晰的表述。随着对文化与语言、文化与语言教学的关系讨论的深入,人们把对外汉语教学中的文化教学内容定位为"是指语言教学本身所不应和不能脱离的文化因素的教学",而所谓"文化因素",主要是指"隐含在目的语的结构系统和表达系统中反映该民族的价值观念、是非取向、衣食住行、风俗习惯、审美情趣、道德规范、生活方式、思维方式等方面的特定的文化内涵。"这种把对外汉语教学中的文化看作是隐含在语言结构形式中文化因素的观点,在对外汉语教学界持续了很长一段时间,并围绕着文化因素的具体内容还展开了很多具体而又不同的讨论。①

后来,人们又慢慢发现,语言当中的文化,不仅仅表现为"文化因素",还体现在语言交际行为和非语言交际行为中。于是又有了"知识文化"和"交际文化"之分,"交际文化"的概念又进一步扩充为"那种两个文化背景不同的人进行交际时,直接影响信息准确传递的语言和非语言的文化因素。""知识文化"和"交际文化"的分类在对外汉语教学中影响最大,也最为深广,但是大家的意见却难以统一,有赞成,也有异议。后来又有人在"交际文化"的基础上进一步强调"跨文化背景",提出了"跨文化交际"。但是不管文化的概念如何更新,对外汉语教学中的文化基本上都是围绕着"与语言有关的文化"在讨论,这种观点一直持续到今天。

---

① 李泉. 对外汉语教学理论思考[M]. 北京:教育科学出版社,2005:44.

在这个过程中,也有人提出不同的意见,如北京语言大学教授周思源针对"文化因素"的提法就表示:"如果将对外汉语教学中的文化问题仅仅只看作是语言的内部成分,即语言课文的字、词、句、段中的某些文化因素,那么就必将使大量语言课程外的文化性内容受到挤压甚至排斥。"之后,他又对"仅以'交际文化'为主"的教学观点发表了不同的见解,提出:"宜建立一种比较宽泛的文化观念,以适应对文化的多方面需求,而不宜将它搞得太窄,太死。这种比较宽泛的文化观念的基本原则是:从不同学习阶段、不同语言水平和不同文化需求的学生实际出发,确定语言教学中不断变化着的文化坐标。"

2000年,许嘉璐教授在北京师范大学的一次演讲中也明确反对:"我不同意把对外汉语教学中的文化教学分为'知识文化'和'交际文化'。一是在实际教学中两者无法科学地分开,只能由教学者主观的决定;二是'知识文化'和'交际文化'其实都是围绕着语言交际而展开的,只不过二者所说的文化对语言交际的作用有直接和间接的不同,而所谓直接和间接也是难以区分和预料的,何况还有非语言交际存在。"他主张"文化是所创造的一切物质、制度与精神"的界定。

在本文的文化概念和观点中,基本赞同周思源和许嘉璐两位先生的观点。因为对外汉语教学中的文化,即便是跟语言形式和语言交际有关的文化,也涉及文化的方方面面,更何况站在传播中国文化和世界文化多元发展的角度来看,人类在社会发展过程中所创造的一切文化成果,都可以进入到对外汉语教学当中来,因此,我们也赞同文化应建立一个比较宽泛的概念。国学大师季羡林先生在谈到文化的定义时曾说过:"现在好多人写文章,还在非常努力地下定义,这个不过是在500个定义外再添一个501、502,一点问题不解决,所以我个人理解的文化就是非常广义的,就是精神方面,物质方面,对人民有好处的,就叫作文化。"[①]

二、文化因素的定位

关于文化因素,除了要界定"文化"的内涵以外,还需正确处理对外汉语教学中语言教学与文化教学的关系,正确认识文化在对外汉语教学中的定位是开展教学的关键。

---

① 季羡林. 东方不亮西方亮——在北京外国语大学的演讲[J]. 中国文化研究,1995 (4):1.

文化因素定位问题相当一部分是由"对外汉语教学"的范畴不明确而引起的。如果将对外汉语教学中的文化问题看作语言的一部分,即语言话语中所包含的文化因素,那么将会挤压语言课程外的文化内容,这样的定位过于狭窄。如果过于强调对外汉语教学中的文化内涵这方面,会使文化教学内容过于庞大,挤压语言教学,这样的定位过于宽泛。正确定位对外汉语文化教学要把握好"度",所以其定位应该在汉语教学的"度"之内。

文化因素的定位关键是将文化与语言,文化因素与语言的关系理清。语言是文化的载体,是文化的一部分,这是大多数人所赞同的。

在许多情况下文化教学容易与对外汉语中的文化因素教学混淆,对外汉语教学属于语言教学,文化教学与语言教学是并列的关系,文化因素教学包含在对外汉语教学中,因此,两者的性质不同。从内容上说,文化教学比文化因素教学宽泛,这是由其性质决定的,文化教学目的在于教授中国文化,文化因素教学目的在于解决对外汉语教学中由于文化因素造成的学习困难,是为了更好地进行语言教学。文化知识在语言范围之外,只有这些知识参与到语言交际并且影响其顺利交流时,才成为语言教学中的文化因素。文化因素是"隐含在语言的词汇系统、语法系统和语用系统中"的,具有隐含性与依附性。文化因素是一个语言教学概念,不属于文化教学,所以脱离语言教学讨论文化因素没有意义,文化因素是语言的一部分。

对外汉语教学作为一种第二语言和外语教学,本质是技能语言教学。大部分人将其作为一种技能来学习,极少数将其当作研究对象。对外汉语教学不仅在初级阶段而且到了中高级阶段其本质仍然是技能语言。有些观点认为语言技能学习至多两年即可完成,之后的学习应转向文化类学科,这样的观点没有看到高级技能语言的存在和不断增长的需求。根据国家汉办汉语水平考试部的规定,到高级阶段即三、四年级,掌握的汉字、词汇、语法点大幅增加,并且能运用得体的形式表达复杂的、高文化含量的思想感情,以及在单位时间内即兴听、说、读、写能力强,单位篇幅包含信息量大。这样具有高级技能语言的人才非一两年的时间能够培养成,因此四年制本科始终以语言技能培训为主是十分必要的。对外汉语教学中的文化因素教学有它的独特之处,与其定位有关,学习它的目的在于能够更好地学习汉语并能够用汉语进行交际。所以,具有一定的技能性与实践性。在教学实践中一定要时刻牢记以语言教学为最终目的,以"文化教学"为手段,只有这样我们在开展教学时才能不偏离语言教学的主题。

三、文化因素内容

(一)语构层面

语构层面体现出的文化因素指汉语在遣词、造句方面的特征。如认识事物从大到小,汉语中表达时间通常是"年月日",英语则相反。汉语言文字学家黎锦熙说汉语的语法特点是"用词组句,偏重心理,略于形式。"汉语的表达方式灵活多样,一些利于表达意思的方式,虽然不符合语法,但依然沿用例如:"救火""打扫卫生",在英语中不存在这种现象。

与其他语言相比,汉语中的量词尤为丰富,已经形成"数词+量词+名词"的固定表达方式。在不同文化背景的人对世界的认知方式是不同的,汉语中丰富的量词是文化特征在语言中的反映,就像阿拉伯语中有许多词语来形容骆驼一样。汉语中的度量词是大部分语言所共有的,例如:千克、瓶、杯等,除度量词外的量词是汉语特有的,例如:朵、趟、条、台等等。丰富的量词使语言更生动,赋予了更多的韵味,例如:"一泓清泉","泓"字表达出了泉水的丰沛与清澈;再例如"一叶扁舟","叶"字体现了小舟的轻盈,也让人感受到作者洒脱、悠闲地心境。

(二)语义层面

1.由于特殊自然地理环境而形成的词汇

例如:"熊猫""竹楼"等等。这些词汇在外文中是没有的,如果是直接按照字面意思翻译,很可能学生会不理解,就需要结合背景知识更深层次的解释,尤其是出现在文化作品中,就要讲解其中所包含的意象。像"明月""梅兰竹菊"被人们所赋予的意义,如果不事先了解,就无法读懂"闻道梅花坼晓风,雪堆遍满四山中。何方可化身千亿,一树梅花一放翁。"之中的言外之意。

2.由于价值观念的差异而导致的价值导向、审美、词义褒贬意义不同的词汇

例如汉语中与"狗"相关的词语都是贬义词,例如"狼心狗肺""狗腿子"等等,而英语文化中认为狗是人类忠诚的朋友,甚至把它当作家庭一员,英语中用"lucky dog"这个词表示"幸运的人"。西方人相对看重个人奋斗,中国人"礼法"观念很重,讲究君臣之礼,因此"野心"一词在汉语中是贬义的,

而在英语中"ambition"是中性的。中国文化中以小嘴为美,文学作品中经常用"樱桃小口"来形容美人,要让来自西方的学生明白这个词就要先让他们知道中西审美差异。

3.包含在政治体制中的文化词汇

例如"人民代表大会""三个代表""户口"等等。在讲解时结合我国国情,并且说明采取这些制度的原因。例如"户口"一词在《现代汉语词典》中解释为"户籍",在英文中没有对应的词,讲解这类词时要适度,不必力求全面,只要理解狭义意思,足够后续学习就可以了。

4.由于社会发展、变迁而造成的历史文化词汇

如"炕""四合院""马车""水井""长袍""万元户"等等。这类词语是在特定的社会以及经济制度条件下产生的,具有那个时代所赋予的意义,因此要讲解清楚词语的背景知识。或者由于时代变迁和生活水平的提高而在日常生活中渐渐运用得越来越少,所以只用讲解的方法不能使学生理解。应使用更直观的方法,例如用图片、视频或者拿实物感受、了解一下。

5.汉字是表意文字,包含在文字中的文化因素

汉代学者把汉字的构成与使用方法归纳为六种类型:象形、指事、形声、会意、转注、假借,称为六书。由于汉字的这种特点,许多传统文化可以从汉字研究中得出。例如"妒""嫉""奸"等类似意义的字都是女字旁,由此看出古代男尊女卑的观念。

(三)语用层面

指汉语日常用语的习惯用语与表达方式。其中包括问候语、语言禁忌、敬辞、谦辞这样的社交用语,也包括汉语中的称谓系统,以及谐音、回文等等的修辞手法。由于文化差异,汉语和其他语言这类用语之间翻译转化并不是一对一的关系,这给汉语作为第二语言的学习者带来了不小的难度。

例如,汉语中打招呼常用"吃了没?"可以根据不同的情境换成"去哪啊?""到里面坐坐?"等,这些话虽然语义不同但是翻译成英语相当于"How are you!",在汉语中向对方主动示意是表达友好、尊敬的关键,说话的内容并不是十分重要。汉语中也常用谦辞,例如一个人称赞另一个人的衣服很漂亮,被称赞者通常会说"哪里,哪里",或者在别人表示感谢时,中国人会回答"不用客气,这是我应该做的!"从字面意思来看是对对方话语的否定,

但其实人们并不这样理解,因为这类谦辞基本上已经成为套话。

中国人说"谢谢"的频率要远低于西方人,中国人认为关系亲密的人之间不必说"谢谢",说了反而让人感觉生分,例如家人的帮忙或者服务员为你服务等等,这些被认为是理所应当的,所以中国人认为在这些情况下是不必说"谢谢"的。

汉字是表意文字,并且具有音、形美感,因此汉字具有特有的趣味性,排比、谐音、回文、对偶等是具有这些特点的修辞手法。古代诗词、歌赋在这方面表现最明显,"落霞与孤鹜齐飞,秋水共长天一色""树树皆秋色,山山唯落晖""晴川历历汉阳树,芳草萋萋鹦鹉洲",这些诗句前后两句对偶工整,对偶的手法可谓诗句中的亮点。

四、文化因素导入原则

(一)阶段性原则

汉语学习是一个循序渐进的过程,不同汉语水平的学生对导入的文化因素内容与数量各不相同,导入的文化因素内容应与学生的汉语水平相当。对于将汉语作为第二语言的学习者来说,交际能力与掌握的目的语中的文化知识是相互促进的,随着对外汉语教学进入高级阶段,文化的比重应相应的增加。所以对外汉语文化因素教学在对外汉语教学中的比重不是一成不变的,需经历一个由少变多的过程。在初级阶段,口语课中的文化内容要多于汉语课,汉语交际语中具有国俗意义的短语、句子特别多,并且国俗语义比字面语义更重要。例如人们打招呼常用的"吃了吗?""去哪啊?"等等,如果先不解决类似的交际问题就会产生交流了问题,妨碍语言学习。进入中高级阶段,口语课与汉语课的文化内容都有所增加,并且涉及的范围更广,可以侧重教授一些含有深意文化色彩内容,例如历史文化、节日风俗等文化因素,使学生能够与中国人进行更深层次的跨文化交际。

(二)实用性原则

导入的文化因素应紧密结合语言学习的需要,文化因素导入的目的是更好地学习语言,更好地进行跨文化交际,因此在选择导入的文化内容时要符合实用性这一原则。在教授语言时,导入与当时语言密切相关的文化因素能够增强学生的跨文化交际能力,学以致用,激发学生的兴趣。例如称谓、客套话、打招呼用语等等,是留学生进行跨文化交际首先接触到的,汉语里根据长幼、地位、亲疏不同,有各自对应的称谓,如果称呼错的话,会是对方不高兴甚至认为你不礼貌。中国人对刚结识的朋友会说些客套话以增进感情,例如"有空了到我家坐坐。""下回我请你吃饭。"如果留学生不清楚这句客套话的真正含义而回答"你家在哪?"则会造成说话人的尴尬。

讲解文化因素时尤其在初级汉语课堂,如果使用学生的母语介绍中国文化,虽然可以让学生更好地听懂,但是这种做法并不可取。因为无论是否学习汉语的人,如果他们想了解中国文化的话,都可以去读、用他们母语写的有关这方面的书,不必挤占课堂时间。这种做法只能让学生了解中国文化,但没有将其与语言学习结合起来,没有提高跨文化交际能力,不符合实用性原则。

(三)适度性原则

坚持适度原则就是导入的文化应与所处的汉语学习阶段相适应,与教学目标、教学进度相适应的,使导入的文化因素能有效解决由文化障碍导致的语言教学问题。要把握好"度",既能不过多,否则教授文化知识会挤压语言学习时间,也不能过少,否则会不利跨文化交际顺利进行。中国传统文化博大精深,普通中国人尚且不是完全精通,但是并不影响日常交流,因此向留学生导入文化因素更不能以全面、透彻为标准。例如"红娘",在汉语初级学习阶段向学生解释为"媒人"即可,让学生能够正确运用这一词就足够了,待到中高级阶段再向学生讲解"红娘"的出处,也可以再向学生们介绍《西厢记》的主要内容,作为课下的延伸阅读。再例如俗语"成也萧何败也萧何",要讲明这句话的意思是成功与失败都是由于同一个人,萧何是古代的一位著名政治家,这样的讲解既高效又能达到语言教学的目的。

(四)趣味性原则

趣味性原则是教学中不可忽略的重要因素,兴趣是最好的老师,在教学过程中应促使学生产生对中国文化的浓厚兴趣。导入文化因素时如果能激发学生的兴趣,使学生主动学习,会有事半功倍的效果。中国文化丰富多彩,在阐释文化因素内容时,对外汉语教师不仅可以运用生动活泼的讲解来提升教学趣味性,而且可以利用多种教学手段制造活跃的课堂气氛。例如课堂上播放视频、电影,也可以让同学进行团体讨论,编排短剧进行表演,或者让学生走出课堂,深入到市民生活中体验饮食文化、节日文化、民俗风情等等。

例如在口语课上让同学扮演课文中的人物，课文讲述的是一个人在商店买东西买到了次品，但是老板却不承认是他这里卖的，拒绝退货，这使顾客感到很生气。在教学时让一个同学扮演老板另一个扮演顾客，对话的内容围绕如果你是顾客会怎样说服老板给你退货。也可以改编课文的人物设置，再找来一个同学扮演这位顾客的朋友，让朋友来安慰这名生气的顾客。最后让学生自由发言，讲讲自己被骗的经历。

学生在表达过程中碰到生词，老师要进行提醒，待对话结束时集中向学生教授生词。在这节口语课中，一位留学生说道："有一次，我在火车站坐了一辆没牌照的出租车"。这时老师可以提醒说："中国人一般称这种出租车为'黑车'"。等学生发言完之后，再细讲为什么叫他为"黑车"，"黑"在汉语里有什么象征，与之类似的还有什么词语。

第二节 对外汉语文化教学

中国文化伴随经济全球化的趋势在世界范围内广泛传播，汉语以及它所承载的中国文化越来越为世界所瞩目，特别是改革开放后中国经济持续飞速发展，对外贸易往来、文化交流不断扩大，加大了对外汉语教学的需求，为其发展提供了动力，近十几年来对外汉语教学事业取得了快速发展。

对外汉语教学作为一门新兴学科，学科基础比较薄弱，研究领域仍有许多空白。现今，对外汉语教学不仅仅是满足来华外国人员的语言交流需要，随着中国软实力不断提升，对外汉语教学中文化因素的重要性更为显现。对外汉语教学与语言教学的关系是统一且相互促进的，语言与文化密不可分，要想进一步地掌握汉语就要了解汉语中所蕴含的文化知识。

从文化的视角研究对外汉语教学，不能回避语言和文化、语言教学和文化教学的关系。在对外汉语教学中，围绕着要教哪些文化、汉语的教学如何和文化的教学处理好关系等问题，展开了一系列的讨论。在这些讨论中，有两种观点值得注意：一是对外汉语教学中语言和文化的关系；二是对外汉语教学中的文化教学和对外汉语文化教学的区分。前者以林国立先生为代表,他认为对外汉语教学中语言和文化的关系应当是"上位与下位"的关系,文化涵盖了语言,语言只是文化的一个组成部分。他指出:"文化"和"对外汉语教学中的文化"不是同一个范畴的同一个概念,前者是"一个文化人类学范畴的概念",涵盖的范围和内容要深广得多,而后者是"一个语言教学范畴的概念",属于应用语言学的范畴。他对于"对外汉语教学中的文化"界定是"外国人学习和理解汉语,使用汉语与中国人打交道的时候需要掌握的那种'文化',是语言学习和使用过程中所涉及的文化。"

一、对外汉语文化教学研究

对外汉语文化教学的研究始于80年代初期,在后来的研究中经历了由不自觉到自觉,由经验型向学术型转变的过程,大体可以分为两个时期:80年代的起始期和90年代至今的发展期。80年代末至90年代中期较活跃,90年代中期至今趋于平稳,后一阶段是前一阶段的继承和发展。

(一)80年代对外汉语文化教学研究

1980年熊文华、朱文俊发表《汉英语言学习的社会文化因素》一文,文章指出文化因素语言学习的重要作用。同年,北京语言大学教授吕必松提出语言教学的目标:"语言教学的基本任务是培养学生运用所学的语言进行社会交际的能力。"其后提出来思想观念、风俗习惯等文化因素对语言教学的具有重要意义,对外汉语教学应与语言中的文化因素结合起来。以上观点的提出明确了文化因素在对外汉语教学中的独立地位,打破了以往文化因素附属于对外汉语教学的观点。

1984年张占一在《语言教学与研究》上发表《谈谈汉语个别教学及其教材》,提出将语言教学中的文化因素分为"知识文化"和"交际文化",文章中提出"所谓交际文化,指的是两种不同文化背景熏陶下的人,在交际时,由于缺乏有关某词、某句的文化背景知识而发生误解。这种直接影响交际效果的文化知识,我们就称之为'交际文化'。"这也是首次对文化因素的内容进行划分,具有重要意义。这一观点的提出引起强烈反响,赵贤州、吕必松也对这种划分持肯定态度。此后,对外汉语教学界开始投入更多精力研究语言中的文化因素以达到排除跨文化交际障碍。

1985年,徐志韬发表的《在中国留学的美国学生因社会文化背景的差异而产生的一些问题》与黎天睦发表的《中国对外汉语教学印象记》是最早研究美国学生学习汉语面临的跨文化交际问题与解决方法的文章。熊文华的《非语言交际理论在对外汉语教学中的指导作用》一文首次将"非语言交际理论"引入汉语学界。

80年代是对外汉语教学文化因素研究的起步阶段,在此期间文化因素的重要性逐渐受到对外汉语学界的认可。其中最有影响的是张占一的"交际文化"理论,这个观点受到学界的广泛赞同,相比80年代之前将文化教学置于语言教学之外的文化历史教学的情况,已经具有重大进步。

(二)90年代至今对外汉语文化教学研究

这一时期对外汉语文化教学的研究更为活跃,大量论文、专著涌现。形成了以毕继万、周思源、张占一、陈光磊、赵贤州、张德鑫等为代表的学科带头人。与上一时期相比,90年代后的对外汉语文化研究范围更广泛,从以下三个方面来评述。

1.文化因素研究

1992年陈光磊发表《语言教学中的文化导入》,将文化分为"语构、语义、语用文化"。同年,魏春木、汴觉非发表《基础汉语教学阶段文化导入内容初探》,将文化内容划分为114项具体的文化项目。1993年,胡明扬发表的《对外汉语教学中的文化因素》一文中将文化因素划分为六类,分别为:受特定的自然地理环境制约的语汇;受特定的物质生活条件制约的语汇;受特定的社会和经济制度制约的语汇;受特定的精神文化生活制约的语汇;受特定的风俗习惯和社会心态制约的表达方式;受特定的认识方式影响的语言习惯。[①]

2.文化的定义、分类的研究

1990年张占一发表《试议交际文化和知识文化》,对"交际文化"的定义做进一步补充,在定义中加入非语言文化因素。围绕"交际文化"的定义,诸多学者展开讨论,其中周思源的《对外汉语教学与文化》一书中认为"对外汉语教学宜建立一种比较宽泛的文化观念,以适应对文化的多方面要求。"通过实践北京语言大学汉语学院教授认为对文化的二分法会造成对两种文化分类的混乱,所以文化二分法不足以解决对外汉语文化教学中对文化因素分类的问题。当时更多学者赞同这样一种观点:文化的内容纷繁复杂,将其全部作为对外汉语文化教学的内容不现实,因此只需将与对外

① 胡明扬. 对外汉语教学中的文化因素[J]. 语言教学与研究,1993(04):103-107.

汉语语言教学相关的文化因素进行分类并添加到对外汉语教学中即可。

2005年张英发表《文化学与对外汉语文化教学》，认为对外汉语文化教学面临的诸多难题，其根源与作为对外汉语教学学科理论基础之一的文化学相关，"对外汉语文化教学的理论与实践真正地走出困境，一定程度上有赖于中国文化学的发展。"

3.对外汉语教学中文化艺术的定位的研究

1994年召开的对外汉语教学的定位、定性与定量问题座谈会，明确了语言教学与文化教学的关系——两者属于不同性质的教学。本次会议反驳了当时一些学者提出的"对外汉语教学内容应为汉学非语言培训"等关于对外汉语文化定位的错误观点。1996年林国立发表《对外汉语教学中文化因素的定性、定位与定量问题刍议》，文章强调"语言是文化的一部分，文化因素是语言的一部分"以及"文化因素和语音、语法、词汇一样，是语言中的一个因素。"同年，周思源发表的《对外汉语教学的文化定位》一文指出"正确认识文化在对外汉语教学中的位置，已经成为学科建设和事业发展的一大关键。"他认为对外汉语教学"始终以语言技能训练为核心。"

笔者认为，广义的文化确实包含了语言，语言是广义文化中的一种特殊文化，对外汉语教学中的文化不可能涵盖所有的文化内容，从这个角度看，"文化"和"对外汉语教学中的文化"确实不是同一回事。"对外汉语教学中的文化"受学科性质和目的的限制，区别于一般意义上的文化，其范围也要小得多。但是语言中所体现出来的文化本身就包含了文化的方方面面，历史地理、政治经济、文学艺术、日常生活等这些"大写字母C文化"也在语言中有所反映，而且作为承担着文化传播作用的语言教学，这些内容都可以成为传播的对象。从这个意义上讲，"对外汉语教学中的文化"如果只是限定在"与语言学习和使用有关的文化"上，是对"对外汉语教学中的文化"的窄化。我们在这里探讨的"对外汉语教学中的文化"，既包括"与汉语理解和运用有关的文化"，也包含一切具有世界价值的中国特色文化。

对外汉语教学中的文化教学和对外汉语文化教学的区分，是张英老师在《对外汉语文化因素与文化知识教学研究》一文中提出来的。她将文化教学分为"文化因素"教学和"文化知识"教学两种。

"文化因素"教学指的是存在于语音、语法、语义、语用等层面的文化内容；"文化知识"教学则是存在于社会交际规约中的文化内容。

进而,又对"对外汉语教学中的文化教学"和"对外汉语文化教学"进行了区分,"'对外汉语教学中的文化教学'承担的是存在于语言形式之内的'文化'即'语言的文化要素'的教学,教学内容和范围应该在'语言'领域,即属于文化语言学的研究范围,教学的目的是'排除'语言理解和运用方面的障碍。其教学是以'教语言'的方式进行。这种教学,本质上是属于'语言技能'或'交际能力'的教学。'对外汉语文化知识教学'承担的教学内容则大于吾言的文化要素'范围,教学目的是'克服'交际中可能出现的困难,以便能够顺利进行跨文化交际。其教学方式既不等同于操练性很强的语言技能教学,也不等同于母语环境中灌输式的'第一文化'教学,而应是'第二文化'教学独有的一种教学方式。"我们赞同张英老师跳出单一的"语言形式中的文化要素",对对外汉语教学中不同层面的文化进行分类的方法,因为对外汉语教学中涉及的文化有点有面,有主有次,有先有后,不能"一锅煮"。但是,我们应对"文化因素"和"文化知识"的分类持保留态度,且不管是"存在于语音、语法、语义、语用等层面的文化"也好,还是"存在于社会交际规约中的文化"也罢,又或是以"与语言有关的文化"为主。我们这里所谈的"文化"包含了张英老师的上述两类文化,同时还包括了"具有世界价值的中国特色文化"的教学,统归为"对外汉语文化教学"的范畴。

第三节 对外汉语教学

作为世界上最为古老的语言之一,汉语作为第二语言教学也有着悠久的历史。早在两千多年前的汉代就有一些国家派遣留学人员来我国学习汉语和文化。唐代是我国古代接受外国留学生最多的时期,其后的宋、元、明、清各代都有来自我国周边国家的外国留学生前来学习汉语和中国文化。但是,对外汉语教学作为一门学科和一种事业,其真正的发展则是20世纪50年代以后的事,而对外汉语教学作为一门学科被世人或学术界认可,更是在20世纪80年代以后。

1978年吕必松在中国社会科学院召开的"北京地区语言学科规划座谈会"上首次提出应当把对外国人的汉语教学作为一个学科来建设。1983年中国教育学会对外汉语教学研究会(即"中国对外汉语教学学会"的前身)成立,1984年王力在为《语言教学与研究》创刊五周年题词时指出"对外汉语教学是一门学科",同年时任教育部部长的何东昌在我国留学生工作会议的报告中明确指出:"多年的事实证明,对外汉语教学已发展成为一门新的学科。"这是我国政府首次确认对外汉语教学是一门学科。国家教委(后改为"教育部")在其后颁布的我国学科专业目录中列入了"对外汉语"这门新学科。国务院于1987年7月批准成立了由7个部委参加的"国家对外汉语教学领导小组",这是主管全国对外汉语教学工作的政府机构。1989年国家教委在相关文件中明确指出"发展对外汉语教学事业是一项国家和民族的事业"。1993年由中共中央和国务院颁布的由国家教委制定的《中国教育改革和发展纲要》中明确提出要"大力加强对外汉语教学工作",这是第一次把对外汉语教学工作写入国家教育法规。1994年底,中国对外汉语教学学会在北京召开的"对外汉语教学的定性、定位、定量问题座谈会"上,曾对该名称做过明确地说明:它既是一项事业的名称,也可以指一种工作或职业的名称,还可以是一个专业的名称,一门学科的名称。我们这里讨论的对外汉语教学,主要是针对这门学科的研究而言,在进行研究的过程中,必然也会涉及对外汉语教学事业的发展和相关工作的展开。

总之,20世纪80年代以后"对外汉语教学"(或"对外汉语")便作为学科或专业名称出现在我国正式的文献中,包括出现在学科专业目录、组织机构、研究课题和研究成果中。可见,作为一门学科的"对外汉语教学"是一门年轻的学科。由于是一门新兴的学科,因此在其迅速发展的同时,社会上、学术界乃至本学科内部对本学科的名称、性质、任务等基本问题尚有不同的看法,甚至存在一些争论。

一、对外汉语教学中语言的概念

在"对外汉语教学"学科发展过程中,学术界对这个学科的名称提出了一些不同看法,这些不同看法也反映了人们对这个学科的认识。

(一)语言教学中有关语言的几个基本概念

在了解对外汉语教学之前,首先要弄清楚几个与语言教学有关的语言的基本概念。

1.第一语言和第二语言

第一语言和第二语言,是按照人们获得语言的先后顺序来区分的两个概念,也是语言教学理论中用得最多的一对术语。第一语言是指一个人出生以后首先接触并获得的语言,第二语言则指人们在获得第一语言以后再学习和使用的另一种语言。当然有的人还会学习和使用第三、第四、第五种乃至更多种语言,但由于学习更多种语言的规律跟学习第二语言有很多共同之处,所以一般不再细分,而统称为第二语言(但也必须看到,第三、第四语言的学习和第二语言的学习者之间是存在一定差异的,比如学习目的语时所产生的正负迁移等方面会有差异)。同时也有这样的情况:有的幼儿同时习得两种或多种第一语言,达到同等熟练的程度,这就是所谓双语或多语现象。第一语言、第二语言完全是从学习者学习语言的时间的先后来区分的,这与一些多语言的国家由法律规定的第一语文或官方语言不是一回事。

2.母语和外语

母语和外语是按照国家的界限来区分的。母语指的是本国的或本民族的语言,外语指的是外国的语言。一般情况下母语是人们的第一语言,但对一些移居国外的人的子女来说,他们出生以后首先接触并获得的语言有可能不是母语而是居住国的语言。因此,不能把第一语言和母语这两个概念完全等同起来。反之,第二语言也不一定就是外语,可能是一个国家别的民族的语言,或一个国家的另一种官方语言。

3.本族语和非本族语

本族语与非本族语是按照言语社团来区分的,通常是按民族的界限来区分的。本族语就是本民族的语言。因此这一术语与"母语"可以通用。非本族语是指本民族以外的语言,可能是外语,也可能是指本国其他民族的语言。比如,对于我国的各个民族来说,其他民族的语言是非本族语,但不能称作外语。从语言掌握的程度及运用情况来看,母语、本族语、第一语言通常是一个人的"主要语言",但在某些情况下,也可能成为"次要语言";外语、非本族语、第二语言一般是一个人的"次要语言",但也可能成为"主要语言"。如在海外工作或居住的汉族人,其母语、本族语、第一语言是汉语,但他在海外工作或居住时,往往使用居住国或工作所在地国家的语言,这样汉语就成了他的次要语言,外语、非本族语、第二语言倒成了他的主要语言。主要语言和次要语言是从被使用的程度上来划分的。

4.目的语

目的语是指正在学习并希望掌握的语言。不论是外语或非本族语,甚至是非第一语言的母语,只要成为一个人学习并争取掌握的目标,都可以称为目的语。

以上概念是从不同的角度提出的,它们之间在内涵上存在着交叉或模糊现象。比如,"第二语言"与"外语"这两个概念的区分就是一个比较复杂的问题。一般说来,第二语言是指母语(或第一语言)以外的、本国通用语或本国其他民族的语言,而外语则是指别的国家的语言。但是近年来出现一种用"第二语言"代替"外语"的趋势。

西方学者还从有无语言学习环境的角度对"第二语言"和"外语"这两个概念做了分工:凡是在该语言使用环境中学习的目的语称为第二语言,而不在使用环境中学习的目的语则称为外语。显然,从这个角度来区分第二语言和外语是有一定道理的,而且这种区分强调了有无语言环境对教学原则和教学方法等方面所产生的巨大影响,这也是很有意义的。

总之"第二语言"有广义狭义之分。广义的"第二语言"是指任何一种在获得第一语言之后学习和使用的语言,包括外语;狭义的"第二语言"有两种情况:一种是指第一语言以外的本国通用语或本国其他民族的语言,不包括外语;另一种是指在该语言使用的环境中学习的目的语,包括--部分外语。对外汉语教学中所谓汉语作为第二语言教学的第二语言应该是广义的"第二语言"。

二、对外汉语教学的名称的由来

一个学科的名称是该学科的内容和学科本质特点的反映。由于对某一学科本质的认识的不同,在学科名称上就会有不同的看法。目前在国内,教授外国人学习汉语的学科一般称为"对外汉语教学"。但也有一些不同的名称和看法。

(一)对外汉语教学

这一名称基本上能体现教授外国人学习汉语这个学科的特点和内涵,在国内外也产生了广泛的影响,而且简洁上口,符合汉语表达习惯,因此从1983年提出一直使用至今。国家机构(如:国家对外汉语教学领导小组)、学术团体(如:中国对外汉语教学学会)等都正式采用这一名称。

但是,20多年的使用也发现这一名称有一定的局限性。即:对外汉语教学这一名称只突出了主要的教学对象——教授外国人学习汉语,但未能全面、准确地反映学科的性质——第二语言教学。不过由于该名称已被约定俗成地广泛使用,所以今后仍将是本学科用得最为广泛的名称。

"对外汉语教学"作为一个学科名称,其内涵也经历了比较大的变化。这个称谓刚出现的时候指的是国内的"对外国人进行的汉语教学",后来发展为不管在国内还是在国外,只要是汉语作为第二语言的教学都可以称为"对外汉语教学",那么这时这个概念既包含了国内的少数民族的汉语教学,也包含了海外华人的汉语教学。由于"对外汉语教学"原本是针对国内教外国人学汉语所起的名字,因而只适用于中国国内,在国外谈"对外"就不恰当了,所以国外的同行们就根据各自不同的情况,分别叫作"中文教学"(美国)、"中国语教学"(日本)、"华文教学"(东南亚)等等。此外还有相关学术会议简称为"汉语教学",也有人建议把这个学科更名为"汉语作为第二语言的教学"或者"汉语作为外语的教学",还有现在我们新设立的硕士专业学位又称"汉语国际教育"。

(二)对外汉语教育(学)

有学者从学科教学论角度,提出区分"教育"和"教学"两个概念,认为教授外国人学习汉语应该称为"对外汉语教育"或"对外汉语教育学",对外汉语教育(学)应该属于"语言教育(学)"学科,同时,部分学校还使用"对外汉语教育学院"这样的机构名称。"教育"不同于"教学",教育可以指一切培养人的活动,在教学论中主要指学校全方位培养学生的教学与管理活动,而"教学"则通常专指课堂上教师的"教"与学生的"学"的活动。这样看,"对外汉语教育(学)"似乎包括对外汉语教学。不过,在"对外汉语教学"作为学科形成的20多年中,对外汉语学界的专家和教师的教学和科研活动,事实上是包含了"对外汉语教育(学)"的全部内涵。

同时,"对外汉语教育(学)"这个名称也会使"对外汉语教学"这个学科完全归入"教育学"或"学科教学论"学科中去,这样的话,目前从事对外汉语教学和研究的绝大多数教学科研人员是不太情愿的。因为,目前从事对外汉语教学和研究的绝大多数教学科研人员是汉语言文字学或语言学及应用语言学专业毕业的硕士和博士,本科多是中国语言文学专业,少数是外语专业,教育学或学科教学论专业毕业的教学科研人员极少。

(三)汉语教学

"对外汉语教学"本来是针对国内教外国人学汉语这一事业所起的名称,明显地带有以中国人的视角来指称这一学科的色彩。"对外"二字无法为国外从事汉语教学的同行所使用,因此,它只适用于中国。海外从事汉语教学的人们根据各自的理解,给这门学科以不同的名称。有的把这门学科叫作"中文教学"(如美国),有的叫作"中国语教学"(如日本、韩国),也有的叫作"华文/语教学"(如东南亚国家;在国内,北京有"华文学院"华语出版社,暨南大学有"华文学院",中国台湾也称华文/语教学)等。当国内外的学者在一起讨论学科或学术问题时,用"对外汉语教学"这一名称显然是不合适的。这种情况下一般使用"汉语教学"。正如学会设在北京的国际性学术团体"世界汉语教学学会"及其会刊《世界汉语教学》,三年一次已举行了七届的"国际汉语教学讨论会"等名称所表示的那样,由于语境清楚,一般不会与我国的汉语作为第一语言的教学(语文教学)相混淆,不会产生误解。这一名称在国际场合用得较多,已为各国学者所接受。而且随着汉语热的进一步升温,随着海外学习汉语的人数的不断增加,随着中国对海外推广汉语力度的进一步加强,"国际汉语教学"这一名称会越来越多地被全世界各地从事汉语教学与研究的教师、学者、教育机构和政府机构所接受。

不过,国内学者一般不倾向于用"中文教学""中国语教学""华文/语教学"等海外学者所使用的名称,这与科学性及民族性有一定关系,因为"汉语"并不完全等同于"中文""中国语""华文/语"。国内学者指称"华文教育"或"华文教学"往往有另外的含义,一般专指面向海外华人教授汉语的教学活动。

(四)汉语作为第二语言教学

从科学性上看,这一名称较为精确地指称了本学科的内涵和性质。它既能指在中国进行的针对外国人的汉语教学,也能指世界各地的汉语教学,而且还能包括与之性质大体相同地对我国国内少数民族的汉语教学。也就是说,它能涵盖第一语言以外的所有汉语教学。现在这一名称在学术论著中使用得越来越多。但由于这一名称太长,不上口,再加上约定俗成的原因,它似乎不太可能取代"对外汉语教学"这个名称。

我们在本编著中之所以选择"对外汉语教学"这个名称,是因为"对外汉语教学"这个名称使用时间最长,影响范围最广,在引用很多前人的观点和论述时,这个名称也是出现最多的,为了避免概念的混乱,我们选择这个最常见的名称,而且这一名称也基本体现了这个学科的特点和内涵。

但是我们要对研究的范围进行一下限制:国内的少数民族汉语教学虽然也属于对外汉语教学研究的范畴,但是由于少数民族同属于中华民族大家庭,共同创造和沐浴着中国文化,在汉语教学中由于不同民族之间的文化差异和冲突相对要小很多,因此不在我们的讨论范围之内;同时由于国外对外汉语教学不在汉语环境下进行,文化的影响程度也和汉语环境下的对外汉语教学存在较大区别,再加上资料的搜集和能力的有限,因此,我们把国外对外汉语教学的情况也排除在外,而主要讨论"国内针对外国学生的对外汉语教学"这一范围的研究。

第二章 文化视域下对外汉语教学的意义

众所周知,语言与文化密不可分、相互依存。文化语言学家邢福义曾将两者的关系描述为"水乳交融"。美国学者萨姆瓦也表示,"语言不仅是交流经验的工具,也是说话者解读经验的重要方式。换句话说,文化语言习惯让人们可以选择自己的语言。"语言是语言的承载者。语言的要素具有特定的文化意义,语言的使用必须遵循特定的文化规则。文化是语言的基础,每一种语言都必须有文化基础才能生根发芽。一种语言的文化基础越深,它所承载的文化信息就越丰富。对中国人而言,他们独特的语音、词汇、语法等体系蕴含着丰富的文化元素。汉字保留了中国文化的高度智慧和精髓,与其他语言兼容,具有较强的文化特色。中华民族博大精深,根植于中华文化源远流长的土壤。自觉地保存和传递中华文化,记录汉人的历史进程,看透文化精神,蕴含汉人的思维方式。因此,对外汉语教学,学习汉语离不开学习中国文化,教汉语离不开教中国文化,弘扬汉语就是中国文化。下面从微观和宏观两个层面探讨作为外语的汉语教育的文化进入的必要性。

第一节 学习汉语的需要

认知主义学习理论认为:学习是通过认知过程对信息进行编码、转换、组织与储存并形成认知结构的过程;学习是学习者内在心理与外在环境的互动,心理是学习者处理外部信息的媒介。在第二语言学习中,一种语言符号的信息编码不仅仅是一种符号信息,随之发出的还有大量的文化信息,在解码过程中,解码文化或多或少会影响编码文化,从而出现意义的改变。因此,对语言的理解也要以特定的文化背景为依据。在对外汉语教学中,学生学习汉语,就要对汉语这一输入信息进行信息解码,重新组织后储存到自己的认知结构当中,才能形成对这门语言的掌握。在这个学习过程中,必然要对汉语有全面地理解才会形成正确的认知,文化作为汉语语言习得中的一个重要组成部分,不仅对汉语语言的理解和运用产生重大影响,还影响着学生汉语习得的动机、兴趣等学习心理,因而汉语语言的学习需要文化的进入。

一、汉语语言中蕴涵着丰富的文化内容

"语言文字是交流思想、传播文化的,语言文字和思想文化虽说是两码事,然而由于语言文字是交流思想、传播文化的工具,而思想文化又是抽象的,必须要依靠语言文字这个物质外壳而存在,所以语言文字和思想文化老是纠缠在一起,很难撕扯得开。"语言反映着文化,又受到文化的制约。不懂一种语言背后的文化,就难以正确地理解和使用这种语言,对外汉语教学作为汉语的教学,同样如此。①

汉语含有大量的文化信息,直接影响到留学生对汉语的理解和使用,是对外汉语教学的重要组成部分。在多年的汉语教育实践中,人们逐渐提高汉语水平,在跨文化语境中正确使用汉语,交流顺畅。世界上最古老的语言——汉语,是千百年来华语人集体智慧的结晶,是中华民族文化的重要事业。丰富的发音、词汇、语法、汉字和语用学,文化内容才是真正的"文化语言"。

从古至今,人们利用汉语的语音特点,形成了极为丰富的谐音文化。在语言运用的特定情境中,借助音同或音近的语音来表达意思,产生"言外之意,弦外之音"的特殊表达效果。这种谐音手法的运用,跟一定的文化传统和民族心理相联系,通过谐音的分析,可以寻觅出许多中国文化的渊源。如:中国人除夕吃年夜饭大多有道鱼的菜肴,谐的是"年年有余";沿海渔民忌讲与"沉"和"翻"音近或音同的字眼,因而"盛饭"只能说"添饭","翻"要说"转";中国人挑选手机号码、车牌号码等都喜欢选择"8"而不愿要"4",因为"8"与"发"谐音,"4"与"死"音近,类似的例子比比皆是。②

虽然谐音作为一种语言现象普遍存在于多种语言之中,但汉语中的谐音现象或语意双关,或禁忌避讳,或象征祈福,其背后表达的是中国人特有的文化心理和价值取向。另外,汉语语音中叠音、复音等语音艺术手法的

---

① 周庆元. 语文教育研究概论[M]. 长沙:湖南人民出版社,2005:25.
② 林祥楣. 现代汉语[M]. 北京:语文出版社,1995:15-16.

运用,让人在品味欣赏之时,又能获得文化的启迪和智慧。还有学者发现汉语中不少词的声音是拟摹事物音响而发出的,如"滴"像"檐溜下注"之声,"鸡"像小鸡唧鸣之声,"布谷鸟"依声命名,"叮当"以声像意,等等,这些都体现出汉民族思维方式具体性、形象性的倾向。可以说,只要我们仔细去体味,在汉语语音的背后都或多或少隐含着汉民族的思维习惯和文化心态。

词汇是语言要素中发展变化最快、最为贴近社会生活的一个部分,因而它与文化的关系也最为密切。一种语言所反映出来的文化,绝大多数都在词汇当中有所体现,语言的文化承载功能也主要是通过词汇显示出来的。汉语作为中华民族最重要的交际工具和文化载体,在其词汇中就不能不留下汉民族传统文化的积淀。汉语词汇保存了汉民族特有的文化事物,如胡明扬先生曾经对体现汉民族文化特有事物和概念的词汇归为了四类:①受特定的自然环境制约的语汇,如"梅雨""梯田""戈壁滩""熊猫"等等;②受特定的物质生活条件制约的语汇,如"馒头""木榫肉""旗袍""大褂""四合院""楼台亭阁""堂屋""坑""密洞""板车"等等;③受特定的社会和经济制度制约的语汇,如"科举""同志""干部""支书""衙内""农转非""下放""打假办""个体户""皮包公司"以及一系列亲属和社交称谓等等;④受特定的精神文化生活制约的语汇,如"克星""虚岁""冲喜""韬晦""黄道吉日""王道""霸道""积德""扫帚星""鹊桥""红娘""阿Q""居士""吃教"等等以及众多的成语、熟语,如"一日三秋""柳暗花明""做一天和尚撞一天钟"等等。这些词汇体现着特定的文化内涵,在其他语言中没有或者难以找到完全等义对应的词语,必须结合中国背景文化知识才能理解。汉语词汇反映了汉民族的传统观念、价值理想、哲学思维、宗教信仰、风俗习惯、思维方式、心理特点、审美情趣等,几乎囊括了中国文化的方方面面,可以看作是中国文化的一面镜子。

语法是人们在长期历史发展过程中所形成的表达规则的体现,它在很大程度上反映着一个民族的思维方式和心理习惯。在世界各种不同语言的语法体系中,汉语语法有它独特的民族个性。汉语是一种孤立型语言,它不像印欧语言那样通过词形的屈折变化来表示语法关系,而特别重视意向的融合性和表达的灵活性。对汉语语法的意合特点说得最为透彻、影响最大的当属文化语言学者申小龙先生,他把这一特点概括为"以神统形"。

他指出:"汉语句子的脉络是一种具有逻辑天籁的心理时间流。它不像西方语言的句子那样以动词为中心搭起固定框架,以'形'役'意',而是以意义的完整为目的,用一个个语言板块(句读段)按逻辑事理的流动,铺排的局势来完成内容表达的要求。"汉语的意合性体现在构词遣句上,就表现出语言结构极大的简约性和灵活性。如汉语双音节词的组合多由语素构成,语素的相互结合主要以意义为支点,不受其他形式的约束,左右逢源,弹性很大,可分可合,变化多端。例如:"看"可以组成"查看""看见",前后位置均可,拆开来又分别可以单用或和其他语素重新组合成新词。就像小孩玩的积木,拼拆组合,自由多变,这体现出中国传统哲学思想中"合二为一""一分为二"的观点。句子也是如此。由于汉语句子的构造主要依靠语序和虚词来表达意义,因而词语在句中的位置也很灵活,如:"一斤香蕉多少钱?"我们可以变换不同的语序:"多少钱一斤香蕉?""香蕉多少钱一斤?""香蕉一斤多少钱?"来表达基本相同的意思。汉语的句子只要意义连贯,很多成分可以省略,不用借助任何形式上的连接就可以表达,最典型的例子莫过于马致远《天净沙·秋思》中的"枯藤老树昏鸦,小桥流水人家,古道西风瘦马",由九个表示事物的名词单一排列,却能在语义上勾画出一幅游子思乡、萧瑟凄凉的秋野图景,形成语言凝练、意境深远的独特风格。这种只要语义搭配合理就可以自由组合的构造特点,体现出中国人习惯于综合、概括的思维方式,往往首先从整体上去把握事物特征,通过直觉体验领悟。

汉字是流传至今的最古老的文字,它历史悠久,具有深厚的文化传统。陈寅恪先生曾说:"凡解释一字即是作一部文化史。"汉字不仅本身就具有丰富的文化内涵和审美价值,而且书写了浩如烟海的文化典籍,衍生出精深繁复的文化现象。我们以汉字构形为例,很多基本的汉字都表现出字形建构中的人本倾向。如"大"取人的正立之形,"天"为人的头顶,"央"为人立门框中,"好"取女人抱子之状……"整个汉字的精神,是从人(更确切一点说,是人的身体全部)出发的,一切物质的存在,是从人的眼所见、耳所闻、手所触、鼻所嗅、舌所尝得出的。"这充分体现出中国人的主体投射更倾向于自身,喜欢通过自我认识、自我体验、自我知觉来认识世界,穷尽万物,属于典型的"内向思维"哲学倾向。又如汉字结构类型基本是以二合为主,或左右,或上下,或内外,贯彻结构对称平衡的原则,而结构平衡又是汉民族文化表现的一个显著特征。在这种二合为主的构形特点中，又不排斥三合结构，如"晶、鑫、淼"等，这表明中国的辩证思维习惯于合二为一，区分主从，但又能随机应变，不讲究形式逻辑。由汉字出发，还产生了许多特有的中国文化现象。如利用汉字形体结构的变换、嫁接、取舍、拆分、组合等手法，可以制作字谜；在诗文楹联中通过析字、联边、叠字、复字、多音等手段，形成匠心独具、回味无穷的艺术风格；汉字还与中国民间信仰、姓氏文化、实用艺术、现代广告等相关相连，不仅与汉语语言系统相适应，而且同汉民族的思维方式、文化模式也融为一体，经过几千年的发展演变，其文化个性依然存在，并展示出强大的生命力。

学习一门语言，主要为了可以使用这种语言进行交流。在语言交际过程中，不同的语言有着不同的实践规则和文化习俗。中国人受自己民族文化的影响，形成了自己的民族心理。这种特殊的文化精神直接影响着我们对汉语的理解和使用。例如，在"中庸"儒家思想的影响下，汉语的主要特征是委婉语和隐性知识。我们的语言和情感表达往往含蓄而曲折。例如，中国人一般不会在公开场合直接批评身边的人。甚至批评家也考虑到当事人的情绪来表达含蓄的表达，回避重要的事情，先指出缺点。如果您不高兴或不想承诺，您需要考虑如何礼貌地拒绝某人而不损坏您的脸面。在中国人眼中，这些都是适当的语言交流的表现，也是中国人潜在的一种文化心理。

在汉语交际中，中国人常常表现出谦虚客套的一面。中国人常常主动贬低自己，如"拙作""浅见""寒舍"等在交际中使用频繁。而对于来自别人的夸奖中国人总是习惯性地坚辞不受，努力推脱，常用"哪里哪里""过奖过奖""谬赞"等回绝，并伴随窘迫的体态语言。正如孙隆基先生在《中国文化的深层结构》中谈到的那样："中国人一代对一代的教养，只是使人'快点长大'，并没有让他去形成坚强明确的'自我'，反而是教他如何在别人面前不要过分表现'自我'。于是，在'羞耻感文化'作祟下，就不只是听到别人当面称赞自己时，会'脸红'，即使是偶尔面临对方自夸的场合，也会替他'脸红'，热血会冲到耳根子里，甚至背发冷汗。"这些言语交际文化，是中国人在共同生活经历中逐步形成的关于周围世界、社会活动、人际交往、个人行为等的特定信念，这些信念在言语行为上就表现为该说什么，不该说什么，该怎么说，不该怎么说等等。

由此看来,汉语不仅是一种语言系统,更是信息丰富的文化代码,因此,对外汉语教学需要观察和阐明汉语的文化和文化特征。如果单纯做语言训练,摒弃其中蕴含的文化特色,无异于"买椟还珠",以干瘪的知识取代了灵性的文化意蕴。中文不仅仅是一个"交流工具"。它隐藏了汉人的思维逻辑,体现了汉人的精神特征。语言和个性凝聚、沉淀和丰富了这个国家的文化。因此,强调对汉语文化特点的理解,是积极有效开展对外汉语教学的重要保证。

二、文化是影响学生汉语学习的重要因素

文化作为一种社会现象和一种历史现象,具有民族、地域、时代的特点。不同的文化呈现出不同的文化形态。这种文化形式上的差异体现在语言层面,体现在语言上。一种语言不能独立于其文化而存在,包括它的使用方式。一种语言所表达的内容必须与该语言的整体背景、该语言所代表的文化世界密切相关。因此,语言学习不仅仅是学习语言所表达的表面内容,而是学习者需要进入整个语言的世界。

基于文化对语言习得的影响,"文化合流理论"在第二语言习得理论中应运而生。"文化合流理论"强调第二语言的获得与第二文化密切关联,所谓文化合流,用舒曼(Schu-mann)的观点说,就是指一种逐渐适应新的文化的过程。他认为,第二语言的获得是文化合流的一个方面,一个人将自身文化与第二文化合流的程度决定了第二语言习得的成败。文化合流理论强调"第二语言获得是由学习者与所学语言的文化之间的社会及心理距离所决定的。……社会和心理因素决定了学习者使用或接触多少第二语言,在学习者社会距离大的情况下,学习者只能接收少量的语言输入,当心理距离大的时候,学习者不可能将所听到的第二语言应用在自我表达中。""文化合流理论"的提出顺应了当今世界文化发展的时代趋势,把"文化认同"作为第二语言习得的着力点,强调第二语言学习者与第二语言文化的社会距离和心理距离是第二语言习得的关键,对第二语言获得的动力机制和获得过程中的洋泾浜化现象做出了独到的解释,为第二语言教学理论和实践的深入发展做出了突出的贡献,成为最具影响力的第二语言学习的研究理论之一。

在对外汉语教学中,其学习对象是一个特殊的群体,他们来自不同国家、不同地区和不同民族,有着迥异的母语特征、文化背景和民族心理,在思维方式和认知风格上都存在着不同程度的差异。如果学习者忽略文化的存在和不同语言间的差异性,就会造成对汉语所承载的文化信息不同程度地缺失或误解,最终影响到汉语的掌握。

"语言既是人类交流的重要工具,是人们思维的重要标志,是教学的起点和基础,但同时也可能成为人类有效交流的障碍,成为人们思维的陷阱,成为教学的迷宫——使师生的理解失误,行为失度。"这种理解的失误和行为的失度很多时候就来自于文化的影响,因而,对语言的理解要以特定的文化背景为依据。①

在对外汉语教学中,学生学习汉语,文化上的差异会影响讲话人和听话人对语言的选择和理解,影响着语言的得体运用。如在《阿Q正传》中,小尼姑骂了阿Q一句"断子绝孙的阿Q",便使得他精神恍惚,想入非非。许多外国学生读到此处大惑不解,因为他们不明白传宗接代、生儿育女在中国眼中是关乎家族孝道的重大责任,因而也无法理解这句话在阿Q心中引起的波澜。语言的文化属性决定了语言学习的过程实际上是理解、消化和融合不同文化的过程,如果仅仅封闭在语言符号系统之内,或者停留在语言知识的掌握和技能的训练层面,而把其文化的负载全部丢掉,那么语言能力的提高、语言学习的成功则无从谈起。

很多学习汉语的留学生来中国之前,对汉语和中国文化都知之甚少,语言和文化上的巨大差异往往让他们无所适从。汉语所代表的中国文化更显古老神秘、难以理解。文化决定着人的存在,它以最深刻和最微妙的方式影响着人们的行为,这种影响是"隐含着的,所以本族人往往'习焉不察',只有通过语言和文化的对比研究才能发现其特征并揭示出文化差异、规律"。因此,只有将语言的学习放在文化的大背景下,才能更好地培养学生的汉语语言能力。

在汉语语言中,不仅语汇种类丰富,其内涵也极为复杂,有的词汇意义和使用上的差别甚至到了让很多外国人抓狂的地步。有这样一个笑话:有一老外来华赴任,受邀吃饭。中途,同席一中国人说:"去方便一下",老外不解,旁人告知就是去厕所的意思,老外点头,记住了。敬酒时,另一人说希望下次出国能给予方便,老外纳闷不敢问。突然一电视台美女主持说:

---

① 石鸥. 教学病理学[M]. 长沙:湖南教育出版社,1999:237

在她方便的时候安排老外做专访。老外惊问:怎么能在你方便的时候? 美女主持笑着说:那就在你方便的时候。老外当即晕倒。虽然只是一个笑话,但其中所隐现出来的汉语语汇的复杂性可见一斑,如果外国学生不了解这些语言背后的文化意义而想要学好汉语,那是不可想象的。有的时候,即便拥有了一定的语言知识和技能,但由于缺乏文化的理解和支持,也会造成言语交际的障碍,甚至引起误解和冲突。

另一个真实的例子则是:有一位来华的留学生汉语说得挺标准,一次在路上碰到一位五十多岁的大学女教授,竟然称呼其为"大妈",使得对方及其同行的女儿很不高兴。因为这位外国学生不知道,"大妈"这个称呼在中国人的文化意识中除了指年长的妇女,还含有一点儿文化层次不高、形象较为土气的意味在里头。这种"超语言"的文化信息,是无法通过词汇表面意义的对应来弥补和消除的,必须要借助跨文化交际能力的培养才能获得。汉语说得越标准,如果在交际中使用不恰当、不得体,越容易在交际中造成文化冲突。因此,要成功地进行语言交际,除了要有正确的语言形式外,还必须遵循话语形式的适切性、得体性,文化对语言的学习起到了制约性的影响作用。

来中国学习汉语的外国学生大部分是成年人,是生活在不同文化环境中的个体,"受到教育所选择的文化影响"的个体被赋予了某种独特的"文化遗传基因"。当他们进入到一种新的文化环境中,学习另一种文化群体的语言并与之交往时,就难免会受到这种"文化遗传基因"的影响,产生有别于汉语语言和文化的各种心理行为。因而在学习汉语的过程中,这些母语文化的主体认识图式必然跟汉语及其所代表的文化产生种种联系和碰撞。这种母语文化的影响,如果起到促进作用,能帮助学生更好地理解汉语;如果起到干扰作用,就会对汉语的掌握产生障碍。汉语和其他语言在文化上的差异,往往是导致语言障碍产生的主要原因。例如,一个外国学生对刚刚参加完跑步比赛的老师说:"老师太棒了! 你刚刚跑得比狗还快!"老师听到这样的"称赞"可谓哭笑不得,尴尬不已。因为在中国人和西方人眼中,"狗"所代表的文化意义截然不同,因而在语言的使用上也存在巨大差异。

学习第二文化的目的就在于超越这种自我疆界,或者说扩展这种自我疆界,消除两种文化接触时所产生的障碍,使自己处在目的语国家人们的位置和思路上,达到移情(empathy)的理想境界,这就获得了第二个新的自我认同。因此,外国学生在学习汉语时,既要学习汉语及其文化,还要排除母语文化的干扰。只有了解语言背后的文化内涵,把文化背景知识融入语言学习之中,了解文化差异,培养文化意识,才能提高语言能力,语言的学习也才会渐入佳境。

语言学习的成功与否并不完全取决于语音的纯正和语法的正确。语言能力的获得,除了要会采用正确的语言形式外,还必须理解语言知识背后的文化意义,遵循语言使用的适切性、得体性,这种能力的形成和发展与对文化的理解和表达是分不开的。

在留学生来源迥异的对外汉语课堂上,学生的母语多种多样,所携带的文化信息更是纷繁复杂。因此,在他们的汉语学习中总是或多或少带有自己母语文化的烙印。汉语学习者在交际过程中,总是不可避免地植入了本民族的文化价值、思维方式、语言习惯等。考察中国文化对汉语学习的影响,对对外汉语教学是有积极意义的。在当前对外汉语教学实践中,人们都普遍意识到仅仅拥有语言层面的知识和技能是远远不够的,文化差异反映在语言中,语言因不同文化产生了不同的语言意义和使用规约。因此,为了避免和减少这种失误,要注意对比汉语与学习者母语的特点及规则,注重培养学习者对汉语文化知识的理解及汉语使用的特殊文化规约。

三、文化教学有助于激发学习动机和兴趣

文化作为汉语学习的重要组成部分,不仅对汉语的理解和应用具有重要影响,而且对学生学习汉语的动机和兴趣也有重要影响。语言学习实际上是一个相当乏味的过程。熟练的语言操作只有通过大量的练习才能获得。枯燥的内容和重复的练习很容易使学生消耗精力、变得疲倦,逐渐失去对语言学习活动的热情,这会导致消极的态度。在对外汉语教学中,汉语语言的复杂,文化环境的陌生,常常让许多外国学生感到无比的沮丧,丧失汉语学习的积极性,加上有的国家学生受到文化背景差异的影响,学习的主动性和努力程度都不尽相同,如何激发学生的学习动机,培养学生的学习兴趣,就成为摆在很多对外汉语教师面前的难题。

动机是指激励人产生某种行为的主观原因,是个体发动和维持其行为的一种心理状态。第二语言习得的动机是学习者在学习一门新的语言时,

产生了掌握这门语言的强烈愿望,这种学习动机的强弱对第二语言习得有重要影响,而动机的强弱又和学习者对第二文化所持的态度密切相关。有调查表明,在第二语言学习的诸多影响因素中,学能占33%,动机占33%,智力占20%,其他占14%,动机在语言学习中的重要作用由此可见一斑。对第二语言学习动机研究影响最大的莫过于美国心理学家华莱士兰伯特(Wallance E.Lanbert),他从社会心理学的角度来研究双语现象和第二语言的学习过程。他在研究中提出:"如果一个学生想要学习另一个共同体的语言并想要学好它,他必须愿意并且能够采纳代表另一个语言文化集团的行为方式,包括言语方式,学习者民族主义倾向的强弱和他对其他集团的态度好坏,是他能否在学习新的语言中获得成功的关键。"华莱士将学习者第二语言的学习动机分为两个类型:实用动机(仅仅出于功利的目的而学习)和归附动机(对另一文化集团产生好感,希望成为其中一员)。如果学习者趋向于归附,那显然可以保持人们参与和持久学习的积极性,而且他们的学习成绩往往比只有实践动机的学生好,也是优秀的。第二语言教育的实践也充分验证了这一观点。如果学生对他或她所学语言所代表的文化群体有特定的偏见,或者他的学习动机是实际的,他在学习中往往表现得被动。由于存在文化差异和冲突,最终放弃了语言学习。相反,如果学习者有了解目标语言国家的精神,并且充满对目标语言国家文化的热爱,在感兴趣的时候积极学习语言,然后使用交流工具,可以接触并更好地了解目标语言国家的方方面面,学习自觉性更高,学习热情更持久,学习效果也比较明显。

从当前外国留学生学习汉语的动机来看,绝大多数学习者是出于实用动机的驱动。我们曾经对北京师范大学、华东师范大学、暨南大学、湖南师范大学、湖南中医药大学五所具有代表性的高校留学生进行过一次汉语学习情况的调查,在接受调查的近三百名学生中,其汉语学习目的主要包括以下几种:①工作需要;②生活需要;③对中国文化感兴趣;④为学习其他专业打语言基础;⑤了解中国。在这五项学习目的中,有三项均出于实用动机,占到了调查人数比例的93.6%。单纯出于归附动机而学习汉语的人数实际上非常少,归附动机往往是伴随着实用动机而产生的,是在实用动机的驱动下受到某些因素的影响,进而产生归附动机。对于一名来到一个陌生且迥异的语言文化世界的外国学生而言,不管是生活上还是学习上必然会产生一定程度的不适应,这种不适应达到一定程度就会产生"文化休克"现象,或抗拒目的语文化,或对其采取逃避心理,最终影响到语言的学习。因此,从强化学习动机的角度对学生进行文化的教学,便于突破母语文化的思维定式和对异文化的成见,减轻文化震荡对学生的冲击,是一个颇为有效的办法。而且枯燥乏味的语言学习与训练,因为有了文化的渗透和充实,语言会变得更加丰满,学习过程也会更有乐趣。

我们以汉字为例。汉语难学,汉字尤其难学。这几乎是世界公认。对于很多习惯了拼音的外国学习者来说,汉字的识别、阅读、书写和记忆都比较困难。汉字就像一幅神秘的画卷,尖叫着不知所措。但是,在汉字教育中正确运用汉字的文化意义,运用一些文化教学方法,可以让汉字的学习变得越来越容易,培养学生学习汉字的兴趣。例如,许多汉字与其形状和意义密切相关。对于留学生来说,汉字的含义是奇特而有趣的。从汉字的字形入手,解释字形与字义的关系,可以激发学生的兴趣,使之更有趣。感受汉字中表意文字的魅力。

例如教"既——即"这一组音近形也近的汉字,就可以利用这两个汉字的古字形,帮助学生理清它们的形义差别。"即"的古字形是,左边是一个盛放食物的器皿,右边是一个人面对食物跪坐着,表示的是开始吃饭;"既"的古字形是,左边也是一个盛放食物的器皿,右边是一个人背对着食物坐着,意思是已经吃完。通过这两个汉字的古字形,学生明白了"即"表示马上开始,"既"表示已经完成,因此,"立即"是要开始的意思,写作"即","既然"是已经完成之义,要写作"既"。这样一讲,学生不仅将"立即"和"既然"的意思区分得很清楚,这两个汉字也不容易写错。

通过运用汉字的文化特点进行教学,学生会觉得有趣,也能更深入地了解汉字的特点。抓住汉字"组合成新字"的特点,运用中国传统的韵文识字技巧,编排简短、简单的民谣或韵文,并能教学生识字。如"走过山石岩,到了白水泉,几勺鱼羊鲜,口中舌甘甜",朗朗上口的韵味,不仅体现了汉字的编排特点,又融入了生活情境,富有节奏,生动有趣,易联想易记。

可见,恰当地引入文化的内容和方法去进行对外汉语教学,能化解汉语学习中的难点,激发学生的学习兴趣,不失为对外汉语教学的便捷途径。

底蕴深厚、新颖独特的中国文化对外国学生充满着吸引力,我们在对中国学汉语的外国学生所做的调查中发现,虽然大多数外国学习者学习汉语的目的是以汉语为工具,从事与中国有关的职业或工作,其职业目的各不相同,但他们都有一个共同的愿望,那就是了解中国,对中国文化感兴趣。很多学习者希望借助汉语学习深入了解中国的文化,也就是说,学习汉语的实用性动机和他们对中国文化的兴趣并不相矛盾。而且外国学生往往对于中国文化的兴趣面非常广泛,中国的政治经济、人文地理、价值观念、思维特征、传统习俗、民族风情……几乎都想了解,各异其趣。

很多外国学生都是已经具有一定知识结构和认知能力的成年人,往往学习兴趣浓厚,求知欲望极强,思维非常活跃,因而对文化的反应更加敏感和强烈。他们在学习汉语时,往往并不受语言水平的限制,在汉语学习的初级阶段,就伴随着对汉语文化背景和中国文化现象的好奇和探索。如他们在课堂上学了"你好""再见"等这样的打招呼方式,用了以后就会有学生觉得奇怪:"为什么我这样对中国人打招呼,有的人并不回答?"还有的学了"您贵姓",就问提出疑问:"为什么只问姓?""前面为什么还要加个'贵'字?"除此以外,"为什么有的中国人不是老师,我们也称呼他为老师?""中国人过春节为什么要放鞭炮?"如此等等。他们虽然掌握的汉语并不多,但上述很多问题已经涉及了中国交际方式、文化传统、风俗习惯等多个方面。

兴趣是学习最好的动力。对外汉语教学的实践也表明,从文化入手,借助中国文化的魅力来跨越语言上所存在的巨大差异,能产生更好的学习效果和对学生持久的影响力。一位留美中国学生借助中国民歌、民族舞蹈、书法、武术、传统节日等文化内容和活动方式来教美国学生学汉语,仅仅通过三个星期的汉语学习,让学生从"一看见汉字就头晕"到"享受课上的每一分钟""想在高中选修中文课",不得不让我们惊叹中国文化对于汉语学习的无限魅力。因此,一种语言的魅力其实并不在于语言本身,而在于它所代表的文化。

在语言学习中适当导入一些文化内容不但可以提高学生的学习兴趣,还能促使学生积极采用目的语进行表达,从而提高语言学习兴趣。很多对外汉语教师都有类似的实践体会,在教学中发掘一些与学生兴趣相关的文化点切入,能收到良好的教学效果。如:有的老师讲到"乐器",就介绍了几种主要的中国民族乐器,并在课后让学生观看一场中国民乐演奏会,那些中国特有的琵琶、笛子、古筝、扬琴等乐器表演给学生留下了深刻的印象;讲到民歌,有的老师就介绍《茉莉花》这样优美动听的中国民歌,讲解歌词,哼唱歌曲,学生兴趣盎然,觉得十分美妙;还有的老师讲解某些中国汉字,借助汉字丰富的文化内涵来理解汉字的意义,让学生觉得特别神奇。点点滴滴,带给学生的是一种文化的感受,文化的体会,文化的理解,不仅可以加深学生对语言知识点和课文内容的理解,而且能够扩大他们的知识面,受到学生的普遍欢迎。

通过展示中国民族文化和艺术来教汉语,更能营造和谐、平等、活泼的教学氛围,也更能让学生对中国文化及其存在形态产生浓厚兴趣,积极主动地参与到汉语学习中来。因此,打破对语言纯"工具化"的认识倾向,增加语言学习的文化内涵,使学生在语言学习中有意识地习得文化,有助于实现学生汉语学习质的飞跃。

综上所述,渗透在语言之中的文化特质直接影响语言的构成、理解和表达,只有将这些文化的内容传递给学习者,才能保证语言表达和交际行为不会被误解。苏联教育家休金娜指出:"学生的认识活动不应当是枯燥的、毫无热情和纯理性的,因为认识不仅是对现实的反映,也是对待现实的态度。这些态度中包含着个性的情感表现、内心感受以及带有深刻个性的意向。"因而,对汉语的学习和理解不能靠单纯的语言知识讲解和语言技能训练,而要循着汉语中的文化因素,进入汉语提示的文化语境中去,在学习的诉求、文化的融通中获得情感的荡涤和心灵的交会,从而去感受和领悟汉语言文字所表达的文化内蕴和情致意义。从这个意义上讲,汉语的学习必然地要求文化进入。

第二节 时代发展的需要

随着全球化的深入发展,世界被浓缩为一个"地球村",不同国家、不同民族的交流和互动越来越频繁。无论是从中国自身的发展看,还是从世界的和谐发展来看,汉语和中国文化的推广既是世界了解中国的需要,也是中国走向世界的需要,对提升中国国家影响力、促进中外多方交流和实施中国文化发展战略都发挥着重要作用。任何一门语言的对外推广,都大大超过了语言本身的发展价值。与军事强势和经济强势相比而言,语言和其所裹挟的文化强势,其影响要更为持久和深广。汉语作为中国的官方语言,在国际经贸往来与文化交流中发挥着越来越重要的作用,在国际上的地位也不断提升。但是,我们也应该清醒地意识到,汉语国际推广的真正实现不能仅靠行政力量和政治手段去推动,只有当我们具有坚定的文化自信,自觉地用文化的魅力带动语言的推广,才能真正实现语言和文化的强盛,在世界上赢得更广阔的发展空间。

对外汉语教学,不仅仅是要推广我们的汉语,更重要的是将中国几千年来的优秀文化传统传播出去。在当前的国际化背景下,文化已成为民族凝聚力和创造力的力量源泉,文化的竞争也成为综合国力竞争的重要方面,因此,对外汉语教学不仅要大力推广汉语,更要大力弘扬中华民族文化,加强国际文化交流,增强中国文化的影响力,通过促进世界文化多元发展消解西方文化霸权,通过文化和谐互动推进时代发展和进步。

一、全球化背景下文化问题的日益凸显

随着资本主义的世界扩张,现代科技的日新月异,全球化已发展成为一股势不可挡的社会浪潮,它波及政治、经济、文化等人类生活的各个领域,是世界各国建立在金融和生产一体化基础上的社会同质化过程。虽然目前还没有一个普遍认同的全球化定义,也没有形成行之有效的全球化模式,但全球化趋势正在不断推进且不可逆转,已是不争的事实。全球化给人类社会带来了深刻的影响和变化,但它是一把双刃剑,既是加快经济增长速度和传播新的科学技术的有效途径,也会在一定程度上对国家主权和当地文化传统造成侵蚀。从某种意义上讲,全球化进程实际上是西方资本主义政治、经济、文化等向全世界渗透和蔓延的过程。由于西方资本主义国家在金融投资、科学技术、信息网络等领域的优势明显,因而在资本、人才、信息等的跨国界流动和配置中多为输出的一方,而这些要素的输出又会在不同程度上带来他们的文化和价值观,从而影响到其他国家和民族的文化发展态势。

西方国家资本的世界性流动带来了资本主义的全球扩张,特别是跨国公司的迅速发展,使世界上几乎所有的国家都驶入了全球化生产、金融、投资的市场经济轨道中,资本主义的社会关系、运动法则等也渗透到我们生活的方方面面,影响着我们的价值观念。在资本的全球化态势下,跨国人

际交往日益频繁,政府官员的互访、企业管理人才的流动、劳动力的输入与输出、专家学者的学术交流、民间的观光旅游等跨国人际交流活动大大增多。在这种情况下,过去那种地方的和民族的自给自足和闭关自守状态,被各民族的各方面的相互依赖所代替了。物质的生产是如此,精神的生产也是如此。

人作为文化的活动载体,在流动中实现着民族文化的传播,带来了不同文化之间的交流互动。加上信息技术的高速发展,计算机、互联网、卫星通信等现代科技手段广泛应用于日常生活,使文化的交流可以克服时空的限制,直接冲击着不同国家、不同民族、不同地区的生活方式、思想观念和价值取向。因此,全球化态势使世界范围内的文化交流达到空前发展的规模,世界文化的全球交往已成为普遍现象,文化全球化初现端倪。在文化全球化的发展趋势下,世界各国文化体系相互交流和影响的程度也大大增加。置身于多元文化的背景下,本国文化的价值思想、思维方式、心理模式、审美标准等和异国文化交织在一起,相互激荡,异彩纷呈。

全球化为世界文化的多元发展带来了千载难逢的机遇,但是我们也看到,文化全球化所引发的并不是各国文化之间真正的文化交流和互动,而是西方强势文化对其他弱势文化的渗透和挤压。"强势文化与弱势文化是学术界用来描述当前世界文化形势的一对新概念",它实际上反映的是当代世界文化力量的一种对比关系或存在性状况。强势文化和弱势文化的区分不在于一种文化的历史是否悠久,也不在于这种文化价值是高是低,而是看这种文化在世界范围内的影响力和传播力的大小,而一种文化的影响力和传播力又取决于这种文化的所有国在政治、经济、科技、军事等领域的强大与否。西方文化之所以崛起成为强势文化,其背后是西方国家实力超强的政治、经济、军事等给文化输出带来的强有力的支撑。在世界一体化趋势下,西方发达国家倚仗雄厚的经济实力和发达的信息技术,以咄咄逼人之势将大量的文化信息源源不断地输往发展中国家,无孔不入地侵蚀着其他民族的本土文化和传统价值观念,并影响着这些国家和民族的文化发展方向,使许多发展中国家和民族的传统文化举步维艰。西方大国的强势文化以或公开或隐蔽的手段对其他弱势国家进行着全方位的侵袭,给弱国文化安全和世界文化的多元发展带来了巨大的威胁。

我们以语言和相关文化产品为例。语言是人类最重要的交际工具,是民族文化的根基,人们通过语言保存和传递文明成果,一个国家或民族要保持其鲜明的个性和独立的品格,就必须首先保持其语言上的独立性。一个民族的语言一旦消失,文化就会中断,甚至整个民族也会消失,历史上的征服者们总是习惯用自己的语言来重塑被征服者的文化身份,以达到其政治统治的目的。

在初中语文课本上有一篇法国作家都德写的文章《最后的一课》,讲述的就是一个国家和民族被侵占以后语言地位不保的故事。当年日本侵占我国东北三省,实行奴化教育,首先做的就是禁止使用汉语,妄图通过废除汉语来切断中华民族的命脉。因此,语言是一个民族最根本的东西,语言背后所承载的文化是民族精神的基石。而当前全球化进程中席卷而来的英语话语霸权,使世界上众多其他语言尤其是濒危语言受到了巨大的压力和威胁。

有统计表明,目前全世界65%的人使用英语,75%的电视节目用英语播出,80%以上的科技信息用英文表达,全球互联网信息90%以上是英语文本信息。英语的话语霸权对其他语言和文化的冲击可以说是前所未有的猛烈,英语的教学和推广,始终都是英语国家重要的文化侵略工具之一。以美国为首的英语国家在对外英语教学中,通过英语语言的推广,以达到向其他国家宣扬美国文化、扩大美国文化全球影响力的目的。在文化产品方面,从影视作品到新闻传播,美国等西方大国更是以绝对优势取得了文化上的胜利。有数据显示,美国以占全球不到10%的影片数量取得了全球电影市场份额的92%。好莱坞电影借助其制作技术和投入资本上的优势,裹挟其文化价值观念冲击着全球,2010年电影《阿凡达》超13亿的票房和它所带来的文化冲击就是最好的证明。在新闻广播领域,"目前,四大西方主流通讯社美联社、合众国际社、路透社、法新社每天发出的新闻量占据了整个世界新闻发稿量的五分之四。传播于世界各地的新闻,90%以上是由美国等西方国家垄断。西方50家媒体跨国公司占据了世界95%的传媒市场。美国控制了全球75%的电视节目的生产和制作。"[①]

西方主要国家强势文化在语言和文化产品方面的大力推行,带来的不仅是产品本身,同时也伴随着文化观念和意识形态的强势入侵。西方国家之所以在意识形态领域极尽渗透之能,是因为意识形态领域的霸权地位能

① 胡惠林.中国国家文化安全论[M].上海:上海人民出版社,2005:167.

征服并控制人的心灵,借以改变两国间的权力关系,并最终取得对国际社会秩序的主导地位。通过价值观的输入和生活方式的引导等方式,西方大国将其价值观推进到了一个空前盛行的地步。原美国驻华大使尚慕杰就曾经毫不掩饰地对媒体说:"当我们同中国进行贸易时,我们不仅仅是向他们推销货物。当美国企业界人士到那里去办工厂时,我们不仅仅在商业上同他们打交道,我们也随之带去了我们的一些价值观,我们的一些文化。"西方一些强势国家希望按照自己的文化意志将其价值观推向全世界,利用全球化、跨国资本和新兴技术等的便利,形成立体式的文化宣传网络。

生活方式也是如此。一个人的生活方式反映着他基本的价值观和世界观,是他在一定价值观念的引导下所形成的活动形式和行为特征。生活方式的养成和塑造与个体所处的物质生活条件和社会文化背景等密切相关,具有较强的稳定性。因而生活方式就是一种文化现象,它和人的思想观念有着或多或少的影响,影响和改变着一个人对世界的看法。改变一个国家民众的生活方式,可以间接地达成改变他们价值观的目的。当人们穿着牛仔服,听着摇滚乐,哼着欧美歌曲,吃着麦当劳和肯德基,看着CNN,逛着迪士尼,过着圣诞节,浏览着英文网页,就难免不受到西方文化意识形态的影响。而且这一切都是在人们无意识的状态下逐渐发生、慢慢接受的,这就是文化扩张的力量。"当对美国的模仿遍及全世界时,它为美国行使间接的和似乎是经双方同意的霸权创造了一个更加适宜的环境。"①

因此,在全球化浪潮的冲击下,在西方文化的强势推进下,如何推广本国和本民族文化,使本国文化能在世界多元文化格局中占据重要地位,抵制西方文化霸权主义的侵蚀,促进世界多元文化正常的交流互动,是摆在诸多国家和民族面前的一项重要任务。

二、弘扬中国优秀文化需要文化的教学

前面我们已经论述到,在当今全球化背景下,文化的重要性已经日益凸显出来。文化与政治、经济相互交融,在综合国力竞争中的地位和作用越来越突出,文化深深地熔铸在民族的生命力、凝聚力和创造力当中,显示出强大的精神力量。在文化的交流过程中,各个国家都试图通过文化软权力的提升而获得更多的国家利益。从国家软实力的建设来看,文化是一个

---

① 布热津斯基. 大棋局:美国的首要地位及其地缘战略[M]. 上海:上海人民出版社,1998:34-36.

国家软实力的标志,它在国际竞争中扮演着举足轻重的角色。按照美国教授约瑟夫·奈的观点:"一个国家的综合国力既包括由经济、科技、军事实力等表现出来的'硬实力',也包括以意识形态和文化吸引力体现出来的'软实力'。软实力集中归纳为文化影响力、意识形态影响力、制度安排上的影响力和外交事务中的影响力。"一个国家文化软实力的高低,取决于该国在国际社会所获得的文化认同感和影响力的大小。一个国家、一个民族的文化传播能力是体现国家整体实力和民族精神的重要标志之一。能否抓住机遇、主动出击,传播自己的文化,既是民族文化发展与推进战略的必然选择,同时也是一个国家通过其优秀文化展示自身文明发展成果的重要选择。因此,当今世界各国,无不注意其民族文化的传播,努力开拓和丰富其文化传播途径。

借助民族语言来推广本国文化,已成为很多国家加强文化软实力建设的重要途径,有的甚至把推广本国语言和文化列入国家的外交政策和文化政策之中,如美国、日本、英国、法国、德国、俄罗斯等都设置了专门的语言(或文化)传播机构,把传播本国文化、促进文化交流作为机构的设立宗旨和工作内容。例如:"法国主要语言推广机构法语联盟在语言推广中将文化作为最主要的语言推广特征,其主要宗旨是传播法语,弘扬法国文化,并在138个国家设立了分支机构1140余个。英国文化委员会目前在全球有230个分支机构和138个教学中心,其宗旨是推广对外英语教学,增进外国对英国文化的了解,推广英国的价值观念。德国的歌德学院在76个国家设立了分校,是德国最大的德语传播和推广机构,其宗旨与目标是促进国外的德语语言教学,增进与各国的文化交流。"语言文化软权力能够于无形中影响他国意愿和决策,因此,当今世界各国才会不遗余力地向外推广自己的语言和文化。语言文化传播的事实也表明:语言文化的推广程度与一个国家的发展水平是相辅相成、相互推动的。一个国家的语言和文化得以广泛传播,首先要以这个国家的政治、经济、军事等的发展为前提,而当一个国家的语言和文化在更为广泛的领域得以使用和接受,又会对这个国家的后续发展提供有力支持,并且持续不断、长期存在。

语言对人的影响往往因为与我们自身过度贴近而容易被忽略。但是,从我们的近邻韩国近年来不遗余力地消弭汉字、使用本国自创文字可以看出,所谓"同文同种",语言的认同是民族认同的重要方面,它在文化和民族心理上对人影响巨大。在我们自己的语言文字发展过程中,也出现过类似的经历。曾经,当西方工业文明的思潮伴随着洋枪洋炮涌入中国时,我们的文字、语言,连同绵延了几千年不断的文化传统,都受到了许多人的质疑和否定。人们质疑汉字作为语素文字相对于拼音文字的原始性,认为汉字以及它所负载的中国传统文化已成为追赶世界脚步的沉重负担。当一个民族落后挨打时,人们似乎连自己的母语都失去了自信心。当年日本侵占我国的东北三省,展开奴化教育,首先做的就是禁止使用我们自己的语言文字,因为要真正消灭一个国家的最好办法,就是直接切断这个民族文化的根。

一个国家文化的失落,也就意味着这个国家历史的中断、民族精神和传统的丧失,"欲灭其国,先灭其史"讲的就是这个道理。汉语在几千年的传承中,它已经融入了中华民族最生动、最丰富的文化情感和文化精神,是最体现我们民族化特色的东西。汉语的发展是我们国家发展的一个缩影,它背负着一个民族的过去、现在和未来,是一个国家和民族文化的命脉,是维系一个民族的纽带,昭示着一个民族鲜明的存在。在语言教育中,如果我们对汉语中蕴涵的珍贵文化遗产视而不见,就会割断文化传承的根,使历代创造的文化精粹趋于灭亡。庄子说:"指穷于为薪,火传也,不知其尽也。"历史不能割断,文化无法终结,汉语积淀着中国几千年文化的精髓,汉语传播不能中断,中国文化不容抹杀。

语言作为文化的载体,语言教育就不可避免地进行着文化的传递,在语言教学的同时也意味着文化的传播。利用对外汉语教学推广中国文化有助于中国与其他各国的文化沟通,有助于增进世界各国对我们的了解,树立良好的国家形象,同时,还能提升我国语言文化软权力,保障国家文化安全。作为一个学习汉语言文字多年,对祖国语言文化有着深厚感情的人,我们要推广自己的语言和文化,在向世界教授汉语的时候,就不能仅仅把它当作工具来介绍,还要承担起向世界传播中华文明的使命。作为处于文化推广前沿阵地的对外汉语教学,我们要具有世界的眼光,在语言的教学中自觉推广中国文化,依靠中华民族文化深厚的底蕴为支撑,保持和提升中国文化在世界文化之林中的价值,使千古厚积的东方智慧在人类文明中保持自己的一份精彩。也只有这样,才能适应和满足世界各国急速增长的汉语需求和学习热情,加强和增进与各国人民之间的友谊合作和文化交流,语言流动的辐射力才能更广,影响才会更深远。从这个意义上讲,汉语的国际推广和文化传播是实现中华民族伟大复兴的战略举措和标尺。

当前,中国以其强劲的经济发展势头,崛起成为令世界瞩目的强大力量,政治、经济、军事等领域的国际影响力与日俱增,然而遗憾的是,中国文化的传播还远未达到应有的地步。尽管在世界上学习汉语的外国人已将近万,并且汉语还是联合国六大工作语言之一,但它在国际重要交际领域的使用还十分有限。很多地区性或国际性的组织、会议真正使用汉语的并不多。汉语和中国文化的海外传播也并非我们想象的那么乐观,不少外国人对中国社会和文化的陌生和误解也让我们感到痛心。

在不少外国人眼中,中国是廉价和劣质商品的制造工厂,是中国电影里破旧艰苦的生活条件,是一个古老而落后的东方奇特大国。当我们以无比的包容了解和熟悉外国文化时,却发现很多国家的人民对我们的社会和文化还知之甚少,加上一些西方国家因意识形态问题在舆论上对中国的歪曲以及中西文化的巨大差异,很多外国普通民众难以正确了解和认识真实的中国。

2008年,伦敦等地抗议奥运火炬传递事件以及一些西方媒体对中国的不实报道就是文化偏见的证明。这背后固然有利益的博弈,但外国人对中国文化的误解和差异无疑也是重要原因。另一方面,作为汉语使用的主体,汉语在本国的状况也让人担忧。全民对英语的追捧和对母语的漠视形成鲜明对比,以美国为首的西方国家通过传播语言、输出文化产品以及吸引中国留学生等方式,对中国本土文化造成严重冲击,并潜移默化地影响到国民心理,汉语和中国文化可以说处在一个非常尴尬的境地。在对外汉语的传播过程中,尽管我们已经认识到语言的学习能够加强文化认同感,中国传统文化蕴含着丰富的思想内涵,但汉语的对外输出,还是将重点放在语言产品本身,而忽视了附加其上的文化利益诉求。

语言是一种特殊的文化力量,中华民族文化和精神作为民族凝聚力、创造力、推动力,是一种内隐的文化竞争力,对于提高综合国力具有不可小觑的作用。当中国成为世界发展越来越强大的参与力量,在国际社会发挥着越来越重要作用的时候,它为中国语言和文化的传播提供了可靠的保证。汉语语言已成为展示中国悠久文化和当代发展成就的媒介,汉语正以其特有的魅力散发出迷人的光彩,一些国家已经将汉语教学纳入其主流教育体系当中,如在日本、韩国、美国、加拿大等,汉语已被列为大学入学考试的外语科目之一。

据报道,目前全世界有109个国家、3000多所高等学校开设了汉语课程,世界各国学习汉语的人数,很多国家以50%甚至翻番的速度增长,全世界(除中国以外)现在学习汉语的人数已经超过了4000万。世界范围的汉语需求增长迅速,国家汉办派出汉语教学志愿者达上万人,分布在100多个国家,应世界各地有关机构的请求,全球已建立孔子学院200多所,孔子课堂近百个。周边国家的汉语热尤为突出,日本有200万人在学习汉语,韩国学习汉语的人数超过100万,142所大学全部开设了汉语课程,印尼目前有1000所中学正式开设汉语课,泰国一个只有6000万人口的国家建立了11所孔子学院和孔子课堂。从这些数据可以看出:发展的中国正以它独具魅力的悠久文化、蓬勃旺盛的经济活力和与世界同步的发展态势吸引着全世界关注的目光,对外汉语教学也迎来了自成立以来最难得的发展机遇。

在这样的时代发展背景下,我们要抓住有利时机,大力支持汉语走向世界,实施中国文化"走出去"战略,为中国的发展赢得更大的空间。将汉语的推广与中国文化的传播有机融合,适时调整对外汉语教学的发展策略,建立以语言知识掌握和语用能力提升为浅层目标,以文化传播为深层目标的教学机制,大力提升汉语在世界语言体系中的国际竞争力,培养喜爱、欣赏和认同中国文化并致力于中外文化交流的友好力量,理应成为对外汉语教学未来工作的发展方向。对外汉语教学的宏观宗旨是弘扬中华文明,这从根本上决定了对外汉语教学就是传播中国文化。为更广泛地传播汉语语言和中国文化,我国政府开始实施汉语"走出去"战略,在世界各地成立孔子学院和孔子课堂。

《孔子学院章程》第一章总则第一条就明确写道:"孔子学院致力于适应世界各国(地区)人民对汉语学习的需要,增进世界各国(地区)人民对中国语言文化的了解,加强中国与世界各国教育文化交流合作,发展中国与外国的友好关系,促进世界多元文化发展,构建和谐世界。"正如国家汉语推广领导小组办公室主任许琳所说:"海外通过汉语学习中国文化、了解当代中国的需求十分迫切。'孔子学院'已成为体现中国'软实力'的最亮品牌。"文化价值在对外汉语教学中的彰显,能使它获得更深入、更持久的发展动力。我们必须为来自五湖四海的汉语学习者搭建一个语言和文化交流的平台,展现中国文化的深度内涵和文化精髓,增强他们对中国文化的认同感,提高他们对中国文化的鉴赏能力。这是中国文化走向世界的需要,必然会对中国文化的传承和创新发挥不可替代的作用,同时对我国政治经济文化的发展也有不可低估的现实意义。

韩国文化观光部部长曾说:19世纪是军事征服世界的世纪,20世纪是经济发展的世纪,21世纪是以文化建立新时代的世纪。重估中国文化在当代社会的价值,振兴中国文化在当今世界的地位,已经凸显成为对外汉语教学面临的一项迫切任务。正是在这个意义上,"对外汉语教学"已发展成为一项"国家的、民族的事业"。培养正确了解中国、对中国友好、懂汉语的人才,使汉语和中国文化在更大的范围内得以推广,这不仅仅是文化教育领域的事情,更是关乎国家和民族生存发展的大计。

三、"一带一路"建设需要文化的教学

"一带一路"建设,需要语言铺路,文化先行。汉语国际推广已经成为国家形象对外传播的重要渠道。国际汉语教学中文化教学意义重大。

(一)提升跨文化交际能力,减少交际障碍

"一带一路"背景下,中外文化的交流碰撞面临前所未有的机遇,同时也面临着巨大的挑战。"一带一路"沿线国家已增至60多个,不同的国家和地区之间各自具有包含了不同于其他民族的多态文化,开展文化教学有助于帮助来自不同文化圈的汉语学习者,帮助他们提升交际能力,解决中国文化与学习者本国文化之间的冲突。

国际汉语教学中文化教学语言交际功能具有重要意义。这体现在不同的思维方式、情感价值等方面。而跨文化间的人际交往,如果只停留在语言表面,忽视蕴含在语言"内隐"的文化,那么跨文化交际中的隔阂障碍则会横亘在交往者之中,影响跨文化交际的效果。

中国文化与外国文化相比,没有孰优孰劣之分,但由于地理位置、自然环境等因素而形成的文化差异,影响了人们跨文化交际的效果。语言本身也是一种文化现象,在日常交流中,中国人的一些日常用语以及行为仍然困惑着汉语学习者。通过调查采访,发现有的被采访者不习惯在日常见面打招呼时被问到"你吃了吗""你去哪儿啊"之类的问题,虽然这些招呼语并

没有侵犯到隐私,但总觉得打招呼时问这样的问题有些怪异,尽管他们被告知这只是打招呼的方式,并没有字面上的意思。还有的认为去中国朋友家做客,用餐时会受到朋友家的长辈的"盛情款待",自己面前的餐具会被朋友长辈热情地添满不同的食物或者不间断被问到还要不要再吃一点等。面对不被外国文化理解的中国文化中的客套谦虚现象,在中国文化里,日常交际习惯中的问候、委婉、推辞等用语无一不体现着语言背后所蕴含的文化内涵。

诸如此类的现象在日常的交际中还有很多,大部分的汉语学习者不理解这些现象。而这体现在日常交际中的认知上的差异,也是中外文化差异的结果。因此,在进行语言教学的同时,还需要进行文化教学,使学习者理解掌握一定的民族心理文化、历史沿袭下来的语言文化特别是中国人的思维表达方式、中国人的生活方式等,这样才能达成跨文化交际在日常生活中顺利进行的目的。

国际汉语教学中,如果缺少相辅相成的文化教学,那么汉语学习者不仅在日常交流中出现困难,也会反过来影响对语言知识的学习运用效果。因此,汉语文化教学是学习者在日常交际中顺利达成交际目的客观需要。有助于汉语学习者提升交际能力,减少交际障碍。

(二)激发学习动机和兴趣,培养汉语情感认同

"一带一路"倡议的稳步推进和顺利开展,需要以民心相通为基础,民心相通需要以语言文化的交流互通为前提。调查研究发现,汉语学习者选择学习汉语的首要动机大多是基于实用层面,例如工作中对汉语的需求动机、生活中对汉语的需求动机等。而非实用动机,例如出于对中国文化的兴趣的动机和渴望了解中国的动机则占比很少。一方面,不管何种动机,大部分汉语学习者在学习汉语的过程当中,对中国文化的了解往往停留在表面,认为语言就是交流的工具,没必要学习那么多了解那么深刻。如今自媒体的发展迅速,但部分入驻的外国博主仅仅把展示对"中国文化的喜爱"当作自己谋生的"财富密码",这何谈文化认同;另一方面,在针对来自不同文化背景下的汉语学习者调查访谈中发现,中国的地理文化、民族风情、传统建筑、历史典故等方面的文化要素确实具有很大的吸引力,学习者也希望能够深入了解和学习不同的文化知识,感悟中国文化。

由于语言知识的学习本身具有一定的难度,需要汉语学习者花费大量的时间和精力,从而忽视了文化知识;另外,由于语言的限制,特别是初级的汉语学习者,在学习汉语的过程中,中国文化的内容在课程当中鲜少设置,不能从文化入手让学习者体会中华文化的魅力。

激发学习者的学习兴趣和动机有助于减轻异国文化冲突带来的震荡,减少日常交际障碍。汉语学习者在语言方面的理解差异是可以用文化方面的魅力来弥补沟通的。语音、汉字、语法等学习上令人头疼的规则,在面临着丰富多彩的中国文化,例如与现代文化相结合的传统文化、迷人的民族舞蹈和中华武术,可以通过深入体悟中国文化来减轻语言上学习上的"痛苦",甚至可以成为汉语学习者克服语言学习问题的动力,增强对汉语及中华文化的认同感。中华文化的魅力在于汉语言背后蕴含的文化魅力。

总之,国际汉语教学中的文化教学能够教授汉语学习者中华文化,在学习感悟的过程中,可以使学习者融入中国文化的语境当中,既满足学习目标的诉求又能够深入内心获得心灵上的来自中华文化的精神力量的浸润。那么只有掌握语言规则并且能够在特定的文化环境下正确地理解汉语和使用汉语,获得情感上的认同,才能深入领悟语言及与语言相互融合的文化魅力。因此,汉语教学有助于激发学习者的学习动机和兴趣,培养对汉语情感认同。

(三)丰富汉语教学内容,弘扬中国文化

我国"一带一路"倡议的顺利推进和开展表明了中国在政治、经济、文化等领域发展强劲,特别是在经济上的发展,势头迅猛。近些年来,文化领域在"一带一路"背景下也有了长足的发展,我国也应在站在世界发展的前沿,结合汉语文化教学,不断丰富汉语教学内容,把具有中华民族五千年的智慧结晶融入当代中国的发展,不断弘扬最具有中华民族核心价值的中华文化。

汉语文化教学的内容,应该不断地适应现代文化发展变化的新情况,而不仅仅是一提到中国文化就想到中国的传统节日,久远的中国古代文化习俗等。需要动态地界定汉语文化教学内容,开展与时俱进的文化教学,这样可以满足不同阶段不同层次的文化教学目的的需要。

文化教学的开展能够丰富汉语教学内容,促进汉语教学发展。因为汉语教学中文化教学内容不是静态发展、一成不变的,它是一个动态发展变化的过程,需要不断地与时俱进才能满足日益变化的文化需求。近些年随着社会经济的发展和科学的进步,人们的思想也变得开放,能够接纳传统中所不容的"新思想"。这些变化也悄然融入文化传播当中,有关同性题材的影视作品越来越多,我国不再是被动接受来自别国的文化输入。近几年中国古装剧盛行,特别是在亚洲国家的传播发展,这不仅在无形的思想上有助于中国文化的传播,而且在中国传统的服饰、风俗人情方面的发展传播也能够丰富汉语文化教学的内容,给文化教学提供了新思路,打破了原有学习者对中国文化的偏见,能吸引更多对中国文化感兴趣的异国文化者。

综上所述,我国汉语文化教学在当今社会不断发展的动态变化过程中,传承中华文化精华的部分,吸纳新时代的文化内容,促进汉语教学发展,弘扬中华文化。

(四)促进国际汉语教学的可持续发展

随着我国"一带一路"倡议的稳步开展,在国际形势翻天覆地的变化的背景下,汉语国际教育的学科发展也面临前所未有的机遇,迎接时代背景下所给予的挑战,促进国际汉语教学的可持续发展。近些年来,持续升温的"汉语热"所带来挑战要想转变并促进学科的可持续发展,也就是汉语文化教学的多态性要求在当今时代背景下紧跟时代的脚步,汲取最新形式和内容,最重要的是如何在变幻万千的形势下,抓住机遇,在教学实践中探寻传承中华民族核心价值的有效途径。

汉语国际教育的学科发展的逐步深入,以及中国文化在世界范围内获得的关注更加印证了文化教学以及汉语文化的传播的重要性。在国际舞台上,不管是受到广泛关注、人气火爆的"汉语桥"、稳步发展持续进步不断拓宽"世界朋友圈"的孔子学院还是"一带一路"沿线国家中越来越多的将汉语学习纳入他们的国民教育体系,这些变化和发展都离不开国际汉语教学中文化教学的理论研究和实践拓展。中外语言交流合作中心的设立给当前国际汉语教育现状的发展以及差异化、多样化的汉语学习需求带来了重要发展机遇,提升教学质量、完善发展机制,促进国际汉语教学的可持续发展是文化教学肩负的重任。

(五)传播中国文化,展示中国形象

当今国际舆论掌控在西方发达国家中,中国的崛起和日益强大,则成

为某些发达国家的"眼中钉",特别是前段时间新冠肺炎疫情的蔓延以及借助所谓的"新疆棉人权"不遗余力地抹黑、企图打击中国,不断致力于打造中国的负面形象的目标,意图加深别国民众对中国的敌对及刻板印象。当今中国有强大的底气以及文化软实力,来塑造更正面积极的国家形象。文化教学更是"润物细无声"地向汉语学习者乃至更多的国家展示更包容的、可接纳的中国形象。

在"一带一路"共建的倡议下,国际汉语教学尤其是文化教学面临着诸多挑战和机遇。语言传播不仅是汉语教学中的重要任务,作为另一任务的文化传播同样也很重要。汉语教学的主要目的之一就包括解决跨文化交际中的出现的问题及冲突,在教学中展示真实的中国形象,加快汉语国际推广,而汉语文化教学则是实现这一目的的有效途径。

中国以其特有的精神文明把中国文化、中国制造和中国创造等,在不利的舆论造势当中成功突围,积极向世界各国展现了最真实友好开放的新中国。这就是我国经济实力和文化软实力的强大的体现。因此,作为软实力的文化在塑造良好的国际形象方面有重大意义。

由此可见,在全球政治经济飞速发展,世界各国的沟通联系日益加强的形势下,在国际汉语教学中,除了要教授知识和技能,培养学习者的跨文化交际能力外,还要向汉语学习者展示当下中国不断变化发展的社会以及适应现代社会发展的优秀的当代中国文化等,从而有助于传播和塑造我国积极正面的国际形象,稳固提升我国在国际上的地位,扩大丝绸之路沿线国家乃至世界不同的民族之间对我国的包容度和理解度,从而可以使中国发挥大国力量,展现大国担当并做出应有的国际贡献。

(六)有利于世界多元文化发展

"一带一路"作为国家顶级合作倡议自 2013 年提出构思,2015 年正式开展以来,在东北亚、中亚、南亚、东盟等地区截至 2020 年 11 月,已经与沿线 138 个国家、31 个国际组织签署合作文件。在各国实现经济政策协调,加强国际合作,开展广泛交流的背景形势下,不同的文化背景之间的多元化发展自人类社会开端就以多态性、多元化的态势延续拓展。尤其是"一带一路"背景下,沿线国家的交往是不同文化圈的交汇,有中国文化不陌生的佛教文化和印度文化,也有与中华民族文化迥异的非洲、伊斯兰文化,不管是何种语言和文化,在如此纷繁复杂的文化圈内,各国以及各种文化之间应该互相交流合作,不应仇视敌对。每一种文化都是族群历经漫长的历史发展传承延续下来的具有本民族独特印记的,其具有客观合理性和其本身的意义。

因此,国际汉语中文化教学的发展更有利于世界多元化发展,促进多元文化背景下的民族沟通互助,合作发展。文化教学中的来自不同文化圈的学习者的交流沟通正是文化多样性合理存在的有力论证。

"一带一路"沿线国家与国家之间的经济的快速发展,亟须把目光重点放在文化多态性上来。西方的歌德学院等在教学发展中,不断融入本国的文化教学发展,在意识形态等领域进行传播发展,塑造自己国家的正面形象。正如以美国为代表的西方国家在全球范围的文化软实力的展现,正体现了"文化"在世界范围内充当友好交流的媒介的作用,使得各地区各个国家的文化融合汇聚,呈现新的发展态势,促进世界多元化发展,最终受益的是人类自身。

在这样的时代背景下,汉语国际教育面临新的汉语文化推广任务,文化教学不管是在教学目标还是教学任务、教学方法方面不断结合时代发展,吸取世界多元文化的有利因素以及中华民族核心文化的部分,与时俱进,不仅能够为世界多元文化贡献力量,还能够在本国范围内加强民族自豪感和文化认同感。

无论从意识形态还是观念价值,我国在文化教学以及文化传播的实践当中,从未思考过"文化霸权"。从古至今,我国的对外交流谋求的一直都是合作共赢,共同发展。文化教学也使得中国人民开始思考,全球化发展避免不了来自西方文化的影响,面对纷呈的外来文化以及自身文化如何发展延续的问题是学科发展所重视的问题。因此,在多元文化背景下,首先在文化教学的探寻开拓中,不断吸收新时代背景下符合中国人民自身发展规律的且具有中华民族特色的价值,并加以发展和推广,在世界多元化的背景下做出有利于世界文化发展的贡献。

第三章 文化视域下对外汉语教学的历程

语言作为交际的工具,是人际沟通的桥梁,汉语作为世界上最古老的语言之一,在中国周边国家和地区的传播由来已久,从流传下来的史料看,早在汉朝时期就有外国人学习和使用汉语,汉代张骞开辟的"丝绸之路",不仅把中国的丝绸、瓷器等带到了西亚和欧洲,也把汉语和中国文化传播到了世界各地。"在丝绸之路上往来的人们,说着本民族的语言,带着源自他们地区的宗教信仰,像输入那些最有利可图的本国货品一样,传播着他们的信仰。"这可以说是有史料记载的与外国人语言文化往来的开始。而外国人真正大批到中国学习汉语,则始于东汉永平年间,印度和西域的传教僧侣为了传播佛教,从水陆两路大批进入中国,开始系统学习汉语和中国文化。[①]

东汉初年古印度僧人摄摩腾第一次翻译了《四十二章经》,古波斯人安世高"以汉桓帝(147-167)之初,始到中夏""至止未久,即通习华语",并翻译出《道地经》等34部,这些史料记载说明当时已有不少来华外国人熟练掌握了汉语。到隋唐时期,长安成为世界经济文化交流的中心,中国与外域的交往增多,各国商旅、学人云集,对外经济文化交流大大发展。外国人对中国古老文化、先进生产技术和丰富物产极为赞叹,热衷于到中国出使、经商、旅游等,于是汉语就成了中外交流中不可缺少的工具,以致唐代建立了完整的留学生制度,汉语的对外教育成为一种较正规化的教学活动。

宋、元、明、清各代,汉语和文化传播也延绵不绝,宋代蕃学的设立、元代马可·波罗的游历、明朝郑和下西洋等都是最好的证明,可以说18世纪以前,中国以及他所代表的东方文化都为世界所折服。但到清代随着统治阶级对内对外均极其严厉的文化政策,文化的交流和中国文化自身的发展都受到极大限制,如日渐衰退的国势一般,汉语和中国文化对外界的影响也日趋式微。

---

① 让-诺埃尔·罗伯特. 马军,宋敏生译. 从罗马到中国[M]. 南宁:广西师范大学出版社,2005:226.

在这段漫长的历史进程中,以底蕴深厚的中国传统文化为根基,汉语成为世界了解中国和中国走向世界的重要媒介,它消除了不同种族之间的隔阂与障碍,也为世界经济、文化等的交流碰撞做出了重大贡献。在这个发展历程中,汉语和中国文化的传播或盛或衰,但它从来没有中断过,而且汉语的教学往往都是与汉学的研究融为一体,语言和文化水乳交融、一脉相通,对后世产生了深远影响。时至今日,我们回首这段历史时,仍然为我们的国家和汉语言文化对世界所做出的突出贡献感到深深的骄傲。

尽管汉语作为外语教学的历史悠久,但长久以来,外国人的汉语学习多是零零散散,不成气候,真正能熟练使用汉语、精通中国文化的外国人可谓少之又少,对外汉语教学成为一项专门的事业和一个专门的学科是从新中国成立以后才开始的。70年来,伴随着国际交往的增多,作为中国文化载体和国际交往工具的汉语,在政府和社会的大力扶持下,在对外汉语教学界前辈的不懈努力下,其地位和作用也日益提高,对外汉语教学事业也突飞猛进,取得了令人瞩目的成就。鉴于研究的范围和对外汉语教学学科自身的发展,我们以新中国建立为起点,主要研究70年来文化在对外汉语教学中进入的发展历程,并将这段历史划分为两个大的阶段:对外汉语教学事业开创阶段和对外汉语教学学科发展阶段。我们试图以对外汉语教学风云激荡的70年时间为研究线索,对文化在对外汉语教学中的地位变化作一个简明的梳理,形成一些有价值的辨识和态度。

第一节 开创阶段

有人认为我国历史上最早记载来华教育的例子是《周礼》与《礼记》中记载的"通译"。也有人认为西汉末年佛教的传入,佛经的梵汉翻译以及语言对比是汉语传播的肇始者。其实,这个阶段还不能属于对外汉语教学阶段,这只能说明由于文化的接触和宗教的传播,汉语作为重要的交际工具开始成为文化传播的媒介,这时的工作重心应该是有目的的翻译而不是自觉意义上的对外汉语教学。

据史料记载,外国人或外族人真正大批到中原学习汉语,则始于东汉初年。《后汉书·儒林列传》"匈奴亦遣子入学",兴盛于唐代。早在公元372年朝鲜就正式设立太学讲授汉语。公元608年,我国的邻国日本陆续派遣留学生以及"遣唐使"来中国学习语言与文化,日本也因此成为最早向我国派遣留学生的国家。公元1世纪至10世纪佛教传入越南,为研读佛经,越南人开始学习汉语和汉字。宋元时期,因元朝东征日本,日本政局动荡,来华学生锐减。

自洪武二十五年(1392)至万历八年(1580),琉球至少向明朝派遣了16批留学生。从康熙二十五年(1686)至同治六年(1867),琉球先后向清朝派遣了至少8批共约30余名留学生。清康熙二十八年(1689),俄罗斯首次派留学生来中国北京学习汉语。18、19世纪,西方传教士将汉语教学带回德、法、意等欧洲国家,那里的汉语教学往往跟汉学研究融为一体。

但到19世纪末,清政府国内政局动荡,有组织的来华留学活动基本停止。随着战事不断,中国逐渐沦为半殖民地半封建社会,汉语的传播开始衰弱,只有印度、波兰和意大利向我国交换过为数不多的十几名学生。我国著名作家老舍先生于1924年在伦敦东方学院从事过对外汉语教学工作,被称为是"20世纪初在国外推广汉语的第一人"。但不管何时何地,在中华人民共和国成立之前,对外国人的汉语教学始终没有成为一项专门的事业和一种专门的学问。

1949年,这是中国现当代史上的一个重要拐点,伴随着中华人民共和国的成立,各项事业或处于百废待兴,或期于起步开创,对外汉语教学事业也不例外。1950年7月,我国在清华大学成立了第一个对外汉语教学的机构——东欧交换生中国语文专修班,并于第二年初开始正式授课,由此拉开了我国外国留学生汉语预备教育的帷幕。

一、开创阶段的历史背景和发展历程

20世纪50年代初到70年代末,是我国对外汉语教学事业的开创期,在这20多年间,这项新的事业在摸索和试验中不断积累经验,在特定历史条件下曲折发展,用实践勾勒着对外汉语教学的基本轮廓,逐步走上了汉语教育正规化的道路,并为后来学科的确立和发展奠定了良好的基础。这是一次重大的转变,从这个时期起,针对外国人的汉语教学不再是民间零零碎碎的"小打小闹",而成为受到政府支持的正规的学校教育。完成这样的转变并不是一蹴而就的事情,而是一个艰难的、渐进的发展过程。我们又可以将它分为三个时期。

(一)初创时期的筚路蓝缕(1950年—1961年)

对外汉语教学事业的发端,起源于1950年,应当时东欧国家捷克斯洛伐克和波兰的要求,我国与这两个国家各交换了5名留学生,同时又主动和罗马尼亚、匈牙利、保加利亚、朝鲜等国进行学生交换,总共接收了33名留学生。同年7月,在周恩来总理的关照下,清华大学成立了"东欧交换生中国语文专修班",对这批学生实施汉语预备教育,为将来运用汉语学习其他专业做准备,这是我国第一个从事对外汉语教学的专门机构。这个班于1951年初正式上课,学制两年,由在国外从事过汉语教学的邓懿、王还等担任教师。第二年,因为全国高等学校院系调整,该班被移至北京大学,更名为北京大学外国留学生中国语文专修班。与此同时,为就近培养越南留学生,1953—1957年间广西开办了专门针对越南学生汉语教学的南宁育才学校附属中文专修学校和桂林中国语文专修学校。除此之外,20世纪50年代末到60年代初,为了对大批获得民族独立的非洲国家留学生进行汉语教学,北京外国语学院成立了非洲留学生办公室。1961年北京大学和北京外国语学院的这两个留学生机构合二为一,改称"北京外国语学院外国留学生办公室"。

初创阶段,整个对外汉语教学工作刚刚起航,一切都处于摸索阶段。从教学规模来看,师生数量都比较少,1950—1961年十一年间总共才接收了3215名留学生,1961年我国在校外国留学生总数仅为471人。对外汉语教学虽然都是进行的正规学校教育,但教学机构很不稳定。留学生大都来自苏联、东欧、越南、朝鲜等社会主义国家,教学类型比较单一,都是为学生以后的专业学习克服语言障碍、掌握基本语言规则和技能的汉语预备教育。

(二)巩固时期的方兴未艾(1962年—1965年)

经过20世纪50年代的艰苦摸索和经验总结之后,对外汉语教学事业呈现出良好发展的势头,具体表现在:①教学规模不断扩大。从1962—1965短短四年间,我国接收了外国留学生3944名,比前11年的总和还要多,1965年的在校留学生人数是1961年的7倍多,对外汉语教学事业出现了蓬勃发展的新局面。②创建了稳定的教学基地。为了适应不断发展的需要，1962年经国务院批准正式成立了我国第一所以对外汉语教学为主要任务的高等学校——外国留学生高等预备学校（北京语言学院前身，1996年更名为北京语言文化大学），结束了教学机构迁移不定的状态，有了自己独立的学科基地。1965年，由于一下子要接收3000名越南留学生的汉语预备教育，又扩充了北京大学、南开大学等23所高校加入对外汉语教学的行列，教学点遍布全国。③师资培养逐步展开。由于学生数量增加，为解决师资问题，北京语言学院举办了全国性的对外汉语教师培训班，并为储备出国汉语师资举办进修，还创办了专业刊物《外国留学生基础汉语教学通讯》展开教学经验交流。④教学类型有所增加。1962年，中国国际广播电台开办了"学中国话"和"汉语讲座"节目，厦门大学还扩充了海外函授部。除汉语预备教育外，又增设了汉语翻译专业。这些都进一步推动了对外汉语教学事业的发展，标志其进入了巩固和发展阶段。

1966年因高校全都停课，不再招收外国留学生，还责令国内多名外国留学生陆续回国，北京语言学院甚至被污蔑为"小西方""黑学校"，并于1971年4月被迫停办。1966年到1972年，全国各高校的对外汉语教学工作全部中断，刚刚发展起来的对外汉语教学遭到严重的摧残。1973年国家恢复招收外国留学生，开始恢复对外汉语教育事业。20世纪70年代后，随着中国在外交上取得了胜利，国际汉语教学这一以请进来为主要方式的汉语国际传播形式重新开始。北京语言学院成立了编辑研究部，它是我国第一个编写汉语教学和研究汉语教学的专门机构。北京大学、复旦大学等也相应地成立了汉语教学机构。这一期间的汉语国际传播受众人数增加，国别增多，但传播主体汉语教师不足，教师队伍不够稳定。

中华人民共和国成立后十几年间，我国共接收68个国家7239名留学生，分布在全国17个城市94所学校学习。其中，12个属于社会主义国家的6571人，占留学生总数的90.8%。这时期的来华留学生教育主要为友好国家培养人才，如1952年接受朝鲜留学生209人，1952至1956年四年间培养越南留学生500多人。此间，1952年，我国向保加利亚派遣了第一名汉语教师朱德熙教授，他成为中华人民共和国成立后第一位国际汉语教学使者，为汉语在保加利亚的高质高效传播做出了卓越贡献。

（三）恢复时期的重整旗鼓（1972年—1977年）

20世纪70年代初，国内国际形势都发生了较大的变化，随着我国在联合国合法席位的恢复，以及美国总统访华、中日邦交正常化、中外建交数量增多等外交上的一系列重大突破，使得多个国家要求向中国派遣留学生，对外汉语教学工作的恢复势在必行。1972年，北京交通大学恢复招生，接收了200名赞比亚和坦桑尼亚留学生。同年，北京语言学院复校，留学生招生工作开始在全国各大高校陆陆续续恢复。1973年12月28日，28届联合国大会一致通过把汉语列为大会和安理会工作语言之一，将汉语在国际上的地位推进了一大步，也成了对外汉语教学事业发展的助力器。从1973年到1977年，全国共接受了来自72个国家和地区的2288名留学生，分布在9个省市的28所高校。对外汉语教学恢复以后，学习文科专业的欧、美、澳等西方国家留学生比例明显上升，除了传统的汉语预备教育以外，北京语言学院开始设置四年制汉语本科专业，对外汉语教学的框架有了全新突破。

这一时期尽管招生和教学工作经过艰辛努力逐渐恢复，但由于受到"文革"的严重冲击，基础设施、师资力量、管理建设等方面都百废待兴，困难重重。各个高校接收学生的能力极其有限，教学规模也远未达到1966年之前的水平。

二、开创阶段对外汉语文化教学的特点

在对外汉语教学事业开创阶段，由于各项工作都刚刚起步，对汉语作为外语的教学规律认识还不够深入，教学理论和教学方法等方面也都处于探索阶段。受到当时时代的局限和历史的原因，从教学理论研究来看，这一阶段还缺乏明确的学科意识和教学理论，尚无系统深入的理论研究，只有寥寥数篇文章，以记录教学体会、总结教学经验为主，集中在探讨教学方法、解决具体问题的浅表层面上。从教学实践情况来看，这个时期的对外汉语教学由于在最初发展阶段就得到了吕叔湘、邓懿、王还等优秀语言学家和语言教学专家的参与和支持，使我国的对外汉语教学事业一开始就具备了雄厚的师资力量和良好的教学传统，已经注意到汉语作为外语的教学和本族人汉语教学的区别，为学科以后的发展奠定了坚实的基础。文化作为语言的一部分，仅仅在用作教学内容的课文中有零星的闪现，在教学实

践中由于语言知识讲解过于琐细,课文所涉及的生活面过窄,更使得文化在语言的学习中缺少进入的时间和空间。当时虽然也有设置一些文化类的课程,但是这类课程与语言教学完全脱离,且随意性很大。从对外汉语教学最初的演进历程,我们可以清晰地窥见其教育宗旨、教学内容和课程设置的细微改变。

(一)教学目的:强调语言技能培养,文化尚未进入目标视野

语言技能是构成人的语言能力的重要组成部分,一般包括听、说、读、写四项基本技能和综合运用这四种技能的能力。其中,听和读是理解的能力,说和写是表达的能力,这四种技能在语言学习中相辅相成,相互促进。在对外汉语教学的发展历史中,培养语言技能的目标确立是沿袭了传统的语言教学的做法。我们把这个阶段的教学目的归纳为"以语言技能培养为主",是就总体情况而言的。这期间,虽然大家普遍都主张培养语言技能,但各个年代的具体主张和做法略有不同。

1953年周祖谟先生在《教非汉语学生学习汉语的一些问题》一文中,就汉语教学的总体目的这样认为:"学习一种语言要达到能够应用的目的,也是要有一定的基础的。……这里面包括了听、说、读、写四个方面。四者之中,能听能说是基本的要求,能读能写是进一步的要求。上面所说的'要有一定的基础',就是指这四种的能力而言。"李培元先生在总结20世纪五六十年代对外汉语教学特点时也说:"50年代的汉语教学,教学对象是已经成年的外国留学生;教学目的是在一年或二年的时间内,培养他们掌握汉语技能,使他们能在中国的大学学习和生活;他们在中国学习汉语,有最优越的语言环境。这就是说,从50年代起,我们的汉语教学就是在目的语的环境中,培养学生具有一定的言语能力。"从以上论述中我们可以看出,50年代对外汉语教学的目的是明确的,强调的是学习语言要打好听、说、读、写能力基础,这四种语言能力中又强调先听说后读写。

60年代基本沿袭50年代的目标取向,仍然是培养语言技能,但在具体做法了做了一些调整。当时的外国留学生高等预备学校为了使汉语预备教育更加有效,曾于1962年和1963年先后两次对留学生学习情况展开调查,结果发现,留学生即使经过一两年时间的汉语预备教育,汉语障碍仍未排除,尤其是听、读能力不能适应专业学习。于是针对不同专业、不同阶段的学生进行了调整,如:文史哲专业的学生要求听、说、读、写全面掌握,理工医农专业学生则侧重于听和读,翻译专业学生要求听、说、读、写、译全面发展。在教学的不同阶段对语言技能的训练也有所侧重,当时的指导思想是:"先侧重听、说;再侧重听、说、读;然后侧重听、说、读、写;最后到听、说、读、写、译。"①

20世纪70年代在教学和教材编写方面继续坚持以培养听、说、读、写语言技能为目的,更加理论化和系统化了。70年代具有代表性的教材《基础汉语课本》在教材"说明"中这样写道:"本书着重培养学生实际使用汉语的能力""教语音的前十课,尽量按汉语语音系统,把会话练习和声、韵、调的单向训练结合起来。从第十一课起,以常用句型为重点,通过替换练习使学生掌握语法点,通过课文训练学生综合运用汉语的技能。课文后边有语法和词语的简要注释。"

《基础汉语课本》所秉持的教学目的,代表了这个时期对外汉语教学的主要倾向,它继承了传统的语言能力培养目标。与此同时,随着人们对实践性教学原则的深入探讨,汉语教学目标也酝酿着突破。1977年,吕必松先生在《谈谈基础汉语教学中的几个关系》中说:"所谓实践性原则,简单地说来,就是根据辩证唯物论的认识论的原理,组织和引导学生通过大量的、自觉地语言实践来掌握汉语,以培养他们运用汉语进行交际的能力。"通过对实践性原则的重新定义,对外汉语教学在70年代末提出了"培养交际能力"的目标,这是语言教学目标的一次重大突破,并对以后的教学实践产生了深刻影响。但是这个目标还只是在理论上的模糊认知,对于交际能力和语言技能这两个概念的区别也缺乏界定。

从以上我们对教学目的的梳理中可以看出,这一阶段对外汉语教学的目标主要还是为了培养语言能力,强调语言教育的"应用"功能,突出汉语的工具性作用。文化作为语言相伴相生的产物,还根本没有进入对外汉语教学目标的视野,这与当时人们的认知局限有关。第二语言教学虽然与人类文明几乎同时开始,但现代意义上的第二语言教学还只有一百多年的历史。19世纪末以前的第二语言教学以翻译法为主,注重系统语法知识讲解,通过母语翻译手段来培养学生阅读和翻译能力。

19世纪末到20世纪60年代,人们认识到外语读写能力已不能满足社会需要,于是直接法、听说法等第二语言教学流派相继产生,开始重视口语

---

① 程棠. 对外汉语教学目的、原则、方法[M]. 北京:北京语言大学出版社,2008:13.

教学,注重听说读写能力的全面培养。对外汉语教学的目标显然也受到国外语言教学法流派的影响,还停留在关注语言技能训练的层面,忽略语言的社会交往功能,更遑论深入到语言文化层面的思考了。

(二)教学内容:重视语言知识传授,文化内容自发进入教材

受当时苏联马克思主义语言学观点和美国结构主义语言学理论的影响,本阶段对外汉语教学的内容强调以词汇和语法教学为中心,认为基本词汇和系统语法知识是实现教学目的的主要手段。因而从教学过程到教材内容,基本都是围绕语言理论知识来展开的。在教学过程中,侧重从语言规律出发,以传授语言知识为主,再围绕语言知识进行练习。当时教学的基本步骤,大多是先教汉语拼音字母和拼音法,接着由只有拼音没有汉字的课文逐步过渡到拼音与汉字对照的课文,然后在学生掌握一定数量词汇的基础上开始讲授语法,最后讲授一些主题短文。强调语言学理论的指导,同时也注重学生语言技能的提高。从教材编写来看,也基本上是以语言知识体系为线索,将语音、词汇、语法串联起来。我们以这个阶段三本代表性教材的内容编排为例加以说明。

1958年由邓懿等编写的《汉语教科书》经商务印书馆正式出版,这是我国国内第一部对外汉语教材。这部教材集中体现了当时语言理论的成果,全书包括绪论、语音、语法三部分,其中"绪论"部分约2500字,简要介绍了现代汉语的基本特点;"语音"包括论理8课、口语练习4课,通过音素、拼音、声调等练习,先系统介绍《汉语拼音方案》,然后再过渡简单的短句和对话;"语法"部分包括60课、170条语法解释点。教学内容以语法为纲,重视系统的语言知识的讲授,采用演绎法通过听说读写的训练来强化语法知识。这套教材第一次提出了对外汉语教学语法的独特体系,将对外汉语教学与汉语的母语教学区分开来,一直影响着后来对外汉语基础教材的编写。60年代的《基础汉语》在内容方面仍然注重语言的指导和训练,以传授系统语法为中心的局面仍没有从根本上改变。该书分上、下两册,共课,前面12课为语音和短句练习,自13课起,每课结合课文适当讲一点基本语法,并根据所讲语法点编写一些范句。只是这套教材从原来过多的语法理论讲解逐渐转移到重视语言技能训练上,突出和强调了语言实践在教材中的地位,语法注释相对简明扼要,通过典型的"范句"体现语法规则,进行大量的句型操练。70年代受国外"听说法"和"句型教学法"的影响,北京语言学院编写了一套新的教材——《汉语课本》,这套教科书共四册,第一、二册共44课,其中语音部分12课,包括现代汉语的全部声母、韵母和声调,语法部分32课,包括80多个句式,每课有简要的语法和词语注释。这套教材把句型—课文—语法三者结合起来,淡化了语音—语法—短文截然分开的界限,还增设了会话一项,从语流入手,以语流带语素,实用性得以增强,但语言知识的影响仍然浓厚。

由此可见,重视语言知识的传授是这一阶段的主要特点,只是逐渐由重视语言理论学习向在语言理论指导下培养语言技能的方向转变。然而,由于文化与语言的天然联系,有关文化的内容还是不自觉地进入到对外汉语教学中来。这些文化的内容虽然在当时并没有引起人们的注意,纳入教学实践,但是在教材中文化与语言自然融合,这是不争的事实。而且这些文化内容受到时代背景和政治因素等的影响,带有那个时代特有的文化色彩。

教材中的文化内容主要体现在词汇和课文中。词汇的选择多是带有鲜明的时代背景并在那个时代使用较为普遍的一些特定词语。如:20世纪50年代《汉语教科书》中的生词表里,出现了"白毛女、干部、公社、合作社、社员"等,60年代的《基础汉语》里有"红灯记、收音机、同志、礼堂"等,70年代的《汉语读本》的生词"赤脚医生、炊事员、生产大队、地主、贫农、下中农、精兵简政"等等。这类语汇大都受当时特定的社会政治和经济制度制约,不仅在其他语言中难以找到确切对应的词,而且只出现在那个特殊的年代里,进入常用的语境。这些词汇如果不讲清楚有关制度和文化背景知识,外国学生理解起来恐怕就不那么容易。

课文当中体现出来的文化内容就更多了,而且这些内容越是早期,政治色彩就越浓。如《汉语教科书》下册第六十五课的课文是这样的:

一个钢铁工厂的工人烧伤了,叫人送到医院里来了。他的伤很重,占全身的89.3%,不少大夫看着这个工人都想:没有办法了,因为资本主义国家的医学文献上说,烧伤百分之七十五就不能救活。正在这个时候儿,工人从昏迷中醒过来,他看着大夫们说:"我要活下去,钢需要我……"

党一定要救活他,医院里的领导同志立刻把大夫们找来开会。会上领导同志说:"在资本主义国家里,烧伤的是谁?当然是劳动人民,资本主义国家会想出各种方法来救劳动人民吗?我们不能迷信资本主义国家的医学文献,我们是社会主义国家,一定要救活这个工人。我们一定能做出资本主义国家办不到的事情……"。这些话解放了大夫的思想,提高了他们的认识。一个青年大夫——共产党员说:"我们一定要拿出自己所有的力量来救活建设社会主义的人。"

别的医院里有名的大夫也被派到这里来了,为救活这个工人,大夫们开始了紧张、困难的工作。一个月过去了,这个工人不但还活着,而且伤慢慢儿地好起来了。在党的领导下,他被大夫救活了。

这样的课文明显地带有那个年代特有的思想政治意味,从文中我们能感觉出宣传社会主义优越性的政治教育氛围,也能联想到当时大炼钢铁的历史时代背景。类似的文章还有通过中华人民共和国成立前后人民生活对比赞颂共产党领导的、参观工厂车间反映劳动者建设的等一系列故事。此外,也有少量根据古代寓言改编而成的反映中国传统文化意识的故事,如愚公移山、大禹治水等。

到60年代,与《基础汉语》配套的《汉语读本》,体现出来的文化内容就更丰富一些,涵盖了我国的名胜古迹、历史故事、文化名人、当代建设成就等各方面情况,内容更为全面。例如第一册课文目录如下:

第一课　　《天安门》

第二课　　《小八路军》

第三课　　《黔之驴》

第四课　　《我和小牛》

第五课　　《"长工屋"》

第六课　　《东郭先生和狼》

第七课　　《刘胡兰》

第八课　　《丝绸之路》

第九课　　《茶乡新貌》

第十课　　《万里长城》

第十一课　《董存瑞》

第十二课　《为人民服务》

第十三课　《南泥湾开荒》

第十四课　《特别快车》

第十五课　《中国古代的医学家李时珍》

第十六课　　《赶路》

第十七课　　《大庆人》

第十八课　　《草船借箭》

这些课文,几乎每一篇背后都蕴含着丰富的文化内涵,相比《汉语教科书》而言,删除了大量政治意识形态过浓的内容,补充了许多从多个角度反映中国文化特色的新课文,语言文字也较为浅易平实,中间偶尔还穿插了彩色图画,更加贴近学习者的心理和生活。

70年代的《汉语课本》由于注重听、说训练,以句型教学为主,所以课文主要以会话为主,文化色彩相对较弱,但由于会话内容中多是当时社会生活主要情形的描述,所以也或多或少地反映出那个年代的文化面貌。如第一册第二十课《去人民公社》,对话内容如下:

A:星期一你们去人民公社了没有?

B:去了。

A:你们跟社员一起劳动了吗?

B:我们跟社员一起劳动了。社员们劳动都很积极。

A:你们访问社员家庭了没有?

B:访问了。我们上午劳动,下午访问社员家庭。

A:那个公社怎么样?

B:那个公社很好,是一个先进单位。社员们响应毛主席的号召,学大寨,努力建设社会主义新农村,每年都获得丰收。

这样的短文在注重提高学生口语表达能力的同时,仍不乏文化内容的呈现。

从以上所举教材的文化实例中我们不难看出,进入对外汉语教学的文化内容大都是一些经过改写的故事、散文和对话,在一定程度上反映了中国的语言、文化和社会方面的新鲜内容,其中某些词语和内容不可避免地打上了那个时代的烙印。

任何教材总是反映着一定时代的社会生活,教材编写者也总是要通过课文传授文化知识,没有思想内容或文化内容的课文几乎是不存在的,这也从一个侧面再一次证明了语言和文化的不可分割性。但是这些文化信息的政治色彩过多、过浓,涉及的面也相对较窄,知识性和趣味性也不够突出,而且在教学中仍处于被忽略的地位。

（三）课程设置：语言教学和文化教学割裂，文化课程不受重视

从20世纪50年代初到70年代末，在对外汉语教学中，并非完全没有文化的教学，只是语言教学和文化教学是截然分开的。在当时刚刚设立的"中国语文专修班"所开的课程上，除了开设有语言方面的课程，还有中国文学、历史、哲学、中国概况等。教授这些课程的老师大部分来自于中文系，也有来自外语系、历史系、哲学系等专业领域的老师，根据各自的专业特长分别承担相应的教学内容。

"对于一件新的、不熟悉的工作，人们不了解它（对外汉语教学）的性质和特点，不了解需要具备什么条件和怎样去做这项工作，因而产生一些不正确的认识甚至误解，自然是难以避免的了"。很多时候存在因人设课的现象，也就是学校拥有哪方面文化专业知识的老师，就为学生开设哪门课。其他承担了对外汉语教学任务的高校也大抵如此，一般来讲，都为外国学生开设了中国概况课，主要向他们简要介绍中国的政治、经济、历史、地理等方面的情况，尤其偏重于政治和当代社会的讲解。这些课程的讲授往往借助于学生的母语或其他媒介语进行，课程性质大都属于选修课，以学生自愿参加为主。[①]

这些文化类课程的设置，主要出于政治方面的考虑，而不是从语言和文化的关系角度来思考课程的性质和内容，因而政治教育的色彩相对比较浓厚，但也注意到了内容的可接受性。"文化大革命"结束以后，由于语言教学理论和教学法流派的冲击，文化类课程一度还出现了"被淡化"的局面，"属于第二文化的中国文化方面的课程，如中国文学、中国哲学、中国文明史、中国概况等课程，或被取消，或被削减，或由必修课变为选修课；原有中国概况课教研室解散了；属于第二文化教学的几门课程却既无完善的教学大纲，更无稳定的教材；第一、二届国际汉语教学讨论会，中国教师的上百篇论文，几乎都属于语言教学方面的，而属于文化教学方面的论文，却如凤毛麟角，少得可怜。"

此外，受60年代提出的"实践性原则"和70年代"开门办学"的影响，有的学校还开设了语言实践课，对外国学生也实行开门办学。其形式主要是在老师的指导下组织学生深入到校外、工厂、农村等去进行语言实践活动，让学生接触中国社会，听取各种介绍，与各阶层人士进行实际交谈，了解中

---

① 李培元. 中国对外汉语教学的40年[J]. 世界汉语教学，1989(3)：132.

国的现实状况。从某种意义上讲,这样的实践活动也可以看作是文化课程的设置。总体而言,文化课程的设置较为随意,文化的教学也不受重视。

综上所述,在近30年的开创期,对外汉语教学事业虽然经历了曲折的发展历程,但还是从无到有、由小到大逐渐成长起来了。这一时期主要任务还是集中在语言知识的传授和语言技能的训练上,汉语教育也主要是作为其他专业学习的预备教育。在对外汉语教学的初创阶段,人们主要是从强化政治意识、进行思想教育的角度来对待语言教学中的文化问题的,也初步意识到了对留学生进行文化教育对于学好汉语、了解中国国情的重要性,"它表明人们一开始就朦胧地意识到目的语与目的语文化在教学上的不可分割性和文化迁移的自觉性,以及文化迁移的泛语言性——即文化教学的目的不限于掌握语言技能本身。"①

第二节　发展阶段

开创时期的对外汉语教学在留学生汉语预备教育的推动下,已经迈出了稚嫩而坚定的步伐,虽然前进的步子较为缓慢,对语言与文化的关系也尚未给予充分的重视,但实际上人们对它的认识在不断加深,语言教学开始由"结构型"向"结构—功能型"转变,为文化教学进入对外汉语教学创造了条件,也为对外汉语教学学科地位的确立奠定了良好的基础。1978年,党的十一届三中全会提出实行改革开放,中国经济开始飞速发展,引起了世界各国的极大关注。当封闭已久的大门向世界重新开启,古老而又年轻的中国开始向全世界人民展示自己的当代风貌和悠久文化,世界也对这个神秘的国度充满了好奇,迫切希望与中国增进了解、加强合作,掀起了一股"中国热","中国热"又带动"汉语热",要求学习汉语的人数日益增多。宽松的国内政策和和平的国际环境为对外汉语教学事业带来了繁荣发展的良好条件,其面貌开始发生重大变化。1978年,在北京地区语言学科规划座谈会上,吕必松先生首次提出"要把对外国人的汉语教学作为一门专门的学科来研究",明确树立了学科建设的目标。1980年,北京语言学院联

---

① 周思源. 对外汉语教学与文化[C]. 北京:北京语言文化大学出版社,1997:2.

合相关高等院校开始筹备对外汉语教学学会,1982年在筹备会上正式确定了"对外汉语教学"的学科名称。1983年6月,对外汉语教学研究会成立大会暨第一次学术讨论会正式召开,标志着对外汉语教学学科正式诞生。1984年教育部领导在工作报告中明确提出,"多年的事实证明,对外汉语教学已发展成为一门新的学科",其学科地位得到政府机构的正式确认。至此,对外汉语教学进入学科确立期,学科发展由经验型向科学型转变,开始了自觉的学科建设。它是对外汉语教学在新的国际、国内大背景下的必然产物,也是对外汉语教学历史发展到一定阶段后的现实需要,预示着新的发展趋势即将到来。

一、文化研究起步,文化教学意识觉醒(1978年—1988年)

1978年中国结束了那段混乱的时期,国家实行改革开放政策,对外汉语教育事业进入了稳步的发展期。在1979年1月召开来华留学生工作会议上,教育部做了扩大接收外国留学生规模的报告,并获得国务院批准通过;之后国务院批准了《关于接受自费外国留学生收费标准问题的请示》;1987年我国在教育部内设置了由国家教委、外交部国侨办、文化和旅游部和国家语言文字工作委员会等单位组成的国家对外汉语教学领导小组,希望通过语言作为桥梁,不带有政治色彩,以民间的文化语言交流的方式来传播中华文化,通过传播中华文化这种途径,达到宣传中华民族价值观的目的。1989年教育部正式发文规定高校可接受自费来华留学生;《汉语水平考试(HSK)大纲》颁布并在国内外实施。这一系列举措的出台反映了国家对对外汉语教育事业的高度重视,也极大地调动了高校留学生汉语教育事业的开展,加快了国际汉语教学这一主要传播形式的传播力度和速度。

值得一提的是,1987年世界汉语教学学会成立,它的宗旨是促进教学和研究的国际交流与合作,推进世界汉语教学的研究与发展,增进和发展各国人民之间的相互了解和合作。世界汉语教学学会的成立标志着汉语国际传播的规模增强和扩大。还有上面提到的国家对外汉语教学领导小组,现名为国家汉办/孔子学院总部,又将汉语国际传播提高到国家和民族事业这一更高的视野上来。至此,汉语国际传播有组织、有计划、有规模地开展起来。伴随对外汉语教学学科地位确立的是其前所未有的发展速度。1978从年到1988年,我国光从政府渠道接收的外国留学生就将近5万名,来自多个不同的国家,相当于前一时期20多年总数的5倍,此外还有一些校际交流途径而来的学生人数无法统计。学生人数快速增长,教学规模连年扩大,从事对外汉语教学工作的高等院校也迅速扩充,很多学校还设置了专门针对对外汉语教学的"学院"或"中心"。在对外汉语教学事业开创阶段,主要进行的是非学历汉语预备教育,进入蓬勃发展阶段后,单一的非学历教育已不能满足不同渠道来华学习汉语的留学生需求,开始朝多类型教育发展。

从非学历教育来看,进一步细分为长期和短期汉语进修教学。短期进修班可以视学生已有汉语程度、学习时间长短、学习主要目标等因素,有针对性地展开教学,满足了不同学习者的多种要求,因而得到迅速普及,发展极快,到80年代相继有100多所高等院校参与其中。而长期进修班则主要针对一些国外中文专业学生、访问学者、外国机构团体委托培训的进修人员等,学习时间相对较长,汉语水平要求相对较高。

汉语学历教育则是为了培养高层次汉语人才,于1978年在北京语言学院首次创办四年制现代汉语本科专业,以外国留学生为对象,主要培养汉语教师、翻译和汉语研究人员。1986年又开始招收外国硕士研究生,从而形成了多类型、多层次的完整教学体系。与此同时,专门的研究团体和领导机构也逐步成立,开始从学科建设和发展的高度对汉语教学进行宏观、系统的研究和指导。尤其是1988年国家对外汉语教学领导小组办公室公布的《1988—1990对外汉语教学科研课题指南》中,将"文化因素在对外汉语教学中的作用""汉语和汉语教学在外国人接受中国文化并形成中国文化观过程中的作用"等作为基础理论研究的内容,说明文化进入对外汉语教学的意识已经清晰形成,并开始纳入学科理论研究的框架,迈开了大步前进的步伐。

(一)对外汉语教学观念的转变:关注文化因素的影响

在时代进步和学科发展的大背景下,文化逐步进入语言教学的研究视野。1965年,美国语言学家戴尔·海姆斯(Dell Hymes)首先提出了"语言交际能力"这个概念,即运用语言(或非语言手段)进行社会交往的能力。他认为一个人的语言能力不仅指能否说出合乎语法的句子,还包括能否在一定的语言环境中恰当地使用语言。他进一步解释了交际能力的四个特征:语法性(语法上是否正确)、可接受性(交际中能否被接受)、得体性(语境中是否恰当)和现实性(现实中是否常用)。海姆斯"交际能力"的提出,在第二语言教学中引起了根本性变化,它对语言学习提出了更高的要求,即不仅要掌握听、说、读、写等语言技能,还要求学习者在具体的交际情境中能运用所学语言说得适切、得体。这一理论直接导致70年代功能教学法的产生,这是一种全新的教学思路,它把培养学生的交际能力作为教学的目的和手段,从学生的实际需要出发,以功能、意念项目为纲来编排教学内容,倡导语言的社会功能。

国外语言学理论由重视语言结构形式向关注语言意义和功能的研究转变,在改革开放的大环境下,这些教学理论和方法被广泛地介绍和引进国内,为对外汉语教学提供了良好的借鉴,也开始转变语言教学的观念。1980年吕必松先生提出:"语言教学的基本任务是培养学生运用所学语言进行社会交际的能力。"随后又进一步谈到风俗习惯、文化传统以及观念和心理特点对语言和语言教学的影响,指出文化背景知识介绍在外语教学中的重要性。同年,熊文华、朱文俊也发表文章:"学习外语不仅要注意它的语言因素,同时应该注意它的社会因素。"1983年美国俄亥俄州立大学教授黎天睦先生在北京语言学院教授《现代外语教学实践及其理论》这门课,开辟专章讲授《外语教学中的社会与文化因素》。1984年张占一先生发文首次提出了"交际文化"的概念,他认为在语言交际中可能会因为"缺乏有关某词、某句的文化背景知识而产生误解",并将语言教学中的文化内容分为"知识文化"和"交际文化"两大类,"所谓交际文化,指的是两种不同文化背景熏陶下的人,在交际时,由于缺乏有关某词、某句的文化背景知识而发生误解。这种直接影响交际效果的文化知识,我们称之为'交际文化'。"这一概念的提出,在学术界引起了强烈的反响,成了对外汉语文化教学中讨论最多、争议最大也是影响力最广的观点之一。

随后,上海外国语大学国际文化交流学院教授赵贤州先生首先肯定了新西兰任中文顾问张占一先生的说法,认为"从外语教学角度看,把文化分为知识文化与交际文化较为可取"并对交际文化的定义做了进一步的补充:"主要指两种文化的人进行交际时直接发生影响的言语中所蕴含的文化信息,即词、句、段中有语言轨迹的文化知识,它主要以非物质为表现形式。"①

---

① 赵贤州. 文化差异与文化导入论略[J]. 语言教学与研究,1989(1):81.

此后，围绕着"知识文化"与"交际文化"的定义，人们展开了很长一段时间的讨论，或是探讨"交际文化"的内容，或是分析"交际文化"差异形成的原因等等，赞同与质疑的声音并存，纷争也很激烈。因此，张占一先生"交际文化"概念的提出，可以看作是对外汉语教学开始文化研究的发端和导向。它吸收了社会语言学的观点，从功能的角度将文化置身于语言教学之中，改变了语言教学中文化范畴的笼统观念，同时也带动了对外汉语教学界对于"与语言教学有关的文化因素"的探讨和研究，为对外汉语教学中的文化研究开辟一条新路，创造了良好的学术氛围。由此开始，对外汉语教学界逐渐把研究的视角转向如何"排除语言中的文化因素障碍"上来。差不多同时，美国教授黎天睦先生经过大半年的广泛调研，在谈到中国对外汉语教学现实状况时提出："外国留学生忽视中国日常风俗、一般的寒暄语、中国人对人与人关系的看法以及基本的文化背景知识。……更普遍的是很多外国学生从运用一般汉语问候语到正确处理师生关系这个广泛领域内，其反应都是不符合中国文化、习惯的。中国对外汉语教师跟美国对外英语老师一样，长期与外国学生接触，学会了容忍和原谅这种现象，乃至最严重的文化上的不妥行为。但是，除了与之保持一定距离以外，要想对付那些不愿和不能克服文化上的不妥行为的人，仍然是困难的。"除此以外，徐志韬、陈光磊、毕继万、胡明扬等也都纷纷发表文章，阐述文化因素在对外汉语教学中的作用、地位等。①

这一时期，对外汉语教学界对语言教学中的文化研究还刚刚起步，人们大都是就课文的文化背景知识和隐含在言语交际中的文化因素重要性进行阐述，揭示了语言内容、文化因素、交际技能和文化背景知识的关联性，长期被忽视的文化因素受到了越来越多的重视。特别是"交际文化"概念的提出，为20世纪90年代以后的文化研究打下了坚实的基础。这是对外汉语教学在发展过程中不断总结自己的经验并兼容并蓄的结果，也是理论与实践相结合的产物。但是这个阶段还没有出现真正能够满足和指导对外汉语教学实际需要的理论成果，相对于80年代以前将文化教学完全置之于语言教学之外，或是仅仅在课文后附录一点文化知识的做法无疑是前进了一大步。应该说，这一阶段为文化教学的研究创造了良好开端，但大部分都属于经验型的讨论和直觉的思索，理论研究成果虽显丰硕，实践

① 黎天睦．张占一译．中国对外汉语教学印象记[J]．世界汉语教学，1987(1)：57．

研究相对薄弱。

（二）对外汉语教学实践的尝试：重视文化内容的设计

这一时期，由于课堂教学时间和语言操练方式的限制，文化知识在课堂教学中的讲解还没有充分展开，文化教学实践方面的研究，也显得比较寂静，但是在新的语言理论影响和语言教学观念改变的大环境下，文化内容开始主动体现在课程设置和教材编写中。

70年代后期，北京语言学院建立了我国对外汉语教学的第一个本科专业——来华留学生二系现代汉语专业，专门培养中高级汉语人才。该系从本科二年级起就开始设置中国文化史、中国古代史、中国近现代史、中国古代文学史、中国现代文学史、中国哲学史、中国经济、中国旅游地理等专门的文化类课程，就中国文化的某一方面作较为系、统、全面的介绍。这类课程的设置使文化知识的学习变得更加专题化和系统化，文化的内容不仅只是零星无序地出现在语言教学和教材中，而且以独立、完整、系统的形态，成为对外汉语教学课程体系中的一个分支系统。这样的文化教学除了能为语言理解提供深层的内涵支撑，间接地支持语言技能的提高以外，还能使学生的整体知识结构得以完善。

由于当时流行的听说法等教学方法效果不是很理想，不利于学生交际能力的培养，功能法作为一种把培养学生的交际能力作为教学主要目标的新语言教学法，很快受到对外汉语教学界的重视，开始以功能、意念项目为纲来编排教学内容。这种以结构为纲、兼顾交际功能的结构—情境—功能相结合的模式与教学需要不谋而合，很快得到了广泛应用，以《实用汉语课本》为代表的结构——功能型教材受到广泛了欢迎。1981年由刘珣等编著的《实用汉语课本》是专门为我国教师在国外进行汉语教学而编写的教材，"从选材到练习内容和练习方式都经过精心设计，在贯彻交际性原则和加强文化知识的教学等方面进行了不少有益的创造，使对外汉语教材的编写原则和编写方法向前迈进了一步。因此，这部教材不但代表了到那时为止的综合教材的最高水平，而且为探索新的教学路子做出了贡献。"这套教材在《前言》中开宗明义："主要目的是培养学生在实际生活中运用汉语进行交际的能力""要学好汉语，必须对中国的文化、历史和现实有所了解。本书（特别是从第二册开始）尽可能将语言和文化结合起来，通过有关中国社会、历史、名胜古迹、风土人情等题材学习汉语。"当时，我国改革开放的政策已经开始实行,实事求是的思想路线也已经重新确立,在社会、政治环境的背景下,在新的教学思想指导下,《实用汉语课本》的课文内容发生了较大的变化,我们以第三册课文篇目为例:

第一课　　到中国旅游

第二课　　新疆见闻

第三课　　壮丽的三峡

第四课　　在上海——古波的日记

第五课　　西湖边的神话

第六课　　丁大娘谈家常

第七课　　他们俩和好了

第八课　　在老队长家做客

第九课　　方兴的爱情

第十课　　一个太极拳辅导站

第十一课　《贵妃醉酒》和《罗密欧与朱丽叶》

第十二课　神奇的针灸和华佗的故事

第十三课　画家徐悲鸿的故事

第十四课　参观西安碑林

第十五课　谈论报纸和广播

在这一册教材中,充分地体现了语言与文化相结合的原则,它通过一对外国夫妇在中国旅游的经历,从较广阔的背景上介绍了中国的社会生活、名胜古迹、风土人情、文学艺术、历史地理、政治经济等多方面内容,都是针对读者感兴趣的内容编写而成的。有的课文后面还针对文化色彩厚重的一些内容加以"注释",进一步帮助读者解决有关背景知识的一些问题。从篇目的安排上我们也可以看出:宣传政治思想文化的东西减少了,文化内容和言语交往结合在一起,注重课文的趣味性和应用性,还增加了一些现当代文学的名家名作,切实落实以语言为基础、以文化和文学为依托的指导思想。这些变化,在我们今天看来,仍然是了不起的进步。可以说,《实用汉语课本》在教材内容和编写形式方面都做了不少有益的尝试和创新,贯彻了交际性原则,加强了文化内容的设计,生动活泼、丰富多彩,标志着教材内容取向上的重大转折。

这一阶段我们可以进行历史比较清楚地看到,从总体上说,过去那种

"重语轻文"的倾向已有根本性的改变,对语言交际能力的培养和文化内容的渗透已大大加强。这种教学倾向上的变化,既是社会需求的变化使然,也是人们的认识不断深入的结果。

二、文化讨论热烈,文化教学地位确定(1988年—1995年)

80年代中叶,在学术界"文化热"潮流的推动下,文化语言学应运而生。在1985年第三期《复旦学报》上的《方言与中国文化》一文中,语言学者游汝杰出于革新语言学的目的,首次提出:"如果将如此丰富的语言材料和历史悠久,多姿多彩的中国文化结合起来研究,是不是可以称之文化语言学?""从描写语言学的园囿中走出来……特别希望能在文化和语言关系的研究方面给中国语言学增添新的血液和生命。"文化语言学的创立和后来所形成的研究热潮,使对外汉语教学工作者的文化视野进一步开阔,对文化的热情大为高涨,带来了文化研究领域的巨大冲击波。80年代末至90年代中期,是对外汉语文化教学探讨最热烈的阶段,出现了百家争鸣的局面。文化教学研究也逐渐"由不自觉走向自觉、由经验型向科学型转变",学科体系得到进一步充实和丰富。与80年代初期相比,这个阶段对外汉语教学界对文化教学的研究大胆质疑、积极探索、主动出击,研究的范围几乎涵盖了文化教学的方方面面,并且逐渐摆脱经验性的议论,对对外汉语教学中的文化因素展开了深入而全面的讨论。具体而言,主要表现在以下几个方面:

(一)对文化定位的争鸣

随着对外汉语教学学科的发展,对外汉语教学研究逐渐摆脱纯语言本身研究的窠臼,充分汲取边缘学科的营养,使自己的研究不断丰满。受社会语言学、语言国情学、文化语言学、跨文化交际学等国内外语言教学理论的影响,人们不仅在文化观念上发生着改变,对语言教学中所负载的文化内涵的认识也日益深刻。"语言层次高低分别表现在语言形式与内容两方面。达到一定规模的语言内容最主要和深层的部分便是文化。语言形式相对地说是有限的,而它所负载的内容却是无限的。从这个意义上来说,对外汉语教学越是向中高层次发展,语言负载的'文化'需要便越突出。因而人们越来越强烈地感觉到文化对语言的巨大推动作用……文化作为一个重要的理论和实践问题在语言教学中得到重视,这是对外汉语教学这门学科趋于成熟的重要标志之一。"

张德鑫先生在中国对外汉语教学学会第三次学术讨论会上明确提出："对外汉语教学是一种为交际应用服务的外语教学,将文化教学渗透、融化在语言教学之中",对外汉语教学的本质就是:"以汉语为中心跨越文化的语言对比教学"。这一时期,人们已经基本达成共识,那就是文化影响着语言的教学,是对外汉语教学中一个不可或缺的因素。正如吕必松先生所总结的那样:"文化背景知识的教学在语言教学中的重要性已经引起了各国语言教学工作者的普遍重视。近年来中国对外汉语教学界对这个问题也讨论很多,要不要加强文化背景知识教学的问题上,几乎看不出有什么分歧。"语言教学与文化教学的关系、文化在对外汉语教学中的作用继续被广泛而热烈地讨论着。每一年都有关于文化的重要论文发表,涌现出了一批文化教学研究的专家,如张占一、毕继万、张德鑫、周思源等等,他们成为对外汉语文化研究领域的学术开拓者和领头人,他们的一些研究成果,长久地影响着90年代中后期的对外汉语教学界。

既然文化在对外汉语教学中影响如此之大,讨论如此之广,那么文化在对外汉语教学中的地位又当如何呢?"懂得文化在对外汉语教学中的重要性,只是问题的一部分,离解决对外汉语教学中如何处理好语言与文化关系的问题,还有一段很长的距离。"自然而然,关于对外汉语教学中的文化定位问题就凸显出来,成为学科建设和发展的一个关键议题。[①]

于是,80年代末90年代初,随着学术界文化研究热的不断升温,关于对外汉语教学学科的定位以及文化教学的定位问题,学界开始出现了明显的分歧。一种观点强调文化在对外汉语教学中的作用,认为应该加大文化教学比重。杨国章认为对外汉语教学:"兼具语言传播和文化传播的双重任务",在世界语言发展中存在着语言抗衡现象,要具有竞争意识;程棠提出,要"拓宽课程内容和专业范围……单纯的语言教学已不符合世界各国外语教学的潮流""加强文化教学与研究华文教学以弘扬中华文化为己任";李杨认为,"要改变那种对外汉语教学单位只是培养语言人才、其他人才都由综合大学专门学院培养的观念,而要有多元化的多维思路";这些观点应该说具有较强的前瞻性,是符合对外汉语学科发展和文化发展方向的真知灼见。然而,随着对文化的重视,个别观点开始走向偏颇,以强调文化

---

① 张占一. 试议交际文化和知识文化[J]. 语言教学与研究,1990(3):15.

为由不断挤压语言教学,1993 年夏天,在青岛召开了一次"对外汉语文化教学学科理论研讨会",有 20 多所学校代表参加讨论语言文化教学问题。会上有代表提出,对外汉语教学应更名为"对外汉语文化教学学科",还有人认为:"对外汉语教学的学科内容应是汉学,而不仅仅是语言培训。"这些观点受到了另一派传统语言教学支持者的批判,他们则强调对外汉语教学的核心任务是进行语言教学,不能以"文化"替代"语言",针对对外汉语教学的现状,"课堂时间有限,语言材料还讲不完,无法安排时间讲文化""在初级阶段,跨文化理解问题还不突出"等问题,认为应该重视对外汉语本体研究和语言教学研究。

两派代表各执己见,引发了许多争论和矛盾,鉴于纷争愈演愈烈,1994年底对外汉语教学学会在北京第二外国语学院召开了"对外汉语教学的定位、定性与定量问题座谈会",在此次座谈会上,大多数与会者认为:"语言教学和文化教学在教学目的、教学内容、教学原则和教学方法等方面都有根本的区别,是两种不同性质的教学,教学规律也没有足够的共同点,所以他们不可能属于同一学科。""培养汉学家应当成为我国教育的一项重要任务,但是语言教学的任务是使学生掌握语言本身和具备用这种语言进行交际的能力,把培养汉学家作为汉语教学的目标是不现实的。"

由此重申了对外汉语教学的学科性质,明确界定了语言教学与文化教学的关系、对外汉语文化教学的位置及应该承担的教学任务,即对外汉语教学是语言教学,文化教学要为语言教学服务。这次讨论成为文化教学研究的一个转折点,文化教学的定位问题暂时得到了比较统一的认识。

应该说,这个阶段的论争触及了对外汉语教学中文化作用地位的一些根本性问题,它显示人们已经跳出了研究具体课文的文化背景和语言要素隐含的文化因素的狭窄圈子,站在整个学科理论体系的发展高度来重新审视语言与文化、语言教学与文化教学的关系。现在我们回过头来考察这段历史可以发现,有些观点站在对外汉语教育发展的大趋势下,摆脱为语言而教语言的樊篱是具有积极意义的。

但是,随着"文化风"的愈刮愈猛,有些观点又有些矫枉过正。虽然在"对外汉语教学的定位、定性与定量问题座谈会"上基本达成了一致意见,但是随着讨论的深入、学科理论的建设与对外汉语教学工作的发展,关于对外汉语教学中文化教学的定位问题必将持续下去。

（二）对文化内容的探寻

通过近十年的研究和讨论,在对外汉语教学领域内,人们已经认识到了语言与文化的关系以及在语言教学中进行文化教学的必要性。但是,文化的内涵如此复杂,语言中的文化现象往往又极为隐蔽,到底对外汉语教学应该教哪些文化呢？这又是对外汉语文化研究中不容回避的问题。其实早在80年代中期,王德春先生就引进了苏联的"语言国情学",旨在揭示语言与民族文化的关系,并创建了"国俗语义学",专门研究具有中国民族文化特色的词语,其研究成果体现在他所主编的《汉语国俗词典》中,其中收录了3000多条汉语国俗词语,共分为七类。"国俗语义学"的研究对对外汉语教学中的文化内容的研究启发很大,由此引发了对外汉语教学界对进入教学的文化内容的思考,文化教学的研究开始由"虚"向"实"迈进,成为80年代末90年代初对外汉语教学研究的热点。

1989年,赵贤州先生在《文化差异与文化导入论略》一文中最先把"交际文化"的内容概括为12项,认为"语言代码总是伴随一种社会的文化密码。这种渗粘在人的无意识心理层面上的特定的文化密码,却往往是支配人们行为的文化观念。外语教学就是要把它从无意识层面拉到意识的层面上去加以审视和导入。这样的外语教学才算是完备和有效的"。1990年,张占一先生在80年代基础上对其提出的"交际文化"概念作了进一步补充,"所谓交际文化,指的是那种两个文化背景不同的人进行交际时,直接影响信息准确传递(即引起偏差或误解)的语言和非语言的文化因素",将原有"交际文化"加上了非语言文化因素。

随后,吕必松先生在世界华文教学研讨会上也对"交际文化"发表了进一步的研究意见,他认为:"交际文化"我可以理解为"隐含在语言系统中的反映一个民族的价值观念、是非标准、社会习俗、心理状态、思维方式、审美情趣等的文化因素。这种文化因素是隐含着的,所以本族人往往'习焉不察',只有通过语言和文化的对比研究才能发现其特征并揭示出'文化差异'规律。"此外,还有陈光磊先生把文化内容分为"习俗文化、思维文化、心态文化、历史文化和汉字文化"五个方面,还从"语言结构、语义呈现、语用性能"三方面入手考察相关的文化内容;魏春木、卞觉非则在阐述了文化项目划分的原则和范围基础上,把文化内容划分为"文化行为项目"和"文化心理项目"两大类,然后再具体细化为114个子项目;孟子敏则把"交际文化"划分为"语言交际文化"和"非语言交际文化",每一类下又再分成4小类及许多子项目;胡明扬提出了"最有可能直接影响语言的学习和使用"的文化因素,初步划分为六类应该优先考虑的文化内容;葛中华把文化因素分为"语言文化"和"超语言文化","语言文化"指的是"语言基本词汇或表达中所包含的文化意义";"超语言文化"则是指"语言在其运用过程中所表达的文化意义",包括情景文化、言语文化、伴随语言手段和用于表意的符号和图画。不少人对分类方法阐述了自己的看法。对对外汉语教学中到底应该教哪些文化,文化如何分类,各家自成一说,莫衷一是。

关于文化方面微观研究的论文更是繁荣发展,涌现出许多成果,如:岳长顺的《"同志"及其文化内涵》、王德春在《汉语学习》上连续发表《对外汉语教学漫议》十几篇文章、熊文华的《颜色词所体现的文化反差》、温锁林的《吃与中国文化漫谈》、张德鑫的汉语数文化系列介绍等等。在这些关于文化内容的探讨中,最引人注目的是关于"交际文化"的争论,此说得到许多学者的支持,但也有人提出异议。

文化性内容在对外汉语教材中除了作为注释、题解出现外,还以短文的形式作为附录或阅读教材出现。1987年和1990年由北京语言学院来华留学生二系编写的、先后陆续出版的《中级汉语教程》(上下册,刘镰力、陈田顺等编)和《高级汉语教程》(上中下册,姜德梧主编)中,均在课文后附有大量文化性的小短文。"尽管这些短文从选题、编排到文章本身都还有不少值得商榷之处,但是文化短文进入语言教材,甚至列入专项,标志着人们在自觉探索语言与文化结合的道路上前进了一大步。"

1991年出版的《中国家常》选取了20个中国家常话题,从烦恼的大龄姑娘到被当作"小皇帝"的独生子女,从大男子主义到职业妇女的甘苦等等,介绍他们了解中国社会和文化,1994年由吴晓露主编的《说汉语谈文化》,它以语段训练为纲,以文化内容为目,通过提供语段样板,介绍与分析文化,引导学生理解文化现象,也获得了较多好评。

总之,这一阶段对外汉语教材繁荣发展,注意引进功能法的成果,将语言交际能力和文化理解能力相结合,取材广泛,题材多样,贴近生活,生动有趣,取得了很大的丰收。

这一阶段集中表现为对进入对外汉语教学中的文化内容展开深入研究,将文化因素进行分类研究,并在教材编写中紧密结合日常交际文化和与文化相关的深层心理习惯、思维方式和传统观念等,进行了较为成功地探索,积累了宝贵的经验。

(三)对文化教学的研究

在第二语言教学中自觉地涉及文化教学,国外从20世纪六七十年代就已经开始,而对外汉语教学自觉地融入文化教学,则是从80年代末才开始。尽管洪堡特、索绪尔、萨丕尔、梅耶等语言学家在语言与文化关系方面的卓越探讨,为第二语言教学最终突破"就语言教语言"的传统窠臼奠定了理论基础,欧美等发达国家第二语言文化教学的理论与实践也为对外汉语文化教学提供了一定的参照,但是很长时间以来,在理论和实践方面,对外汉语教学中的文化教学似乎都没有找到自己的坐标。这种状况与对外汉语教学学科年轻,学科内部发展不平衡有关,也与文化没有受到足够的重视,没有纳入对外汉语教学研究的视野有关。

1988年9月出版的《汉语水平等级标准和等级大纲》,正式确定了"'结构—功能—文化'相结合"的教学原则,开始了对语言教学和文化教学进行探讨,并在实践中有计划有步骤地进行文化教学。在对外汉语教学过程中采用何种方式进行文化教学是这个时期讨论的又一热门话题,"导入说""融合说""揭示说""有机化合说"等理论都是这一时期影响比较大的研究成果。

1989年赵贤州先生在《关于文化导入的再思考》中提出文化导入必须遵循"阶段性、适度性、规范性和科学性"的原则;1990年吕必松先生在《对外汉语教学发展概要》中谈到对外汉语教学学科的基础理论时,专门用一节总结了"比较文化理论"的研究情况;1991年由上海外语学院主办的"中国文化与世界"国际学术讨论会上,关于文化教学方面的论文数量就相当可观了;1992年魏春木、卞觉非以基础汉语教学阶段为出发点,论述了文化导入时文化项目划分的原则、范围和方法;陈光磊则在"语构文化""语义文化"和"语用文化"分类的基础上,提出了"直接阐释法、交互融合法、交际实践法和异同比较法"四种文化导入的方法;张占一从教授交际文化因素的形式入手,认为文化教学可以"用学生母语、兼用学生母语和目的语、用学生目的语"三种方式进行教学。

北京语言学院语文系副主任李润新在对"导入说"和"融合说"发表不同看法的基础上,提出了"有机化合说",主张把语言教学和文化教学紧密结合起来,并列举出十项措施。不管是"导入说""揭示说"也好,还是"融合说""有机化合说"也罢,其实都是主张要把语言中所包含的文化内容更加自觉、自然地进入到对外汉语教学当中,传输给外国学生。

在教学实践中,对外汉语教学中的文化教学开始分两种方式进行:一种是在语言分项技能课中适当渗透文化的教学,另一种是开设专门的文化课程。赵贤州先生认为对外汉语教学的文化导入必须遵循的原则有:"阶段性、适度性、规范性、科学性",随后又进一步提出,对外汉语教学中的文化导入,是对外汉语教学有机的组成部分,必须以语言教学为出发点,而不是以传授多少文化知识为出发点,把文化纳入语言教学的框架和轨道,要贯彻"整体意识、比较意识、适应意识和渗透意识。"张英则从对外汉语教学中"文化的量"的把握出发,提出"对外汉语文化教学的比重在整个预科教育阶段是个变量',它的规律是:由少到多,逐步增加""语言教学与文化教学的比重,在初级约为5:1,中级阶段约为4:1,高级阶段则要上升到3:1。"在这样的文化教学原则指导下,人们开始在教学中有意识地输入文化信息,讲解一些文化背景知识,这是90年代初期对外汉语教学界文化教学大讨论的成果体现,从此,单纯进行语言教学的局面被改变。但是80年代末提出的"结构—功能—文化"相结合的语言教学法原则虽在理论上得到对外汉语教学界的普遍认同,但是由于文化大纲还未出台,跟不上语言教学的步伐,所以在教学法上还没有得到普遍应用。

三、文化内涵复杂,文化教学研究深化(1995年—至今)

进入20世纪90年代中后期,在世界经济一体化、文化发展多元化的时代背景下,国与国之间的竞争日趋激烈。语言作为文化软实力的重要标志,在综合国力的竞争中地位日渐凸显,对经济、政治和社会发展的"反哺"作用也越来越大。汉语作为世界了解中国和中国走向世界的重要交际工具,其工具价值和文化价值也在不断提升,受到政府机构、教育部门、公司企业和普通民众的广泛重视。面对这种新的发展形势,对外汉语教学出现了不同于以往的新特征。尤其是1997年举行的语言教育问题座谈会、2004年开始运行的孔子学院以及2005年召开的首届世界汉语大会,在推动文化教学的发展方面发挥了重要作用,对外汉语教学事业进入了跨越式发展阶段,文化研究呈现出可喜的发展势头。

相对于80年代末90年代前中期百家争鸣的局面来说,90年代后期的文化教学研究显得相对平静,但平稳中不乏新意,理论研究继续深入,教学实践研究也有所发展。在1994年"对外汉语教学定性、定位、定量问题座谈会"关于文化的定位问题总体认识上达成一致的情况下,关于对外汉语文化教学的定位问题仍有进一步发展。如:周思源提出对外汉语教学中的文化定位"既不过窄,又不过宽,方能正确定位""如果将对外汉语教学中的文化问题仅仅只看作是语言的内部成分,即语言课文的字词句段中的某些文化因素,那么就必将使大量语言课程外的文化性内容,受到挤压甚至排斥。但若过于强调对外汉语教学体系还有泛语言的那面,将其文化作用膨胀到不适当程度,不仅会干扰语言教学,文化本身也难以承受重负,同样也是不妥当的";林国立认为"对外国人进行汉语教学,通过汉语弘扬中华文化是我国对外汉语教学工作的一项重要任务";张英区分了"对外汉语教学中的文化教学"和"对外汉语文化教学"这两个概念,认为它们不论在内涵上还是外延上都并不相等,"前者指的是在汉语作为第二语言教学中语言教学所包含的文化因素,二者是一种包容关系;后者指的是汉语作为第二语言的教学,还包含了与语言相次第的文化教学,二者是一种主次关系。"此外,刘珣(2001)论述了对外汉语教学的文化学基础;张德鑫(2001)从新世纪的高度重新审视了对外汉语教学的学科本质及学科发展的认识,对对外汉语教学与汉学的"相辅互动关系"进行了新的思考,这是多元文化架构下的汉语发展中必须面对的问题;李泉(2005)阐述了跨文化教学理论指导下文化教学的内容和原则;赵金铭(2007)认为"文化学也是对外汉语教学重要的理论基础"。这个阶段,平和的思考代替了激烈的争鸣,围绕文化教学在语言教学中的地位问题展开了多角度的讨论。[①]

(一)对文化的定位问题视野更开阔

对外汉语教学中的文化因素是什么,教什么,什么时候教、教多少,这些问题上升到理论高度,就是文化的定位、定性和定量问题。自80年代末关注文化的研究以来,围绕这几个问题,相关研究一直持续升温,对文化的内涵和文化教学的探究也更深入。

1996年,林国立对文化因素进行了定位,一是强调了文化和语言的上下位关系,认为语言是文化的组成部分,而文化因素则属于语言的一部分,

---

① 赵金铭. 对外汉语教学概论[M]. 北京:商务印书馆,2007:78.

二是强调文化因素和语音、语法、词汇在语言中相等的地位。也是在这个时期，周思源从语言能力的层次性和高层次语言能力的文化性出发，对"交际文化"和"知识文化"的分类方法提出了质疑，认为"文化教学的重点如果始终是'交际文化'，就会对'知识文化'造成挤压"，主张对外汉语教学"宜建立一种比较宽泛的文化观念，以适应对文化的多方面需求，而不宜将它搞得太窄，太死。"毕继万先生站在跨文化交际的视角提出第二语言教学："必须以培养学生跨文化交际能力为主要目标。跨文化交际能力是语言能力、非语言能力、跨文化理解能力和跨文化交际适应能力等方面所构成的综合能力。"张德鑫先生也主张："世纪的对外汉语教学应跟国际汉学接轨，应向更高的更深的层次发展，应拓展更宏远的教学和教育视野。"亓华提出："对外汉语教学学科的定位应当是'中国(汉)语教育'，学科的文化定位是'中国(汉)语言文化教育'"。这些理论观点的提出，虽然还较为笼统，但它站在文化的存在形态和学科发展的趋势上，提供了面向未来的思考，对于提高教学层次、丰富学科内涵、拓宽专业方向、变革教育结构等拓展了深度和广度，无疑为对外汉语教学的文化建构指明了方向。

（二）对文化内容的分析更细致

以前对于文化因素的研究着眼于从语言本体的角度来谈汉语语言结构系统中的文化内涵，这一时期则着力于隐含在言语交际中的文化因素的探索。林国立先生从文化因素的"隐含性和依附性"角度出发进行定量分析，确定了21种民族观念和民族心理，这种定量分析的方法操作性较强，结果比较准确，具有说服力，因而有利于文化教学的测试。还有不少学者探讨文化因素在话语生成和理解中的制约作用，探求"隐藏在言语现象底层的文化因素"的制约表现、制约特点和方式"，为话语中文化因素的动态研究开辟了思路。此外，围绕着具体的文化因素如何直接影响汉语学习和使用等方面的研究也有不少，李恕仁从语言交际和非语言交际两个方面探寻隐含在汉语中的文化因素；李敏从汉语同义词蕴含的文化特征来分析文化因素，曾金金由"谢谢"的使用谈语言与文化教学，贾卫国从英汉店铺名称系统看其语言特征与文化内涵，曹慧从"吃"看汉语语汇的文化渗透，等等。这些研究使得文化因素的讨论更加深入细致，但基本上仍没有脱离90年代中期研究的基本内容和方向。

鉴于语言当中所体现的文化内容大都较为零散，文化进入教学也具有较大的随意性,又有不少学者提出文化教学应当和词汇、语法等一样,建立一个指导性的文件大纲。关于"文化大纲"的编制,陈光磊先生认为:"拟制'文化大纲',就要对语言课中所要求的文化'作内容上的分项列目,以便像'吾法点'那样将它分布于教学过程中。"对于文化大纲的制定,要基于对语言教学中所应当包含的"文化因素"的认识和确定;对语言教学中进行文化教学的原则、方法的认识和应用。林国立也提出"有必要制定一个文化因素教学大纲。制定文化大纲,实际上就是在建构对外汉语教学中的文化因素体系。"他认为中国人的思想观念、民族心理特征以及生活方式、风俗习惯构成文化因素体系和文化大纲的基本内容,全面阐述了对于"文化大纲"制定的观点和主张。张英在前面两位研究的基础上,进一步阐述了文化大纲的性质、任务和基本框架。刘继红在分析了国内外留学生汉语言专业本科教育文化类课程设置情况后也提出"制定一个由浅入深的文化等级大纲,使对外汉语教学面临的一个刻不容缓的任务,也使其进一步发展的内在要求。"文化大纲的提出,有助于弥补文化内容体系性和等级性的缺乏,是富有建设性的探索,可惜还停留在观念性的理论探讨上,还没有真正设计出一个合理有效的文化纲目来。

90年代后期以来,也出版了不少专门性的文化教材和一些可做教材用的文化知识书籍,但有关教材研究的却比较少,主要有:赵金铭从宏观角度提出语言教材中的文化取向原则:先认同,再找异;树立双文化态度;尊重文化信仰,不迎合也不委屈,立足于当代文化、主流文化。周思源针对文化教材的编写问题,主张根据对外汉语教学的需求和特点,制定文化类教材的语言要求与语言目标;林国立提出以"交际文化"为指导思想进行文化教材编写的若干原则;胡明扬则反思了对外汉语文化教材在原汁原味地介绍中国文化方面的缺憾。总体来看,文化教材有不少新成果,但是研究不是很多,微观研究更为缺乏。

(三)跨文化交际研究的角度更新颖

跨文化交际理论虽然在20世纪80年代就开始盛行,但真正在对外汉语教学中的运用较为活跃,还是到了90年代中后期。王建勤提出应建立"跨文化研究的新维度",应系统研究学习者的中介文化行为系统,只有这一工作有了实质进展,才可能谈到"文化大纲"的制定。同年,毕继万先生第一次明确提出:"第二语言教学的主要目标是培养学生的跨文化交际能力"。周小兵强调对比方法在第二语言教学中的作用以及提高师生跨文化意识的重要性:"在文化教学中,既要注意民族共性,又要注意地域特征""应以交际文化教学为主,知识文化教学为辅"。孟子敏从教与学两个方面详细论述了留学生和教师文化依附矛盾的表现,指出在对外汉语教学过程中文化依附矛盾出现的客观性,并提出教学的相关原则。周健强调正确对待中外文化的碰撞和交融,分析跨文化交际语境中目的语文化与母语文化混融现象及其产生的原因,并介绍针对这种现象可采取的有效对策。上述研究展现出多角度、多层面的观点,其共同点是注意跨文化交际研究与对外汉语教学形成有机的结合。

研究跨文化交际,必然涉及不同文化之间的对比,90年代末以来研究跨文化交际主要集中在比较不同文化之间的差异上。对比分析方法既是跨文化交际研究的主要方法,也是对外汉语教学的重要方法,通过比较不同语言和文化之间的异同,可以帮助人们认识到母语语言文化与目的语语言文化的特性。在拉多(Lado)提出的"对比分析假说"中认为:两种语言之间,相同或类似的地方会对语言习得产生积极作用,也就是正迁移;反之则会干扰和阻碍语言习得,产生负迁移。沈家贤通过中西文化在价值观念和思维模式上的差异,举例说明了中国文化和西方文化存在世界观(宇宙观)、群体取向与个人取向、时间取向与时间顺序的不同,并阐述了这种不同于汉语学习的关系及其对汉语学习的影响。王振昆则从跨文化交际学出发,探讨了"不同文化背景与语义对应歧义、不同文化传统与词语内涵的不同理解、不同民族社会与交际习惯方式的差异",将汉语的表述与跨文化交际研究结合起来。高一虹从"文化定型"谈起,指出了定型的弊端,对跨文化交际悖论给外语教学和对外汉语教学带来的影响进行了分析,指出了我们应该采取的态度和做法。

研究跨文化交际,还必须关注如何实现有效的跨文化交际,如何培养跨文化交际意识。李红提出,对外汉语教师具有双重身份,"首先,他是位教师,一位教授汉语及汉文化的主角;其次他是位跨文化交际者,他要做好汉文化与各种不同文化的交际。"因而,"在对外汉语教学领域及跨文化交际中,教师应时刻保持清醒的多元共生意识、平等对话意识和求同存异意识。"周健针对跨文化语境下的对外汉语教师培养,提出教师应具备"双文化的意识和自觉""不仅对汉语文化有深刻的自知之明,同时对于学生的母语文化也有相当深入的了解,对于两种文化的异同及其在语言中的反应非常敏感,能自觉地将文化比较运用于对外汉语教学",以做到在对外汉语课堂教学中,从多个方面帮助学习者更好地理解汉语文化的内涵。毕继万先生从跨文化交际与第二语言教学之间的关系入手,鲜明地提出第二语言教学的主要目标是"培养学生的跨文化交际能力",要求第二语言教学要教授语言规则和交际规则,提高师生的跨文化意识,正确认识和处理学生文化适应的过程。

上述研究有意识地将跨文化研究理论应用到对外汉语文化教学研究中,使跨文化交际研究上了一个台阶,特别是中介文化系统的提出,文化差异的研究以及由此产生的双文化意识研究,提供了文化教学研究的新视角,是对外汉语教学文化教学研究的一个亮点。

(四)文化教学的方法更多样

语言与文化如何更好地结合,仍然是这个时期学者们努力探索的一个课题,并且有不同的观点发表。陈光磊谈道:"语构文化、语义文化和语用文化的教学可以同语法、词汇和意念功能的教学相结合。这是因为这些文化因素都隐含和附丽在语言的单位、结构和表达功能上的。同时,这样的结合,也有助于使文化因素的教学与词汇、语法、功能等项目的教学同步进行,相辅相成。这样,结构、功能、文化的"三结合"就不仅是新一代对外汉语教材编写的一项基本原则,而且也应该是对外汉语教学的一种基本方法。刘珣提出了对外汉语教学中的文化教学原则:"要为语言教学服务,与语言教学的阶段相适应;要有针对性;要有代表性;要有发展变化的观点;要把文化知识转化为交际能力。"教学方法主要有:"通过注释直接阐述文化知识;文化内容融会到课文中去;通过语言实践培养交际能力。"这些原则和方法是对这个时期的全面总结,其观点极具代表性。此外,还有一些研究也对此问题从不同角度进行探讨。徐家侦提出在基础语言教学阶段导入文化内容时应该注意:"就事论事,不节外生枝;有选择性,不是什么都讲;设身处地,不想当然;客观准确,不主观武断;形象具体,不千篇一律。"卢微一提出在汉语教学中要运用"文化阐释""它对于提高教学质量,优化教学效果,具有显而易见的作用""汉语教学的文化阐释,说到底是'量和度'的艺术"。刘卓提出:"对外汉语教学绝不是汉语的字、词、句的无意义的重复,而是领进去、走出来、步步高的多元化的语言文化教学"。还有陈申全面讨论了国内外第二语言文化教学策略的三种模式"地域文化学习兼并模式、模拟交际实践融合模式、多元文化互动综合模式",并按照这三个模式的路子,探讨兼并模式的教学应用,提出"多纬面的语言文化学习模式"。

文化教学实践仍然延续前期的两种形式:语言课中的文化因素的教学和独立于语言课之外的文化课教学。语言课中文化教学的研究成果不是很多,内容也较分散。如胡建军从中高级口语课堂教学实践中总结要"注意以说为主,以文化为中心,知识传授与技能训练结合。"张高翔认为:"文化词语教学的关键,是如何在语言课中进行文化导入的问题。它至少涉及文化词语的选择、文化词语地讲练方式和文化词语的测试三个方面。"张淑贤谈到了图像教学在跨母文化的语言教学中的特殊作用。这些研究和实践的基本认识是:要注重文化教学的层次性,要根据初中高级不同阶段、不同课型的学习内容和学生的接受水平,选择不同的文化教学内容和有效的教学方法。

从总体上说,此类研究还不是很系统,于零散的议论中见真知。独立于语言课之外的文化课教学课程已经在相当多的院校设立,不过此类文化课程的研究也还处于起步阶段,其成果主要是一些教师根据自己的体会提出的一些看法。如:刘继红通过分析国内外大学汉语言专业本科文化类课程设置情况的分析比较,对我国文化教学提出了几点启示:"制定一个由浅入深的文化等级大纲,是对外汉语教学面临的一个刻不容缓的任务,也是其进一步发展的内在要求;对外汉语教师要提高自身素质,加强语言知识、文化知识的学习和外语技能的培训;积极使用现代化教育技术,发挥各类电教媒体的优势,实现最佳课堂教学效果;充分利用目的语文化环境,为外国留学生增加社会实践的机会,将课堂教学与学生的社会实践活动结合起来,实行一种寓教于乐的开放式文化教学。"朱丽云对对外汉语教学中中国文化类课程的地位、特点、量度以及文化教材的编写提出了较为详细的指导。

总之,90年代后期以来,与文化教学相关的著作或论文大大丰富,一些概论性的著作也有有关文化教学的专章,如:《中外语言文化漫议》(张德鑫,1996)、《外语教学与文化》(胡文仲、高一虹,1997)、《汉语文化语用学》(钱冠连,1997)、《对外汉语教学与文化》(周思源,1997)、《国俗语义学略论》(王德春,1998)、《对外汉语教育学弓论》(刘珣,2000)、《对外汉语教学目的原则方法》(程棠,2000)、《对外汉语教学回眸与展望》(张德鑫,2000)、《语言文化差异的认识与超越》(高一虹,2000)、《语言文化教学策略研究》(陈申,2001)、《对外汉语教学理论思考》(李泉,2005)等等。此外,中国文化历史悠久,内涵丰富,有无数值得挖掘的宝藏。从文化语言学的角度对中国文化中的文化意蕴和研究的特殊内涵进行深层开掘,不少学者致力于这方面的探索,成果丰硕,研究成果也值得关注。

　　对外汉语教学作为一门独立的学科,其理论建设和学科体系已初具规模,然而,由于对外汉语教学学科的年轻和发展不均衡,对外汉语教学界对文化教学的了解和认识还不那么充分,以致对外汉语文化教学的理论研究和教学实践都显得十分滞后,对文化的定义、文化的内涵、文化的分类以及第二语言教学所关涉的文化内容始终难以达成共识,以致"文化大纲"出台遥遥无期。但随着中国国力的不断增强,对外汉语教学事业的蓬勃发展及对外汉语教学学科深入拓展,汉语以及它所承载的中国文化越加为世界所瞩目。"汉语桥"的影响,"孔子学院"的建立,为中国文化传播锦上添花。2005年7月召开的世界汉语大会,主题是"世界多元文化架构下的汉语发展",更为对外汉语教学提供了广阔的舞台。对外汉语文化教学研究将继续汲取相关学科的营养,审视文化教学理论研究与实践发展的轨迹,探索文化教学创新之路,使之更加走向成熟。

第四章 文化视域下对外汉语教学的问题

从文化进入对外汉语教学的视野,并引起了广泛的讨论以后,对外汉语教学就已经脱离了单纯进行语言训练的狭窄圈子,开始走上更广阔的发展天地。当前,对外汉语教学的目的要求,教材课文的选编,教学内容的实施,教学方法的采用以及评价方式的选择等各个层面,较之以往都取得了长足的进步。从语言与文化的天然联系,文化自觉地进入教材的内容,到文化地位骤升,文化主动参与到教学之中,我们可以清晰地看到对外汉语教学不断成熟的发展历程。不可否认,经过多年的开拓进取,文化要进入对外汉语教学已成为一个深入人心的观念,许多专家学者撰文著书探讨文化的地位和作用,研究文化在对外汉语教学中的内容、原则和方法等,并进行了有意识的文化实践。但到目前为止,学界对于对外汉语教学中的文化理解、学科发展目的以及文化教学的具体实施等问题仍处在探索、讨论当中,很多观点到目前依然无法达成共识。再加上文化本身的复杂性,到目前为止仍没有一个具体、统一的可操作性文件来统领,对外汉语文化的教学仍处在各行其是的状态中。回顾历史,是为了更好地观照现实。事物的发展也不总是一帆风顺的,在发展过程中由于受到时代的局限、认识的片面等各种主客观因素影响,难免会产生一些认知的迷惘和做法的偏离,这是事物发展的客观规律决定的。我们在肯定对外汉语教学的成绩和进步的同时,对其在现实中呈现的主要形态做一番冷静客观的分析,以便更好地指导其今后的发展方向和具体实施。

第一节 文化教学目的狭隘抽象

教学过程是一种特殊的认识过程,它是根据特定的目的有计划地组织各项教学活动以促进学生全面发展的过程。因此,任何一门学科在探索本学科教学规律的时候,首要解决的问题是如何正确认识和科学规定教学的目的。教学目的是指教学主体在教学活动过程中实施的方向和要达成的预期结果,它通常以教学大纲所限定的范围和教材内容所应达到的深度为依据,对落实教学大纲、制订教学计划、明确教学目标、实施教学内容、突出教学重点、选择教学方法、组织教学过程等起着重要的导向作用,是一切教学活动的出发点和最终归宿。

在教学研究中,"教学目的"和"教学目标"是两个应用很广但又使用较为混乱的概念。有人认为:"目的"比较抽象,是某种行为活动的普遍性的、统一性的、终极性的宗旨或方针,而"目标"则比较具体,是某种行为活动的特殊性的、个别化的、阶段性的追求或目的。也有的学者认为选用"目的"还是"目标","这只是一种约定,在汉语词汇里,目的、目标并没有质的区别。这种约定是为了某种方便,假若我们不觉得有何不便,对不同类型的目的可以通过其他方式加以区分,也就无须这种约定了。"这种观点得到了大多数人的认同,因为无论是"教学目的"还是"教学目标",它们提出或制定的依据基本相同,对教学所起的作用也并无太大区别。"目的"与"目标"极为接近的相似性,使得很多人在谈论它们的时候往往不去刻意区别,对外汉语教学也是如此。如程棠先生在《对外汉语教学目的、原则、方法》一书中使用的是"目的"一词,而毕继万先生的《跨文化交际与第二语言教学》又谈的是"目标",类似的混用情况还有很多。我们赞同后者的观点,在这里谈论"对外汉语教学的目的",主要是针对"培养什么样的人"而言,是我们的一种教育理想或者说期望,要在教育对象身上实现的主观意图。它不是绝对的,而是随着历史、形势的变迁需要不断地进行检验和修正,是支配对外汉语教学发展的普遍动因。

一、文化目的阐述含混

20世纪80年代,文化目的在国际汉语教学过程中开始逐渐提及,最初的文化目的摆脱不了表述含混的困境。在国际汉语教学学界中,针对"跨文化交际能力"概念阐述开始具有系统性和科学性,最终确定了"以培养学习者的交际能力"为主要的教学目的。"跨文化交际能力"的理解虽然逐步深入,但仍然没有一个标准,教学实践在此方面也没有承担更多的指导。

从对外汉语教学目的的变迁中我们可以看出,不管是培养"语言技能",还是"交际能力",抑或是"跨文化交际能力",表面上看是越来越重视文化目的的实现,实则仍然是围绕着语言进行。培养"语言技能",这是单一的语言培训目的,培养"汉语交际能力",则关注到了影响语言使用的文化背景知识,培养"跨文化交际能力",则是要解决不同文化的人在同一语境中相互交往的能力。

在语言教学中进行文化教学,"也是在传授语音、词汇、语法、文学、修辞、语义等语言知识和训练听、说、读、写、译等语言技能,应努力发掘语言形式内的文化含义,相机介绍其文化背景,结合文化知识讲授语言的交际法则,促使学生把语言知识、语言技能和文化知识有机地化合'成进行有效得体的语言交际的能力。"[①]

我国在跨文化交际领域方面的研究还缺乏实践的验证,研究历史短,因此无论在概念还是在目的上的表述仍是含混不清。因此,作为还在实践中发展并不断探讨的新概念,汉语教学中文化教学的目的仍然很难真正在教学实践中实现。

二、文化教学目的实施难以实现

"跨文化交际能力"的理解虽然逐步深入,汉语教学中文化教学的目的仍然很难真正在教学实践中实现,这也导致了这一教学目的没有在教师和学习者的教与学的过程中形成固有的可依赖的实施操作的目的。因此,导向不明的现象在教学过程中时常发生,最终导致文化教学目的在实践中难以实现。

在现实的教学实践中,到底教授什么样的文化知识及内容、语言教学和文化教学比重具体是怎么安排、怎么样根据不同的班级和学习者来制定不同的文化内容等级、学习者专业不同那么文化内容是否有所区别等问题仍然困惑着学者和汉语教师。

目前文化在对外汉语中的教学,不外乎以下两种形式:一是在语言课中教文化,即将文化融于语言教学之中;二是开设专门的文化课,诸如中国文化概说、中国文学史、中国国家概况等等。这两种形式,前者主要以汉语知识(语音、词汇、语法、汉字)的学习和言语技能听、说、读、写、译的训练为主,目的是提高学习者运用汉语进行思维、表达和交际的能力,后者是以系

---

① 胡文仲. 文化与交际[C]. 北京:外语教学与研究出版社,1994:142-143.

统介绍中国文化为主要内容,目的是为学习者提供必备的文化知识储备,加强他们对中国人的思维方式、审美倾向、民族心理、风俗习惯等意识形态的理解。这样的课程设置,应该说是在当前对外汉语教学目的的指导下,从学习者的特点和需要出发,根据对知识和能力结构的要求所选择的相对合理的课程体系。然而从现实的角度看,在实际操作中却出现了"心有余而力不足"的情况:针对语言课程中文化的教学,到底应该教哪些文化? 所占的比重是多少? 应该安排在语言教学的哪个阶段? 这些文化的内容之间又该如何安排顺序? 针对专门开设的文化类课程,哪个阶段开设比较合适? 开设多少? 开设哪些文化类课程? 不同专业方向有什么区别? 等等。这些问题都尚未明确,而要明确这些问题,关键就在于对外汉语教学目的的认识,否则就难免在教学实践的操作过程中产生理解模糊,运用混乱。

我们以一个具体的教例来加以说明。曾有人在外汉语专业(培养对外汉语教学师资)的班级做过这样一个教学实践。给学生一段课文材料:[①]**你睡午觉吗?** 我来中国学习汉语三个多月了。没有课的时候,我喜欢和中国朋友聊天儿,我希望了解中国普通老百姓的真实生活。我发现中国人一般都有睡午觉的习惯。他们吃了午饭以后都休息休息,睡睡觉,一般睡一个多小时。下午上班精神很好。我觉得中国人睡午觉的习惯不错,很有科学道理。我在美国工作的时候中午休息时间很短,一般只休息一个小时,没有时间睡午觉。下午上班的时候很想喝喝茶、聊聊天儿。现在我在中国留学,我也有睡午觉的习惯了,真是"入乡随俗"了。但是我有时候睡四个小时的午觉,时间太长了,不是真正的"中国午觉",真不好意思。中国朋友告诉我,现在中国人的生活节奏比以前快了,大城市的中国人、在公司工作的中国人也渐渐不睡午觉了。我觉得真遗憾。

让学生针对这篇课文设计一个教案,并请两位同学进行实际的课堂教学。从学生教案设计的情况来看,的学生都关注到了"中国人有睡午觉的习惯"这一文化特点,并且在教学目的中有所体现,绝大多数学生都这样写道"让学生大致了解中国人有睡午觉的习惯",或者"讲解中国人有午睡的习惯",语言表述上稍有出入,但大致意思相同。应该说这篇材料中确实包含着文化的信息在里面,之所以选择这样的主题进入教材,也是出于中国人习惯午睡这一根深蒂固的传统,与西方人包括很多我们周边的亚洲国家

---

① 陈宏,吴勇毅. 对外汉语教学课堂教案设计[C]. 北京:华语教学出版社,2003:39.

民众都有很大的差异。这样的文化差异如果出现在课文中都不加以说明,很难说达成了本文的教学目的。然而我们从学生教学目的的表述和实际教学情况来看,对这一目的的实施存在不少问题。首先,从教案设计来看,"大致了解中国人有睡午觉的习惯",这样笼统的表述会导致教学操作上的很大差异,"讲解中国人有午睡的习惯",把教学目的作为老师要完成的任务,采取的教学手段也很单一。从课堂教学的实际情况来看,果然印证了上述分析。学生在教学中具体操作这一文化目的时,一位由于前面语言知识的讲解和训练耗时太多,不得不压缩文化的教学,只在课堂结束的最后一分钟时间里简单地谈了一下中国人有午睡的习惯就匆匆收尾;另外一位则相对详细地讲解了中国人午睡习惯的原因和表现,所占教学时长也相对较长。同样的材料,同样的文化目的,在实际操作中却区别很大。当语言教学的任务没有完成时,文化的教学首当其冲地被挤压,而对文化目的的具体实施,基本上取决于教师的个人行为,不同的老师在讲解过程中会有不同的内容选择和教学要求。而且,文化内容的输入,都是仅仅凭借老师的口头讲授,教学手段单一,而且根本不考虑学生的理解和接受程度。

上述案例在很大程度上代表着当前对外汉语文化教学的实际状况,这与对外汉语教学中的文化目的所指不明、定位不清不无关系,因而导致文化的要求含混模糊,态度暧昧,表面上看对文化的教学是越来越重视了,实际上文化的目的依然扑朔迷离,广大教师更不知道如何去把握和落实。

第二节 文化教学内容莫衷一是

19世纪以来,欧美的一些学者在研究人类文化的基础上,建立了一门内涵丰富且影响广泛的文化学,其研究涵盖了知识、信仰、艺术、道德、法律、风俗以及人类在社会生活中所获得的一切物质财富和精神财富关于"文化"的定义也多种多样,既有西方人类学之父泰勒的经典界定:"文化,或文明,就其广泛的民族学意义上来说,是包括全部的知识、信仰、艺术、道德、法律、风俗以及作为社会成员的人所掌握和接受的任何其他的才能和习惯的复合体。"也有东方学者梁漱溟的简约表述:"你且看文化是什么东西呢？不过是那一民族生活的样法罢了。"由于文化的概念太过纷繁复杂，并且作用于心理、体制、政治、地理等多种因素的背景之下，因此，要厘清文化的内涵很是不易。中国作为一个历史悠久、文化丰富的古老国度，其文化的内涵厚重广博，文化典籍浩如烟海，在对外汉语教学中选择什么样的文化内容进入课程，在教学中文化内容占多大比重，文化信息怎样在教材中科学编排，如何才能够使文化在质与量上达到最佳体现，这些都成为对外汉语教学界必须面对而又难以统一的难题。围绕这些问题，不少学者从20世纪80年代就展开了热烈的讨论，然而直到今天，这些问题仍然悬而未决，有些争议不断，有些虽有所改善却还并不完备。当时代发展不断赋予文化新的价值和内涵，这些历史遗留问题和派生出来的新矛盾交织在一起，造成对外汉语文化教学的内容还存在较大的分歧。

一、学习者文化背景调查不足

第一，学习者文化背景调查不足。来自全世界各地的汉语学习者在数量上呈爆发式的增长。汉语学习者来自于不同背景文化的国家，国家语种不同，宗教信仰不同，汉语教学课堂正是由来自不同文化背景的各国学生组成的，汉语作为他们的第二语言，在学习和习得的过程中，会面临不同的问题和多样的学习重点难点，对来自不同文化圈的他们来说这些困境又是各不相同的。在教学过程中，汉语教师在讲授相关的文化点时，来自亚洲尤其是来自东亚国家的汉语学习者，更容易理解。例如，来自日本和韩国的汉语学习者，对"长幼尊卑""中庸""以和为贵"等文化点可以做到心领神会，而那些来自欧美国家的学习者则是稀里糊涂，不求甚解。因此，仅仅根据汉语学习者的语言水平划分单一笼统的文化教学内容满足不了来自文化迥异的国家的汉语学习者的需求。

对于绝大多数汉语老师来说，由于课堂里的学生是来自不同的文化圈，语种多样，汉语教师大多使用汉语或者以英语作为媒介语进行课堂教学。对于文化点的讲解，如果只是从中国人的角度或者选取某一国家更为接纳的角度去讲解，甚至遇到教师也难以表述的文化点，就只能用"中国人习惯这样"的说辞匆匆带过。

由此可见，在此过程中，汉语教师如不能基于所教授的汉语学习者的多样的文化背景去进行跨文化教学，那么就不能因材施教并利用文化正迁移,灵活地进行跨文化教学活动,从而导致在文化教学只能教授浮于表面的文化要素,"文化"只能是"走个过场",远远完不成相应的文化教学目标。基于此,课堂的文化教学目标也仅仅是"随机挑选""随遇而安",这最终会影响文化教学乃至汉语教学的教学效果和学习效果。

二、文化课程设置缺乏系统性

现阶段,专门的文化课程形式和文化内容分散在语言课程的课程形式是国际汉语教学中文化教学主要课程形式。专门的文化课程内容广泛,单独设立了从民族文化到流行文化,从中国文化历史到中国传统建筑等各个领域的相关的文化课程。尽管文化覆盖面广,课程内容丰富,但单独的文化课程大多是选修课程。对于汉语学习者来说,语言教学比例和文化教学尽管从初级到高级的比例分别是5：1、4：1、3：1,但在实际的教学课堂中,他们被接触到的文化内容的比重远远达不到这个比例。在文化课程设置上,学校没有教学大纲作为指导和参考,缺乏系统性。只能依据汉语学习者的语言水平,因人设课。虽然教授这些文化课程的教师可以开展具体的文化课程的教学实践,但单独的文化课程与语言技能课在教学安排上被割裂开来,不能形成有机的整体,导致不能解决语言课程上的文化问题。

在对外汉语教学中,一方面,课程设置是以传授语言知识和言语技能的课程为核心。语言技能课上的文化教学内容,仅仅起到辅助作用,大多是零散出现,而汉语学习者面对本身难度就很大的语言点和语言技能练习,更容易忽略了零星的文化内容。另一方面,语言技能课程和专门的文化课程分开,把专门文化内容设立成附属的课程。单独设立的文化课程也在不断拓展更新。在国际汉语教学中文化教学在发展实践中往往很容易被忽视,第一个原因是文化教学过程仍以完成语言教学目标为第一要旨,"文化问题"总是离不开"语言问题"。第二个原因是汉语文化教学没有对应的文化教学大纲,而教学大纲的模糊最终会使文化教学实践缺乏指导,完不成文化教学的目标。因此,不管是专门的文化课程的教学内容还是语言课中的文化内容,尽管设置内容丰富,但都忽略了文化教学的系统性,同时也忽视了汉语学习者的认知规律。

三、教材文化缺乏时效性

第二语言教学中语言教学教材应注重时效性,文化教材更是如此。文化教学实践中,以原有的文化教材为基础,还需要搭配补充相应的课外文化资料信息。比如,教师在对于最新的教学信息的关注以及收集整理方面,能否做到与外界研究发展同步。

我国汉语文化教学实践不足,选定的教材大多都是通用型汉语教材,短时间内不会更新换代。再加上汉语教师较少补充教材之外的文化信息,无法使所教授的文化内容与中国当代社会文化的发展同步更新。教授经典教材中的文化知识,在专门的文化课程当中,这是必不可少的,但在语言教材中的文化素材和对于以培养学习者文化交际能力的目标的文化教学来说,这就缺乏时效性了。如果不能在汉语文化教学过程中融入当代中国的最新的发展变革,那将必然影响学生在日常生活中的交际。在补充的文化内容及素材方面,不能让眼光停留在古代辉煌时期的大唐盛世,也不能停留在曾饱受列强入侵的我国近现代,中国的崭新面貌也亟须呈现在世界人民面前。提及中华文化,我们不仅要自豪地传承那些来自古代中华优秀传统文化及习俗,还要与时俱进地传播和发展与传统习俗共同发展的一些新的文化理念和文化现象。

据调查分析,80%的汉语学习者认为教材中潜文化句,如家庭思想观念、天命观念、待人处事等思想观念以及价值标准,例如长幼有序,尊卑有别,懂得感恩、人际关系、社会习俗等方面的潜文化容易被忽略,尽管教师在此方面进行讲解,但他们认为教师大多只是一笔带过没有深入分析,自己往往仍是一知半解甚至一脸迷茫。

以非专门的文化教材的文化因素为调查分析,在针对文化因素国际汉语教学特别是文化教学实践中所面临的困境为出发点。在学习者学习汉语的过程实践中,只有针对相关的文化因素才能在日常交际中的达到良好的交际效果,文化因素教学与文化教学有本质不同。第二语言教学中语言教学教材应注重时效性,文化教材更是如此。文化教学实践中,以原有的文化教材为基础,还需要搭配补充相应的课外文化资料信息。

比如,教师在对于最新的教学信息的关注以及收集整理方面,能否做到与外界研究发展同步。我国汉语文化教学实践不足,选定的教材大多都是通用型汉语教材,短时间内不会更新换代。再加上汉语教师较少补充教材之外的文化信息,无法使所教授的文化内容与中国当代社会文化的发展进步同步更新。

教授经典教材中的文化知识,在专门的文化课程当中,这是必不可少的,但在语言教材中的文化素材和对于以培养学习者文化交际能力的目标的文化教学来说,这就缺乏时效性了。如果不能在汉语文化教学过程融入当代中国的最新的发展变革,那将必然影响学生在日常生活中的交际。在补充的文化内容及素材方面,不能让眼光停留在古代辉煌时期的大唐盛世,也不能停留在曾饱受列强入侵的我国近现代。

四、编写内容缺乏系统性

由于在对外汉语教学中,尤其是文化教学中,学界内对文化概念的理解不同,对文化概念的系统规律没有完全统一的认知,这就导致了文化教材的编写在内容上缺乏系统性和科学性。

一方面,从文化教材中选取的内容素材类型来看,部分教材选取了中国特异的诸如风水、五行八卦、神鬼志异甚至是充满"恶趣味"的猎奇的文化素材,只是为了能够让来自不同文化背景的汉语学习者的目光短暂停留在新奇的中国文化上。这非但不是具有创新特色的教材编写甚至以偏概全还会误导学习者,使其产生片面和负面的理解。中华民族经过五千年的发展变迁,与中国文化差异巨大的欧美文化是截然不同的。在文化教材中,具有中华民族文化特质的知识内容才是汉语学习者迫切需要的。中国亟须改变异国文化者尤其是汉语学习者对中国文化片面或错误的认知的现状,例如从古至今,中国人好像习惯于探听或者对他人的隐私感兴趣,甚至在饮食方面也"语种不同",物种多样的野生动物甚至长相可怖的昆虫也可是中国人喜爱的盘中餐、腹中食。就这些现象来说,无论在各个国家的哪种文化里都有出现,并且随着社会的发展和进步,在不同教育程度人群里对待这些问题的选择也参差不齐,尤其对中国当代受过良好教育年轻群体来说,探听他人隐私是没有礼貌的表现。而迥异的甚至"骇人听闻"的饮食现象全世界都有。特别是由于新冠病毒的爆发,对中国的刻板印象以及在偏见的驱使下,在外国学习者当中,这样的针对中国负面乃至恶意的舆论愈演愈烈。

因此,如放任此类现象的文化素材在文化教材中任意传播,那么就会引起汉语学习者对中国文化产生误解,有损中国的国家形象。另外,目前通用的经典的文化教材集中介绍了中国文化的个性特点,缺少与其他民族文化之间的联系,为了传播中华文化,这样的传播内容和素材本没有争议,但想要取得更好的教学效果,还需参考汉语学习者的心理接受程度,增加不同文化之间的横向对比,找出汉文化与别国不同文化之间的联系和区别,则更容易让学习者理解,增加学习者的文化认同感。

另一方面,从文化教材中编写体例的角度不难发现大部分的文化教材采用通用型教材的标准,把中华文化相关领域的知识内容进行全面介绍,打造统一通用的文化教材编写体例,但深入研究后会发现,教材整体的编写体例又缺乏系统性。部分文化教材甚至参照语言技能等教材的编写大纲和外语教学中教材的编写体例,笼统地把教材中不同章节的课程按照语言技能学习的顺序进行编写,这使得作为适用对象的汉语学习者与教材的编写体例中间达不到相应的配合,造成教材使用者和教材编写割裂开来的局面。因此,文化教材涵盖面广,内容自由丰富,但仍缺乏规范性和系统性,文化教材编写仍需继续完善成熟。

五、教材编写缺乏针对性

由于汉语学习者的来源国丰富,所处的文化圈不同,汉语教学作为第二语言教学,蕴藏着与民族语言、社会风情、政治经济发展等密切相关的文化内容。一方面,利用"文化偶合现象",也就是在汉语教学过程中,寻找中国与世界其他各国不同文化之间在语言上诸如语音、语法等方面以及文化现象中的共性,这些共性具有重要意义且有助于汉语教学。另一方面,具有中华民族核心价值的五千年的中华文化因为与其他民族文化所处地理环境等因素不同,因此中华文化才具有如此鲜明的特色,各民族之间的文化和语言都有其独到之处,这都是缘于语言里蕴藏着多样的文化内涵使文化在不断交流碰撞;同样,特定的文化,也反作用于语言,让语言不断吸收发展,使语言成为人类文化的重要载体。在专门的文化教材方面,根据问卷调查分析得出有40%的汉语学习者认为文化教材中存在中国文化优越感的现象。80%的汉语学习者认为文化教材大部分的文化内容仅仅是按照中国人的思维去编写的,存在单向输出中国文化及文化思想的现象。另外,有70%的汉语学习者认为,他们会被文化教材中关于中国文化猎奇的文化内容所误导,对中国产生刻板印象甚至负面印象。

第一,关于文化教材中的中国文化优越感的问题,文化教材编写者以及汉语教师在汉语教学实践中,会更倾向于具有中华民族独特的核心价值文化,特别是几千年来根深蒂固的文化传统及思想,在本国文化环境下生长的中国人自然会无意识地流露出来。在教学实践中,这些理论上的教学方法也难以操作。因而,汉语教师普遍采纳的教学方法是最典型以及稳妥传统的讲授法。在语言知识和语言技能的教学过程中,教师总结归纳出语言教材中的出现的学习者难以理解的文化点进行直接讲解。在单独设立的文化课的教学实践中,汉语教师也会把中国某个文化领域的专题等集中向学习者讲解,这样的教学方法简单,易于学习者接受和教师实施。但这样的教学方法仅仅把最浮于表面的文化问题简单陈述出来。教学方法上的稍做变化的也只是在传统的教学方法中加入课件制作中的视频链接或者图片链接等,这仍脱离不了以教师为中心的授课模式和教学方法,汉语学习者在被动接受的过程中很难凭借教师的讲解来达到理想的学习效果。

因此,如何在发展的背景下教授传统文化,如何将传统文化融入飞速发展的当今社会,是对外汉语文化教学亟待解决的一个问题。

第二,就单向传播中国文化的现象来说,这是由于在介绍关于本国民族的文化时,都认为只有用本民族的语言符号和话语风格才能准确地介绍自己文化的精髓,具有中华民族核心价值的五千年的中华文化因为与其他民族文化所处地理环境等因素不同,因此中华文化才具有如此鲜明的特色,各民族之间的文化和语言都有其独到之处,这都是缘于语言里蕴藏着多样的文化内涵使文化在不断交流碰撞;同样,特定的文化,也反作用于语言,让语言不断吸收发展,使语言成为人类文化的重要载体。

第三,关于语言教材中文化因素导入的方式及比重新情况。近年来,文化因素在语言教材中出现的比重有所上升,文化因素也愈加丰富多样,针对不同阶段的汉语学习者,能够设置相应的可接受的文化教学因素。但还需要改进的是,文化因素零散,文化项目分类不明确,缺乏系统性,通用的语言教材中的文化因素大多是以文化内容的介绍并辅助文化注释,导入方式普遍使用广泛的是插入相关的文化图片,课后的文化相关的练习题比例参差不齐,差别较大。关于文化词汇及文化背景介绍和注释更是少之又少。

据调查显示,汉语教师在汉语教学时,对于除课堂使用的教材之外,对于补充文化材料的意识普遍欠缺,尽管会有额外补充讲解,但这种行为或意识也是不稳定的,无法针对在文化教学活动中的教材进行相关性的补充。

　　现阶段,我国汉语教学中的文化教材在编写上,虽然缺乏系统性,但中华文化与世界各国不同民族文化的个性文化的内容已经较为广泛丰富,且风格自由多样,但针对来自不同文化圈的汉语学习者的背景调查和联系,并因此设计出有针对性的文化教材编写具有重要意义,但目前的文化教材编写是远远达不到这个目标的,这就无法使编写者和教授者把握汉民族文化与其他民族文化的内在联系,更不用说使学习者建立深刻感悟汉民族文化的桥梁了。

　　各国的汉语学习者由于受本民族语言文化的影响,在学习实践当中,仍会受学习者本国语言所带来的"负迁移"的干扰,从而影响汉语教学的教学效果和汉语学习者的学习效果。总而言之,汉语文化教学必须探究、研发出对来自不同文化圈的汉语学习者的文化针对性,以此编写出更适合多民族文化背景的汉语学习者的文化教材。

第三节　文化教学方法僵化陈旧

　　我国作为一个教育大国,积累了丰富的教学经验,传承了多种教学方法,然而总体说来,知识教学、传统讲授等教学方式的影响最为根深蒂固。对外汉语教学作为一个新兴学科,尽管起步较晚,但它毕竟植根于中国几千年的教育传统,不能不受到中国传统教学方法的影响,也呈现出重视知识的系统讲授,强调教师单方面大量输出的趋势。应该说,知识是一门课程的核心,是语言学习的基础,缺少知识指导的语言学习就成了自然状态下潜移默化的语言习得,其发展速度通常极为缓慢,对语言的运用也往往停留在浅表,容易产生使用错误,因而构建语言知识的系统性和完整性是语言教学中不可缺少的任务,没有哪一种语言的学习可以完全抛开知识的作用。前人在实践中总结的语言学习经验(知识),本身就是我们应当继承的珍贵文化遗产。

　　但是,如果过于强调知识,在教学过程中就难免表现出教条与保守的特性,尤其当人们对知识达到顶礼膜拜的程度时,就会陷入机械灌输、咬文嚼字的死板套路中。当前,随着各种教育理论思想的发展,有关对外汉语文化教学的方法也不断涌现,注重文化差异对比、强调情境融合、鼓励交际实践,努力开创符合对外汉语教学特性的方法。然而,由于缺乏对教育教学理论的系统研究,对文化教学方法的探讨还停留在观念层面上,有些方法虽然从理念上讲具有一定的超前性,但在实际教学中并没有很大程度的方法上的改观,存在着理论与实际脱节的现象。

一、传统的教学方法简单枯燥

对外汉语教学的发展实践过程中,教学方法也在不断更新,并且仍在持续探索中。20世纪80年代,在文化教学方面,文化教学方法的文化导入法出现并据此提出了"阶段性、适度性、规范性和科学性"的基本原则。20世纪80年代,吕必松先生提出了以培养汉语学习者的交际技能为中心的汉语教学方法。

如何选取文化导入的教学内容的方法的研究热潮不断,但总的来说,都是集中在如何把文化教学和语言教学结合在一起的探讨,在教学实践中,这些理论上的教学方法也难以操作。

因此,传统的教学方法固然有利于教师讲解知识,同样也符合学习者的认知规律,还能最大效率的利用好课堂时间。然而传统的教学方法所带来的弊端也很难改变,教师讲,学生听的方法容易使学习者缺乏独立的思考,不利于发挥学生的主观能动性,且教师与学习者之间的交流没有那么密切,也会使教学和学习效果大打折扣。面对来自不同文化圈的汉语学习者,他们的思维方式和认知都与中国人有很大的差异,以"学生为主体"打破保守且传统的教学方法,不断更新有效现代化的教学方法才能完成汉语课堂的文化教学目标。

二、现代手段的花哨肤浅

大多数人都认为语言学习是一种很枯燥的学习过程,因而要在教学中运用一些生动活泼的教学材料来提高学生的学习兴趣。文化内容的差异性和审美性能满足学习者新鲜好奇的学习心理,因而成为对外汉语教学中增强课堂趣味性的重要内容,也成为当前文化热潮影响下的对外汉语教学改革的着力点。但在教学实践中,教师有时为了迎合学生学习兴趣,往往忽略所讲文化内容本身的挖掘,不注意结合学生文化背景进行对比理解,而将文化的教学扩充为相关文化知识的大量延伸,表面上看丰富了文化教学,增加了课堂的趣味性,实际上却是漫无边际、无限引申,对文化内容贪多求全,过度开发。这不仅增加了学生的学习负担,而且浪费了教学时间,导致主要学习目标难以实现。

而随着计算机技术和信息网络的快速发展,作为高科技产物的多媒体教学也越来越普遍使用。多媒体教学手段给对外汉语课堂带来了全新的教学手段和多样的呈现方式,图文并茂、呈现快速、操作方便、动静皆宜等优越性使多媒体教学深受广大教师的喜爱。

因而很多对外汉语教师都十分注重运用现代化教学手段,充分利用先进的多媒体技术进行文化的教学。比如很多高校在留学生课程设置上,就突破传统的汉语教学形式开设了中国影视课、音乐欣赏课等等,用直观的方式图文结合、声情并茂,集视觉、听觉刺激作用于一体,以生动、形象的画面给学习者最为直接的感受。外国学生在观看、欣赏中国电影、录像和音乐的同时,不仅训练了自己听说汉语的能力,也了解了中国的国情、思维方式、处事原则和审美情趣等。

但是很多老师并没有真正认识到多媒体手段运用的意义,有的认为"大家都用我也用",有的觉得"可以不用板书,节约时间",还有的是因为"学校有上课要制作多媒体课件的要求",因而一窝蜂地在课堂上使用多媒体,甚至出现没有了多媒体教室就无法正常上课的尴尬局面。

过于追求教学手段的新异性,片面满足形式的需要,就会出现"矫枉过正"的倾向。有的老师把多媒体教学手段作为一种时尚,在教学中根本不考虑实际教学效果,为赶新潮而随波逐流,在备课时,首先考虑到的是怎样使各项内容适用多媒体变得新颖独特,不能使用的也想方设法添加。

在上课时,按照事先预设的情景来执行,顺着这样的程序去操作、演示、教学。这样的教学程式,无法发挥学生的主体参与作用,在多媒体课件图文并茂、声色俱全的诱导下,学生便很少有兴趣、有时间来关注语言和文化本身,用心体悟语言文化背后的蕴含。结果往往是讲课老师手忙脚乱,听课学生眼花缭乱,教学效果华而不实。"满足人的发展需要是任何时代的任何教育教学所应追求的永恒价值取向。大学校园里的数字化……从根本上说它也只是教育内容、教育途径及其技术手段的变化,相对于教育目的、价值这样一些根本问题来说仍然是浅层的表面的变化。

而观照人的生存状态、满足人的发展需要这一根本目的和深层价值是不变也不应改变的。"必须避免"只见技术不见人、只见手段不见目的、只见功利不见本体的'唯技术化'、工具化倾向。"①

我们说工具只是人类生存和发展所使用的手段,价值理性才是人类真正安身立命的根本,工具和价值虽然相互依赖,共生共存,但是如果把工具的使用当作目的,就混淆了二者关系,导致本末倒置。然而随着自然科学的迅速发展,科技在给人类带来巨大福祉的同时,也掀起了"技术崇拜"的狂潮。人们开始对科学技术推崇备至,对价值理性日趋冷落,体现在教育领域,就表现为"以物为中心"取代了"以人为中心",追求一时的功用和外显的形式而迷失其根本。在教育技术高速发展的今天,教学媒介不断翻新,花样繁多,它们所带来的有限的表面效应,填充着"唯技术论"生长的土壤,把学生当作是知识信息的接收机器,把多媒体技术看作是无所不能的先进手段,不顾教学的内容和课程的性质,无视学生的特点和需求,将"人灌"改为"电灌",表面上看是随时代进步了,实际上教师和学生变成了媒体技术的附庸和奴隶。每每看到一些老师因为多媒体故障就无法上课的情景,就让我们感慨技术的"威力"和人的无奈。媒体技术的革新确实为我们带来了许多新的教育理念和便捷的方式,但是不考虑运用的目的而滥用技术,就会适得其反。在教育教学中,我们所面对的学生是活生生的个体,他们是有思想、有差异、有特点的人,人的思维是非线性的、多维的,人除了理智还有感情,诸多因素会在教学过程中相互影响、制约着人的发展。用思维简单、没有感情的机器来教育人,决不能忽略了教育教学过程中师生之间、生生之间的交流和沟通。"教育应是一个关于人自身素质提高、人性日臻完善的过程,在这一过程中的关键就是人与人的相互作用,而人与人相互作用的本质就是生命与生命的全方位交流。"

在对外汉语教学中,许是一线教师大都是年轻或思维较为活跃、接受新事物能力较强的一批人,很多老师都习惯于用多媒体进行教学,不管是公开课还是随堂课,老师们都是用预先制作好的制作精美、程序鲜明的课件将教学内容展示出来,确实具有节约板书时间、扩大信息量、丰富教学手段等优点,但是我们也看到,在语言和文化教学的过程中很多老师面向电脑进行操作,有的一堂课上,就只看见老师从多媒体操作台后露出一个黑

---

① 张传燧. 行走于传统与现代之间[M]. 长沙:湖南师范大学出版社,2005:135.

黑的脑袋和飘忽的声音。学生的注意力大部分都集中在投影上,使得教师和学生无论在空间上还是情感上都显得分外疏离,师生感情缺少必要的交流,学生的即时学习状况得不到反馈,更不要说教师的人格魅力和文化品格地展现了。有的时候甚至由于老师没有顾及学生的接受状态就将课件匆匆翻页,结果学生对于学习内容就如走马观花,降低了学生的思考能力和语言表达能力。我们曾在一堂课上看到一位汉语教师教学生写汉字,就是用下载的一个汉字动画演示软件,自动快速地播放一遍写字过程就匆匆了事,马上进入下一个环节。别说外国学生接受不了,就是我们坐在下面也觉得快得难以接受,试想这样如果能让学生学好汉字,写好汉字?因此,在对外汉语教学中,应该强调多让学生互相交流,把课堂中所学的知识运用到交际实践中,加强师生间的互动,才能真正实现语言理解和文化沟通。

三、教师跨文化教学方法欠缺

在文化教学实践中,首先,由于教师缺乏跨文化意识,没有充足的文化知识储备,所采用的教学方法仅仅是配合着中国文化中艺术表现形式甚至"奇门异类",例如在中华武术和民族舞蹈,经典戏曲等方面的教学,也是只采用了简单的课堂展示,最多会加上实地考察和体验,但这就如同"走马观花"一般,汉语学习者仅在中国文化最表面的形式上游走,无法深入感悟,中国文化中更深层次的最具有核心价值的民族特色,民族精神等往往是最缺少的。其次,文化教材和文化课程在编写和设置上,缺少与广大汉语教师的密切沟通和调查,因而,汉语教师不论是在课堂上的教学行为还是思维都受到一定的局限性,走不出自己固有的思维束缚,所采纳的教学方法自然也很难更新甚至创新。

因此,文化教学方法有效实施和更新换代,还需要汉语教师首先要具备扎实的文化素养以及跨文化意识,也需要广大教师能够参与文化教材编写和文化课程设置的调查研究,为文化教学方法提供源源不断的新思路。

第四节　文化教学评价片面封闭

评价是对人或事物进行价值评定。教学评价,是指"以教学目的为依据,运用可操作的科学手段,通过系统地收集有关教学的信息,对教学活动的过程和结果做出价值上的判断,并为被评价者的自我完善和有关部门的科学决策提供依据的过程""开展教学评价,其目的主要有四个:其一,诊断并改进教和学;其二,为有关教和学的行政决定提供依据;其三,帮助学生选择课程或制订学习计划;其四,为教学研究提供实践依据或经验资料。"①

在对外汉语教学活动中,不管是语言教学还是文化教学,都不是"价值中立"或"文化无涉"的纯粹知识活动,而是具有价值参与的活动场景,是带有价值取向的教育活动。文化视域下的对外汉语教学评价过程其实质是一种价值赋予和文化自觉的作用过程,它要求学生在异文化处境下能更深入、广泛地与其他文化进行对话和研究,从而逐渐形成一种日渐成熟的文化理解能力,具备文化自我发展的能力。现代主义课程评价提倡采用客观实证的评价方法,运用量化、测验等主要评价手段,把复杂的教育现象用数字来加以说明,把丰富的质还原为量,因而往往过分迷恋量化的结果和测验的分数。正如艾斯纳(Eisner,E.W.)在《教育想象力:教育项目的设计与评价》一书中所指出的:第一,在评价目的上,传统评价追求的是预测与控制。第二,在评价内容上,传统评价追求的是认知兴趣。第三,在评价标准上,传统的评价追求一元化的价值观。第四,在评价手段上,过分迷恋数量或量化手段。第五,重视结果评价。从对外汉语教学的情况来看,目前仍然秉持的是现代主义课程评价观,采取目的评价模式,这种评价不过是预测、选拔、甄别和分化学生的工具,对教师教学评价的标准是学生的学业成绩。这种把评价仅仅作为一种工具或手段,以实现预测与控制理想的课程评价具有极为突出的功利性,忽视了评价中人的存在,忽视了人的自由与尊严,已暴露出诸多的弊端,如评价僵化问题、工具主义误区问题、封闭性问题等,这样的课程评价观及评价模式有违于课程评价的初衷。

一、评价目标的一元取向

文化之所以进入对外汉语教学,其目的不仅仅在于语言知识的掌握,还在于注重学生文化认同感、对异文化的理解与尊重的态度以及多元一体价值观的形成。

因此对对外汉语教学的评价不应只局限于对知识技能的考察,还应把

---

① 刘要悟. 教学评价的基本问题和主要工作[J]. 西北师大学报(社会科学版),1994(5):86.

学生在跨文化环境下知识、技能、情感、态度、价值观等方面的变化纳入评价目标。在这种评价观下实施的对外汉语教学过程，就不只是在对外汉语教学中进行语言知识的讲解和语言技能的训练，还应该增加一些文化了解的内容，以优秀的目的语文化来进行教育，渗透到全部的教学环境和课程之中，让学生在耳濡目染中习得。

因此，对对外汉语教学实施的评价，也应检视实施过程中文化是否进入了评价过程？文化的教学是否与学生的文化背景、心理特征、学习风格和认知方式相适应？文化的教学是教师简单的知识灌输，还是注意引导学生从生活中体验、感悟目的语文化的价值？文化内容是否自然地进入教材，贴近学生的生活，使学生能够受到潜移默化地影响和熏陶？教学过程是否有利于培养学生多元的价值观、态度和行为？学生能否通过文化的学习平等地对待和大度地欣赏中国文化以及其他文化？除此以外，教师也是课程评价当中的一个关键因素。

对外汉语教学实施文化的评价，还包括对教师的文化素养、文化意识及实施行为的评价。教师自身是否具备较高的文化修养，能在教学中起到文化示范作用？教师是否有一定的文化自信，在对外汉语教学过程中积极、主动、自觉地进行本国文化的传播？教师在教学过程中是否具备一定的文化敏感性，能否敏锐地发现不同文化背景造成的差异，并能根据这种差异采取相应的教学策略？教师能否根据外国学生的文化背景、认知风格、心理特点等采取不同的教学手段？教师是否善于利用文化资源，鼓励学生学习目的语文化的重要价值观和世界观，而不是单纯停留在文化的外在形式上？教师面对文化冲突是否具有平和、冷静的文化心态，以平等、尊重、包容为原则，以"文化使者"的身份去化解矛盾和冲突？教师是否具有清醒的文化立场，能否在保留自己文化身份的同时，以包容、理解、尊重的态度对外其他文化？教师是否具有民族偏见及刻板印象，能否澄清"文化定型"和"跨文化交际悖论"造成的片面文化观？等等。这些都是对外汉语教学进行文化教学评价的重要内容。

然而，在我国对外汉语教学的教学评价中，虽然越来越重视文化目的的实现，但由于在实际运用中不好操作，对文化的重视停留在观念层面等多种因素的影响，对外汉语教学的评价体系还是建立在语言知识和技能和考核上。我们以对外汉语教学中汉语综合课成绩测试双向细目表为例。

表4-1　汉语综合课成绩测试双向细目表

分类/内容	知识	理解	应用	分析	综合	总计	比重	时间（分）
汉语语法	6		6			12	12.5	13
汉语词汇	6		6			12	12.5	30
汉语阅读		26				26	25	40
综合填空				13		23	12.5	15
听力理解		21				21	21.9	32
书面简答					16	16	15.6	30
总计	12	47	12	13	16	100	100	160

　　从上表中汉语综合课的评价内容还看,全部都是有关汉语语言知识和语言技能的考核,对汉语语音、词汇、语法等语言知识以及听、说、读、写细目表中都明确列出,并就其运用要求进行不同层次的说明,其评价目标呈现出单一的语言评价倾向。不可否认,语言知识的掌握和语言技能的应用在对外汉语教学的目标上,有其应有的价值和地位,也与学习主体的其他发展相互作用,甚至是学习主体文化发展的必要前提和基础。

　　因而,语言评价目标在对外汉语教学评价体系中绝对不应受到批判,我们在此责难的是,当语言的掌握成了对外汉语教学评价的绝对单一向度时,教学评价的发展无疑就陷入了迷途。我们强调的是反对工具理性支配下只重知识和技能的评价,文化实施的结果也是评价的一个重要内容。文化的进入为学生提供了发展的空间和成长的底座,只有当这些富有人文性的知识和精神经过学生的体验和内化,才能真正成为促进学生全面发展的根基,对外汉语教学的目的才算达到。文化与评价的结合可以大大丰富对外汉语教学,我们如果希望在课堂中把文化教学摆在重要的位置,就不能只对语言本身进行评价,低估文化内容在教学中的地位,让教师和学生误认为他们不必在这方面浪费学习的时间。所以说,检验对外汉语教学的评价目标是否有效,一个很重要的指标就是还要看学生所获得的文化经验、情感、态度、价值观等是不是符合对外汉语教学的目的。

总之，既然语言和文化密不可分，那么脱离文化单一地评价语言教学就是片面的表现，文化教学必须与评价相结合，才能获得应有的地位。文化作为对外汉语教学的目的和内容之一，在测试和评估中应该给予充分地体现。只有这样，才能督促教师和学生共同关注文化能力的培养，才能对整个教学过程和教学结果做出正确、全面的评价。

二、评价手段的单一运用

现代的教学评价不仅仅只是考试、测验等量化手段，它还具有更为全面广泛的内容，是在考试和测验基础上的进一步发展，除了传统的考试和测验之外，课堂检查、课后作业、观察记录、调查访谈等等，都是教学评价的方式。在我国，很多学科课程标准中都明确提出要注意评价主体的多元化和评价形式的多样化，倡导形成性评价与终结性评价相结合。

比如在我国的母语教育中，《全日制义务教育语文课程标准》就在评价建议里鲜明地指出："突出语文课程评价的整体性和综合性……语文学习具有重情感体验和感悟的特点，因而量化和客观化不能成为语文课程评价的主要手段。""形成性评价和终结性评价都是必要的，但应加强形成性评价。""定性评价和定量评价相结合，更应重视定性评价。""实施评价，应注意教师的评价、学生的评价和学生间互相评价相结合。"教师应该"使学生认识到自我评价对于学习能力发展的意义，并学会自我评价的方法"。由此可见，在语文课程评价体系中，已经淡化了评价的甄别和选拔功能，注重评价的整体性、综合性和多样性。

对外汉语教学同样如此，因为就语言习得和文化养成而言，一两次考试测验并不能完全了解学生的真实的语言和文化水平，只有在平时的过程中才能逐渐显现出来。目前，国内对外汉语教学界，在学习者的学业情况评价上，大多数还局限于测试成绩的反映上，如下表就反映了国内对外汉语教学界在汉语课程的学生总评方面的典型分数构成状况。

表4-2　汉语某课程的学生总评成绩

学生学业总评成绩=期末考试50%+期中考试30%+平时20%		
期末考试50%	平时20%	
期中考试30%	课堂表现	作业	出勤

　　这样单一的评价方式使得教师错误地认为,只有这种源自外部的考试,才是对自己教学的客观检验,某些教学管理部门也同样持此种心态看待评价问题。很多原本习惯于多元评价方式的外国学生,在教学管理者和教师心态的影响下,也逐步形成被动接受外部大型测试的心态,往往盲目相信在一次测试中呈现出来的简单的原始分数,形成如下图所示的片面评价标准。

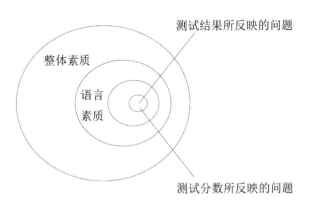

测试结果所反映的问题

整体素质

语言
素质

测试分数所反映的问题

图4-1　测试分数所反映的评价情况

　　比如:有人曾经在湖南某高校针对中医专业的外国学生进行汉语学习目的访谈时,几乎90%的学生都把"通过HSK(汉语水平测试)考试六级"作为自己汉语学习的直接目的,因为他们如果想在中国高校进行专业的学习,必须通过HSK考试的六级水平才能拿到专业学位,这样一条严格限制的语言评价标准就将学生的学习死死地束缚其中。而当你询问他们心目中汉语水平高的同学时,无一例外地将平时考试成绩排在前面的同学列为首要人选。由此可见,学生的评价标准很容易受到考试成绩的影响。

　　而对于文化教学评价而言,由于文化内容纷繁复杂,文化评价如何涵盖如此广泛的内容,确实是一个艰难的问题。文化评价的标准也难以确定,因为文化的习得是人的主观意识和体验的结果,如何评价学习者对一种文化的接受程度,是了解了?接受了?还是转变为自身文化行为了?这些都很难得出一个统一的标准。

　　国际上现在对上述问题也颇有争议,当前通用的文化测试,大都是采用笔试的方式进行,用客观的方式(如多项选择题)来考察学生的跨文化理

解能力。以我们考试中的文化题为例:

要说我的那位,论业务谁不挑大拇指,论相貌谁不说百里挑一,可就是不怎么会做饭,你别笑话,一日三餐我全包了。

说话人与"那位"是什么关系?

A.父女　　　　　B.夫妻

C.朋友　　　　　D.同事

以上题例实际上考察的是特定语境下词汇的特定文化意义,主要看考生是否了解中国文化词汇的特殊文化含义,实际上就是测试文化知识的具体因素和文化事实,而对于学生在某一陌生文化情境中所表现出来的恰当态度和适切行为,则无能为力。

另外,受对外汉语教学有限的课时影响,很多教师感到在教学中进行语言训练的时间尚且不够,更不要说去进行文化的教学与评价了。

我们说,只有对文化进行形成性评价与终结性评价、定量评价与定性评价相结合的方式,评价的过程和结果才更为科学、有效。因此,在对外汉语文化评价中我们要加强对学生文化认知、文化心理和文化行为等多个层面的综合评价,以达到文化教学的目的,实现学生跨文化交际能力的培养。

在课堂教学过程中,我们可以将学生的自我评价、相互评价和教师评价贯穿起来,不仅采用测试性评价,还可以运用非测试性评价,如通过课堂观察、师生对话、小组讨论、文化实践等多种手段,对文化实施和文化接受进行反思,及时调整和改进相应的文化教学计划和内容等。还可以采用问卷调查、师生面谈、文化交往等方式定期了解学生文化掌握的程度和运用的得体性,了解学生思想观念、情感态度和文化行为等的发展情况,并通过材料的收集、整理和反思,总结学生在文化学习方面的进步及其存在的问题,以便更好地指导教学。

总之,教师和学生都应当从内心深处明白,测试手段在测量一个人的整体素质方面是有很大局限性的,文化测试更是如此。必须摒弃现代主义课程评价观,着眼于评价的发展性,采取多种评价手段和评价模式,依据社会学、文化人类学和历史等学科,采用解释学的方法,注重叙述和解释,而不是测量与控制。

第五节 教师文化教学能力明显不足

对外汉语教师作为语言和文化教学的引导者,其作用主要体现在两个方面:第一,根据语言教学目的,帮助学习者掌握目的语系统的语言知识,同时有效地把语言知识转化为语言能力。第二,语言作为文化的传播工具,对外汉语课堂作为多元文化场景,使得对外汉语教师必然成为文化的介入者。因此,对外汉语教师不仅是语言的教授者,还是文化的传播者。

据调查的数据统计分析可知。

第一,从汉语教师对文化教学内容难度方面的看法来说。69%汉语教师认为,所教授的语言课以及文化课中的文化内容比重适当,在讲解过程中,汉语学习者乐于接受;31%的汉语教师认为,对于较高水平的汉语学习者来说,语言教材中的文化因素导入的内容诸如中国医药、具有特色文化背景的文化内容和因素会给学习者带来理解上的困难,汉语教师在教学活动展开之前据导入的文化内容进行准备所花费的时间也较长,认为教学难度远远大于初级阶段的文化教学。

第二,从汉语教师面对文化教学问题处理的方法来看。51%的汉语教师会根据教材中导入的文化因素结合相关文化背景知识进行讲解;39%的汉语教师选择在学习者提出问题或表达疑惑时讲解,讲解时长短。如果在教学中发现明显过时不符合现代发展的文化内容或者特别重要的文化点教师会选择主动向汉语学习者讲解。据调查统计结果显示,部分汉语教师对教材中导入的文化内容的教学并不重视,认为只要学校或者课外举办相关的文化实践活动即可。但专门的文化教学是能够直接影响学习者获取汉语技能与培养跨文化交际能力的关键。

第三,从汉语教师采纳的文化教学方法来看。89%的汉语教师在文化教学中注重文化氛围和真实的语言环境的创设,认为这样的教学方法有助于学习者培养跨文化交际能力。但70%的汉语教师在教学实际中,创设语言环境和文化环境的举措明显不到位,大多选择课文中出现的文化点讲解,由于教材中的部分文化导入内容过时、老套,汉语教师在面临此现象时大多采用回避,较少部分教师会额外补充符合时代发展的文化内容。

在我们的访谈和问卷调查中,结果均显示绝大部分教师对"对外汉语教学要进行文化的教学"持积极肯定的态度,他们也认识到加强自身文化修养和提高文化教学能力的重要性。然而,在教学观察中我们也发现,教师在从事对外汉语教学的实践时,常因为自身文化储备不够、对文化内容估计不足、课堂教学时间有限以及文化敏感程度不高等因素影响,或是面对学生提出的问题无法准确解答,或是忽略了文化差异带来的文化理解上的困难,或以教师单纯讲授、文化知识灌输的方式进行教学,学生的求知欲望和文化困惑往往被教师借口回避等等,无法使学生对目的语文化进行批判性地理解,结果仍然以单一的语言教学视野进行,课堂上的文化知识与学生的真实生活常无法联结,文化内容的教授显得枯燥乏味。

一、教师在对外汉语教学中的不足

(一)非本土对外汉语教师能力不足分析

早在之前,张和生、鲁俐就将对外汉语教师分为三类。三种不同类型的教师进行汉语教学活动时所需的教师能力是不同的,如海外汉语教师因为身处海外,更需要较强的生存能力和跨文化交际能力。而海外本土教师则更需要汉语本土知识、中国文化知识等基础知识等等。

对于身处不同环境的汉语教师,区别化的培养对策非常有必要。然而通过知网搜索"本土汉语教师"有357篇文献,而"本土汉语教师能力"仅有八篇文献,且大多数都是从国别出发,如李明昊《尼日利亚本土汉语教师现状调查研究》通过对本土教师的师资从教学情况、薪资待遇等几个层面分析,提出尼日利亚本土教师没有足够的教学经验、丰富的教学方法等问题。薛茹茹的《柬埔寨华校本土汉语教师现状调查研究》除了国别不同,其调查结果也是从薪资待遇、师资专业素质、教学方法等几个方面提出建议。因此不难发现,不同国别下的本土汉语教师能力是相同的,而大多数都存在一定问题。

在海外进行汉语教学的教师群体除了本土汉语教师,另一主力群体就是海外汉语教师。海外汉语教师是我国汉语教育的中坚力量,输送优秀的海外教师对未来汉语教育发展极其重要,而培养优秀汉语教师就是培养其能力。程祥宇就针对赴泰新手老师课堂教学问题,比较全面地在《赴泰汉语新手教师课堂教学问题分析——以泰国拉廊府为例》提出应该加强课堂管理、提高跨文化意识等。而通过文献发现更多的是汉语教师应具备的某项能力,如刘涛和刘富华针对课堂教学能力,在《国际汉语教师课堂教学能力培训策略研究》中从教学设计能力、课堂教学操作能力、管理能力和自我监控能力进行评估,分析现有教师存在的问题。王阿夫则是从汉语教师不同阶段的行为能力(责任心、主动性、灵活性、开放性)这一角度进行考察,发现在海外教学过程中经常由于环境变化容易造成志愿者行为能力波动。

陆俭明强调汉语教师需要学习一些语言学理论,不是要汉语教师在课堂上直接给学生讲授这些理论,而是要求汉语教师增强自身理论意识,能用语言学理论来武装自己,对在汉语教学中碰到的许许多多问题或语言现象,能更好地想清楚,做到不但知其然,还要知其所以然。

1.教学能力排序概况及原因

为了考察受调查者对自己应当具备能力重要性的态度,在问卷中设置了排序题。这要求受调查者根据《标准》中的五项能力标准,即汉语教学基础、汉语教学方法、教学组织与课堂管理、中华文化与跨文化交际和职业道德与专业发展,凭借自身感受进行排序(第一项标记为五分,最后一项标记为1分)。在本题中又对五大能力进行了更细致的划分,分别为汉语知识能力、跨文化交际能力及意识、外语能力、中国文化能力、教学及管理方法、二语习得策略、现代教育技术。

表4-3 教学能力排序调查问卷

选项	一选人数	二选人数	三选人数	四选人数	五选人数	六选人数	七选人数	平均综合得分	排序
汉语知识能力	63	25	12	8	4	4	0	5.62	1
跨文化交际能力及意识	22	42	21	10	13	3	3	4.79	2
教学及管理方法	11	24	31	16	16	10	10	4.26	3
外语能力	3	1	12	24	9	9	11	3.97	4

选项	一选人数	二选人数	三选人数	四选人数	五选人数	六选人数	七选人数	平均综合得分	排序
二语习得策略	22	17	20	27	11	36	12	2.66	5
中国文化能力	3	8	19	13	25	23	13	2.54	6
现代教育技术能力	1	7	7	10	20	16	47	1.94	7

注：选项平均综合得分=（∑频数×权值）/本题填写人次

从表4-3可知，50.4%的受调查者将汉语知识能力排第一位，33.87%的受调查者将跨文化交际能力及意识排第二位，25.41%的受调查者认为第三重要的是外语能力，25%的人认为教学及管理方法排第四位，54.02%的受调查者都将现代教育技术排最后一位。这说明大多数人认为在从事汉语教育时汉语知识能力、跨文化交际及外语能力对自己的教学影响较大。

从横向来看，"汉语知识能力"和"跨文化交际及意识"选择倾向多集中在一、二位。这主要因为汉语教学基础并非单纯指"会说汉语"，更是指教师需具备进行标准汉语的口语或书面语的交际能力，这也是开展汉语教学的基础，更是汉语教学的难点，因此50.4%的受调查者在选择时都将"汉语知识能力"排在了第一位。而"跨文化交际能力和意识"能够帮助在海外教师尽快融入当地生活并开展教学，因此此项能力排在第二位。

而"外语能力""中国文化""现代教育技术"却多集中于后几位，一是因为第二语言教学中外语的使用频率一直饱受争议，从第二语言教学阶段各主流的教学法中就可看出，然而由于大多数汉语教师并非在中国任教，因此他们必须要有良好的语言能力才能在海外生活，所以"外语能力"综合排序第四。二是在《标准》中，跨文化与中国文化是并列出现的，客观上要求汉语教师能够同时掌握，但是大多数受调查者更倾向于对前者能力的掌握，因为汉语教师在进行教学时，除了语言教学，更多的是文化碰撞，因此在教学过程中也要了解学生本族文化习惯。如果能够掌握合理、合适的交际方法，就能更加有效地开展教学。并且在海外，除华文学校的中华文化活动较多外,其余学校更多是作为兴趣了解,所以在授课时,老师们更倾向将语言和文化融合授课,在语言教学中解答学生疑问,教师掌握基本中国文化知识即可。三是现代教育技术的掌握是指运用现代教育理论和现代信息技术,利用教学中的资源优化教学理论、加强实践。但是由于海外教学环境的不确定性,教师上课时不具备先进的教学设备,导致教师更多是自主设计相关教具。因此大多数受调查者认为此项重要性较低。

"教学及管理方法"和"二语习得策略"这两项受调查者的选择浮动较小,没有过于集中在某位,说明了在不同教学中这两项受外来因素影响相对较大。原因是绝大多数的汉语教学往往在海外教学环境中开展,因此处在不同的文化环境下,课堂环境遭遇的考验也有所不同。如:美国教学环境要求以学生为中心,注重培养学生的创新与反思意识,这就导致他们的课堂纪律意识弱,课堂上经常会有学生挑战老师,或者无法控制课堂讨论的情况出现。而日本学生上课往往会比较沉默规矩。而第二语音习得策略的掌握,能了解学生学习瓶颈并有效解决,降低学生的倦态。

早期的第二语言习得策略由 1967 年 Larry Selinker 在《语言迁移》提出,中介语理论的提出打开了第二语言习得理论的研究领域。随着研究的不断深入和完善,《标准》中也要求汉语教师了解第二语言学习基本原理,熟悉第二语言教学基本原则与方法。但是不同课堂、不同教师选择的教学方法不同,学生习得二语的情况也会有变化,所以选项中呈现的人数较为分散,并未集中在某个区间。

从总体上看问卷结果,在排序题中,汉语知识、跨文化交际能力与外语能力对大多数中文教师来说极其重要,但是相应的在自我能力评定中,这三个部分也仅有 60%~70% 的老师为自己的教学能力选择了同意或非常同意。相反,排序较后的几项能力,80% 以上的老师选择了同意或非常同意。由此可以判断出,能力的重要性与自身的熟练程度有一定的关联,并且存在极少数认为自己汉语能力、心理适应能力以及外语能力较弱的教师,这些能力的不平衡都会直接影响到海外汉语工作的开展,可见在培养或考核时应重点关注基础能力。

2.教师各要素具体发展情况

(1)外语能力

汉语作为第二语言或者第三语言学习时,需要教师能够运用学生一定的母语知识辅助教学。因此掌握外语能力对于汉语教师来说是必不可少的技能,尤其是需要在海外进行汉语推广工作的教师。

外语的使用在语言教学中一直存在很大的争议,现下讨论较多的教学法是"沉浸式""翻转课堂"等等,但是不论哪一种,都强调尽量少使用、不使用外语。但是大多数汉语教学开展于海外,而多数汉语教师并非本专业出身,因此要想在其他国家教学,首先要掌握当地语言。学校所教授的外语知识是十分有限的,并不能满足教师在海外教学、生存的需要。但是除了外语,人们在交际时经常会使用肢体语言,在语言不通的情况下,肢体语言就发挥出了非常重要的作用,大多数受调查者都认为自己在肢体语言的帮助下能够与学校同事进行有效的交流和沟通。

(2)文化及跨文化交际部分

文化有广义的文化和狭义之分:广义上的文化指社会精神产物和物质产物的总和;中国文化是文化定义中一个狭义的概念,特指上文所提到的中华文化。而跨文化则是两种或两种以上的文化在相同环境背景下交际中产生的。如果海外中文教师没有良好的跨文化意识和跨文化交际能力,在海外生活等方面可能寸步难行,进而出现文化休克的现象严重影响海外教学工作。

汉语推广工作,不仅落脚于语言,在进行语言教学的同时也要加大学习者对目的语国家的了解,了解当地风俗文化也有助于学习者更好接受不同语言之间的差异,增强学习兴趣。因此教师自身的文化储备对教学有一定的影响。除了有一定的知识储备外,还需要教师能够向学生介绍、解释中国的风俗习惯,如口头禅"哪里哪里"的意思,吃狗肉等习俗的误解,让学习者对中国现状树立正确的认识。

文化休克由人类学家(Kalvero . Oberg)在1958年提出,他指出由于失去了自己熟悉的社会交往信号或符号,同时又不熟悉对于对方的社会符号,而在心理上产生的深度焦虑症,这种心理反应就被称作"文化休克"。当汉语教师进入新的环境时,"入乡随俗""文化适应"是摆脱文化休克、快速融入当地文化生活并且尊重当地习俗的最佳状态。

当前绝大多数对外汉语教师在职前发展阶段,就受到实用主义教育、社会转型期文化震荡影响和西方文化的渗透侵袭等多种因素影响,没能很好地打下中国文化知识的基础,传统文化素养更是不足。这种欠缺不仅影响到我们对本国文化的传承,也必然影响到中国文化的弘扬。有人曾经对当代大学生的文化发展状态进行过多项调查,据一份调查显示,有26%的人每周花5到10小时的时间来收听或收看流行音乐,而有61%的人平时不收听收看中国传统戏剧;有33%的人平均每周花5到10小时用于学英语,而花费同样时间在学习中国古典文学上的,仅占总人数的10%。还有很多年轻人泡着酒吧,玩着游戏,却背不全一首唐诗,答不出"四书五经",不了解荀子、墨子。这些情况虽然来自对中国大学生的调查,但它反映出中国国人对本国文化和传统的一种态度趋势,那就是很多人对自己的传统文化不甚了然,文化意识淡薄,对外汉语教师也不例外。当许多外国人对中国传统文化赞叹不已甚至与我们争夺文化遗产的时候,我们自己却对历经数千年历史积淀下来的文化财富熟视无睹甚至弃之如履,让人心痛不已。①

3.外国文化理解的肤浅

当鸦片战争将我们的国门轰然打开,西方文化就以强势侵入的姿态横扫中国,形成一种前所未有的高速扩张态势。"据美国盖洛普机构对4000位中国公民的调查显示:29%的人曾看过西方电影,10%的人曾购买过外国音乐的录音带、录像带和CD;11%的人曾阅读过西方国家的书籍、报刊。好莱坞、CNN为代表的美国大众文化,正以工业方式大批量地生产和复制,迅速传播到我国各地。"

很多年轻人由于追求时尚,易于接受新鲜事物,很容易受到其他文化的影响,尤其是西方强势文化的渗透,致使他们在生活方式、价值观念等方面都"西方化",可实际上他们对西方文化又真正了解多少呢?难道西方文化就意味着吃牛排、喝可乐、玩Hip-Hop和过圣诞节等具体生活形态吗?他们对于西方文化的精髓与智慧又能有多深的体会呢?他们所了解和追求的往往只是那些过分强调和凸显了感官刺激和好奇心理的通俗文化产品和形式,并没有真正吸收到西方文化的价值精髓和艺术品质,容易流于低俗、恶俗、庸俗的文化取向。

在这样的文化状态下培养出来的人,既无民族优秀传统文化的底蕴,又缺少西方自由民主的人文精神,会产生民族虚无主义和道德虚无主义的文化心态。正如有学者慨叹的那样:"反观中国文化的世界,五四运动早就

①廖赛娟. 传统文化在现代大学中的教育价值及其实现[D]. 武汉理工大学硕士学位论文,2006:14-15.

全面解构传统文化,经过连串破毁而到"文化大革命",构成了一座全盘的文化废墟。但可怕的是西方文化精华并未吸收,中国文化有价值的地方又全被扫走。剩下是传统政治文化的深层结构及中西文化的糟粕。"

作为一名对外汉语教师,就要勤于学习中国传统文化的优秀品质,了解中国文化的历史渊源及发展进程,打下扎实的文化功底,具备较好的中国文化素养,对中国文化有一个整体地、较为全面地准确把握。尤其是对中国文化传统的核心价值观要加以理解和消化,因为这些深层次的文化集中体现了中国文化的精髓,代表了中华民族几千年来累积的民族智慧,它们在很长一段时期内塑造着中国人的性格,规范着中国人的行为准则,影响深远而广泛。只有在对核心价值观念准确把握的基础上,才能真正了解中国人的心态和精神世界,才能在对外汉语教学中坚定自己的文化信念,也才能以雍容大度的文化心态传播本国文化。当然,我们还要注意不同国家和地区之间的文化差异,了解世界文化的多样性和丰富性,具备中外文化比较的能力。因为对外汉语教师面对的是来自不同国家的外国学生,只有尽可能多地了解世界上其他国家和民族的文化,才有利于吸收其他民族文化的精华,才能在对比中找到中外文化的不同,才能在教学中尊重其他民族的文化。

（二）教师文化实施的不足

仅教师自身具有一定的文化知识和素养,并不能保证文化在对外汉语教学中的教学实践。教师的文化知识停留于静态层面,还需在此基础上使文化动态地进入学生的视野,培养学生相互尊重和包容的文化意识,甚至形成积极的文化行为,创新文化的理念。因此,教师还需要将文化的知识、理念运用到工作中去的能力,这样才能影响教学的内涵和品质。但在文化教学的实践中,对外汉语教师的文化实施常常呈现出能力不足的表现,具体表现在以下几个方面。

1.文化准备不足导致文化理念的偏差

教师文化准备不足容易导致错误观念的形成,并且会减少学生主动探究学习的机会。在教学实践的过程中,学生对中国文化往往表现出了较高的兴趣与喜爱,但教师在教授过程中,大多只注重一些新奇独特的文化艺术形式的输入,如中国功夫、民族歌舞、剪纸艺术等的传授,并且讲解简单生硬,仅重在形体、声音、图案等外部性质的模仿与传授,缺乏内部深层次的文化背景介绍。结导致外国学生认为中国文化就是太极拳、中国结、歌曲《茉莉花》等具体文化事物,而中华民族独特的价值观、生活习惯和思维方式等更具文化本质的内容却被忽略掉。因此,如果老师在教授中国文化时,只是让学生了解一些浅层的文化表现形式而不深究其文化内涵,就会使学生把在学校里看得见摸得着的现象视为文化的标记,将文化琐碎化,错失中国的文化本质,甚至使学生误解或扭曲其中的文化观念。这种缺乏文化内涵的揭示与思考,没有认识到"文化的价值并不在于了解该文化的衣着或事物,而在于该文化如何增进人类的生活品质。"另外,在学习文化时,当学生问教师"为什么会这样,我们可不这样"的问题时,教师往往用简单的一句"这是中国的习俗"就把学生的疑问打发了。教师根本没有意识到这是进行文化比较的教学机会,或是自己对文化的深层含义也不够了解,无从说起,随口简单地应付学生提出的问题。长此以往,就会抹杀学生主动求知、探究的学习态度,失去文化学习的动力。

2.教师对课程中文化的开发参与不够

在文化热潮的推动下,国家对外汉语管理机构和各高校对外汉语教学的实践部门都重视文化内容在教学中的开展,积极进行文化课程的开发,已编制出了具有一定水平的文化课程。然而,政府及相关部门对处于教学第一线的对外汉语教师重视不够,教师在课程编写与使用上缺乏必要的交流和培训,也没有发挥教师专业发展的主体性,鼓励教师参与到教材的整理与编写中来。由于缺乏理念沟通和有效指导,结果导致与教师的实际教学产生疏离,无法进入教师的课堂教学中来。教师上课经常是凭借自己的热情和经验来进行文化教学,缺乏相关的参考资料和相互交流的机会,孤军奋战,影响到了文化教学的品质。早在20世纪60年代,英国学者斯腾豪斯就提出了"教师即研究者"的观点,认为教师不仅仅是"课程实施者",而且也应该被看作"课程开发的研究者和参与者"。教师参与课程的开发能促进教师个人专业自主,进而提高教师的专业化程度。对外汉语教师参与课程的文化开发,赋予他们文化选择与组织的权利,不仅对教师提出了更高的专业素质要求,也使教师的思维方式和行为方式从被动、消极转变为主动、积极。因此,政府与相关部门以及学校都应该对此提供支持与帮助,鼓励教师通过课程的文化开发来提高自身的专业文化素质。

3.教师教学中的文化敏感性差

所谓文化敏感性,是指个体要对所在的文化环境有一种敏锐的感知和积极的应答。对外汉语教师处在由来自不同的家庭背景、种族,有着不同信仰、风俗习惯、性格特征的学生组成的多元文化世界里,尤其需要对多样文化有着较强的感应能力,能对文化差异进行理性的判别和认知。教师的文化敏感性对学生尤其是来自不同文化背景学生的学习有着重要的影响。如同格林尼克(Gollnick,D.M)所说:"只有当教师具备文化敏感性,学生才能充分发展学业的、社会的及职业成功的潜力。"然而,在对外汉语教学中,教师对学生的文化差异不够敏感,也缺乏相应的教学与策略应对。教师通常将学生汉语水平的高低归因于学生的语言能力,没有考虑文化的影响。结果是,教师没有因学生的文化背景而采取与之相适应的教学策略,缺少对其他文化的知识与经验的适度理解,缺乏文化敏感性而未给学生相应的文化支持,或是一味要求学生对中国文化囫囵吞枣式的学习与掌握,全然忽略了学生因文化差异所带来的学习风格与学习习惯、动机等的不同,其教学效果可想而知。

教师的文化责任依靠以身立教。凭借自身的人格魅力和厚重文化底蕴,才能在文化的教学中言传身教,因为"只有人格才能够形成人格"。因此,教师的专业素养中就需要具备多种文化的知识、理解与交流等多方面能力。鉴于此,有学者提出:"在民族文化多元化和技术复杂的世界里,培养能够与学生进行有效沟通的教师,是对教师教育的最后挑战。"同时,教师还要将文化意识和文化敏感性贯穿于自身的教学之中,"如果你不想成为一个'多元文化教师',也许你应该考虑有没有必要成为教师这个问题"。对外汉语教学如果远离学生的文化背景和生活世界,将不仅给学生造成语言学习的障碍,最终导致对文化的冷淡和疏远。因此,"就教师而言,明确自己所扮演的每一种角色应做些什么,善于分析和判断变化的情境,并加强自我选择意识与反思意识,是角色期望的自我调适所必需的。"①

---

① 刘要悟,朱丹. 教育相关群体的教师角色期望之社会调适和教师自我调适[J]. 教师教育研究,2010(2):39.

第五章 文化视域下对外汉语教学的策略

我们回顾历史,观照现实,剖析问题,是为了更好地反思过去,解决问题,把握未来。在历史与现实的演进中,我们已经毋庸置疑:语言就是文化,语言就是人本身,语言就是世界。汉语记录着汉民族的历史和文化,透过汉语这个语言层面,可以考察我们民族的历史和文化发展轨迹,窥见我们民族绚丽多彩的文化形态。汉语"文化本性"的彰显,使得对外汉语教学不仅仅只是语言教学,还被赋予了"传播中国文化"的光荣使命。如果狭隘地将其理解为仅仅只是汉语作为一门工具的掌握,那就是对语言教育墨守成规、思想僵化的表现,是硬生生割裂语言和文化天然联系的粗暴做法,是置人的需要和时代发展要求于不顾的盲目操作,这不是我们想要的对外汉语教学,这样的对外汉语教学也必定走不长远。我们在借鉴历史、审视现实的基础上,一边合理地继承,一边积极地修正,对文化进入对外汉语教学提出理念构想,开发新的路径,以期搭建未来对外汉语教学发展的平台。

第一节 改进教材的文化内容

高质量的、符合学生需求的文化教材才能使文化教学得以更好地实施。我国的对外汉语文化课教材起步晚、发展慢,是伴随着文化教学的兴盛而不断发展起来的。所以,相比起发展比较成熟、系统的语言类教材来说,文化课的教材发展、编写与使用就有着明显的差距,存在一定的问题。根据齐子萱《对外汉语文化课教材发展史研究》的统计,从建国至今我国出版过的汉语文化类教材共有229本。从论文展现的教材统计来看,有些教材并不是本文所研究的专门的文化课教材,还包含一些与文化相关的语言类教材,所以统计不是足够精准。尽管如此,我们依旧可以看出文化课教材的数量虽不及语言课教材,但仍呈现快速不断增长的趋势。所以,提高我国对外汉语文化课教材的编写质量,编写出真正适合不同文化背景和汉语水平的外国留学生的文化课教材,是今后学术界应该共同努力研究和突破的方向。

对外汉语学者们在对文化课教材进行研究考察时都发现了一个普遍的问题:教材的编写大都偏向于对中国古代传统文化,缺乏对现当代文化内容的呈现与介绍。而针对这一现象,鲁健骥在《对外汉语教学基础阶段处理文化因素的原则和做法》(1990)就提出:"有些文化现象是有时间性的,因此对文化的介绍也应随着时间的推移作相应的调整。处于改革开放中的中国,新的文化现象不断涌现,这就需要语言教师善于观察,随时总结。"针对此说法,我们的文化介绍应该与时俱进,实时更新,并且汉语教师应对自己民族文化的掌握和敏感度有更高的要求,这项研究在文化教学和文化教材发展的初期探索时期有着极大的启发作用。

很多学习者认为在日常生活和交际中,过多的传统文化内容用不到,而且也没有趣味性。他们更希望可以学习与现代生活相关的、在实际交往中可以用到的文化内容,如当代中国人的礼仪和道德标准、生活习惯等。李泉《文化内容的呈现方式和呈现心态》也对文化教材进行了研究分析,结果显示一半以上的内容都是中国传统文化,但值得安慰的是这种现象正逐步发生改变,开始"古今兼顾,以今为主",与此同时也提出了自己的见解,只要是对中国发展有深远影响,并流传至今的,不管是古代文化还是外来文化都应视为当代文化,并在教材中体现出来。所以,我们应该增强文化的包容性,在教材中树立一个开放的中国形象,让世界了解中国。同时也要注意避免过度夸大汉语教学的文化传播功能。对传统文化内容关注过多,是文化教材编写一直以来一个现实性存在的问题,并且急需解决。

一、文化教材在对完汉语教学中的重要性及其定位

(一)文化教材应用于对外汉语文化教学的重要性

文化教学在对外汉语教学中占有着举足轻重的地位,一本高质量的文化教材对于教学效果的好坏和学生的学习有着直接的决定作用。因此,文化教材的质量及文化教材的内容决定着教学质量的高低。赵宏勃在《对外汉语文化教材编写思路初探》中提出文化教材决定文化教学质量的重要性,主要表现在以下三个方面。

1.好的文化教材是提高文化教学质量的突破口

高质量的文化教材一方面可以有效地帮助教师改善教学质量,提供新颖独特的教学思路,制定符合学生需要的教学计划,达到很好的教学效果;另一方面,可以引起学生对文化课的兴趣,改变学生对文化课过难、过于沉闷的印象,更加主动地了解中国文化的历史传统、风俗习惯等,帮助学生系统地感知并了解中国文化,从而达到很好的学习效果。低标准的文化教材可能会在文化教学中引起文化偏误或错误,例如"龙"的象征意义,很多国家都有龙,而且形体相似,但也有很多不同,中国的龙是吉祥的象征,而西方的龙常常被看作是凶恶势力的代表。如果在教材内容的选取或传授过程中,没有考虑到学习者的文化背景,就很容易引起文化传播障碍,不利于汉语教学和学生的跨文化交际能力的提高。

2.从编写文化教材入手,结合教学实践对文化项目进行深入的研究,促进文化大纲的研究和制定

张英(2004)曾提到过要建立像《汉语水平等级标准与语法等级大纲》和《汉语水平词汇与汉字等级大纲》这样的语言教学大纲,积极探究并建立对外汉语文化教学等级大纲,明确教学任务和教学目的,制定相应的教学计划,并使之科学化、规范化和系统化。

3.借助文化教材可以促进对外汉语教师综合素质的提高,有利于对外汉语教学的长远发展

教材是教师教学和学生学习的主要凭借,决定着教学的主要内容,是将知识传授给学生、培养学生能力的重要中介物,也对教师的教学活动起着指导作用。作为一名对外汉语教师,我们很难精通中国文化的方方面面,而一套系统全面但又符合留学生学习的文化教材对对外汉语教师的教学有极大的参考价值和指导作用。它可以引导教师在文化教学中合理利用有效的课堂时间对文化内容进行恰当的处理、自由安排。在中国文化越来越受到欢迎的热潮下,汉语学习者和对外汉语老师都明显地增加,甚至还增加了很多汉语志愿教师这样的项目,而对于那些奔赴海外或在海外任教的的汉语教师来说,他们也需要这样一套优秀的文化课教材,成为他们参考或了解中国文化的桥梁。所以我们要加强和改善文化教材的研究和编写,为我们的文化教学和文化传播奠定良好的基础。

从上述的意义中可看出,文化教材和文化教学相互依存,不可分割。

此外,对外汉语文化类教材不仅作为——本辅助对外汉语教学的教材,同时也是一本向异文化背景学习者介绍汉文化的书籍,是跨文化传播的媒介和渠道。所以一本优秀的文化课教材会使得学习者在使用对外汉语文化类教材的过程中不断接受跨文化传播,与教师在课堂上进行跨文化交流,课下也吸引学习者会对文化类教材进行学习,在这个过程中不断了解与其文化背景相异的中国文化,而在这个跨文化交流的过程中,对外汉语文化课教材的内容一定程度地决定了跨文化交流的内容。所以说对外汉语文化课教材对于文化教学和文化传播有着很大的影响作用。

(二)文化教材的定位

文化教材的发展随着文化教学的发展而发展。周小兵等人从编写目的的角度将目前出版的对外汉语文化教材分为两类:一种是在介绍文化的同时,注重培养学习者的语言技能的"语言文化"教材;一种是专门介绍中国文化的"纯文化"教材。通过上述分析以及上节对"文化教学"的定位探究,在此将文化教材也大致分为两类:文化要素教材和文化教材。前者是以语言知识传授和语言技能训练为中心,涉及的文化内容起辅助作用,属于语言类教材或者语言文化类教材,如汉语精读教材等语言类教材和典型的语言文化类教材《中国传统文化与现代生活》等。后者则与之相反,在教学中,文化是主要的,教学内容是介绍传统的中国文化或者现当代文化,包括地理、历史、风土人情等,教学目的是为了让学生更加了解语言背后的深刻的文化内涵。相比之下,语言教学任务就显得不那么重要了。此类教材本质上属于真正意义上的对外汉语文化教材,也是本文所要研究的专门的文化课教材。通过以上分析和前人的研究,文化教材大致分为这两类。在进行教材探究时,要注意分清是语言技能教材还是专门的文化课教材,才能使研究准确,更好地进行文化教学或者编写文化课教材。

二、对外汉语文化课教材的编写原则及编写实践

(一)文化课教材编写的通用原则

我国对外汉语学界在教材编写上越来越成熟,很多专家学者结合自身的经验提出并发表了很多教材编写的原则,我们以此可以总结出一些通用性原则作为我们评定文化课教材编写的衡量标准。

表5-1　通用性原则统计表

书籍（期刊）名称	作（编者）	时间	书籍（期刊）来源	编写原则
《建国以来对外汉语教材研究报告》	赵贤州	1987年	北京语言学院出版社	针对性、实践性、趣味性、科学性
《对外汉语教学概论》（讲义）	吕必松	1993年	世界汉语教学	实用性、交际性、知识性、趣味性、科学性、针对性
《现代外语教学——理论、实践与方法》	束定芳、庄智象	1996年	上海外语教育出版社	真实性、循序渐进性、趣味性、多样性、现代性、实用性
《对外汉语教育学引论》	刘珣	2000年	北京语言大学出版社	针对性、实用性、科学性、趣味性、系统性
《西部民族院校对外汉语教材编写设计》	叶南,田耕宇	2004年	西南民族大学学报（人文社科版）	实用性、知识性、结构-功能-文化

通过上表可以总结出,学者们对教材编写的原则共有针对性、实用性、趣味性以及科学性四个原则,这些原则都为本研究提供了理论参考依据。本节将从这四个原则入手,结合教材的一些问题,对文化课教材的编写提出建议。

1.针对性原则

对于这一原则,刘珣提出"要适合使用对象的母语和文化背景、学习目的、学习起点、学习时限等"。我们都知道来中国学习汉语的学生,有着不同的学习目的和要求,所以教材编写过程中应当考虑到他们不同的需求和学习目标,为他们提供舒适的学习环境,否则当学习者在不舒适的外部环境中或在教材中都不能满足自己的内在学习需求时,他们学习的积极性就会大大降低。而且汉语学习者都是具有不同文化背景的人,他们各自的学习方式、文化背景、思维方式等都存在着不同程度的差异,他们的汉语水平能力也不尽相同,所以教材内容、语言等应该做到难度适中,尽量符合学习者的水平,不能过高或过低。所以,教材的编写考虑到学习对象的学习目的、学习水平、学习时限等要求是衡量教材是否具有针对性的重要依据。

现在很多文化课教材对学生汉语水平没有做任何说明或教学对象设定不够清楚,针对性不强。值得赞赏的是,《中国文化》一书中对学习者的界定相当明确,在开篇说明中就提到这本书适合二年级外国留学生使用,一年级第二学期亦可视情况试用。但该教材又有很多超纲和难度大的词汇,很多学生觉得学习困难,所以在学习对象或者词汇难易度方面没有缺乏针对性。教材编写者应该要真正站在学习者的角度,编出他们所需要的文化课教材。

2.实用性原则

要想注重教材的实用性,主要体现在教材体例的设计和内容的选定,体例的设计要便于学习者学习和阅读,内容的选定要符合学习者的需求,贴近生活,既要是外国人感兴趣的文化内容,同时又能够体现中国文化"实用性"的特点。

文化内容应当选取当下的学习者比较有兴趣、需要学习的文化内容,比如说在日常交际中很可能会遇到的一些话题内容。而现在很多专门的文化课教材只是一味地介绍中国文化,涵盖经济、政治、地理、风俗、饮食等方方面面,陈述介绍知识性内容远远大于学习者生活中实际需要的内容,有很多不被需要或者影响学习者学习的内容,这样的文化内容根本不利于学习者提高交际能力,也不利于中国文化的传播和展现。在《中国文化》教材中的体例是由六个部分组成,课文内容被分成不同的小标题,供学生学习。这样的体例设计相对合理,便于学生的学习,但是在注释部分有过多的英文释义。单独成篇的英文释义对于部分学生容易造成母语的负迁移,不利于文化的教学和学习。在文化内容方面,它系统地介绍了中国文化,涉及中国的山川地理、风土人情、人文历史、经济、哲学、艺术、医学和饮食起居等各个方面。文化材料的选定方面,主要以传统的古代文化为主,促使学习者对于中国文化的部分成就和发展有一个更全面地了解;但同时教材"厚古薄今",过多地陈述知识性文化,使得部分内容与现代脱轨,不利于学生对现代中国发展的理解,影响日常交际。所以,教材的编写既要发扬传统,也要适应社会发展和学习者的需求,真正帮助他们消除不同文化间的隔阂和误解,增进彼此的相互理解,排除实际交际中的障碍,达到实用的目的。

3.趣味性原则

趣味性原则,对于老师、学生来说都是非常受欢迎的原则。生动有趣的教材内容和形式,对于学习者来说,可以使其产生浓厚的学习兴趣和充足的动力;对于教师来说,他们可以以此为依据设计更有趣的教学,从而促进教学,提高课堂教学效果。刘珣认为"教材内容和形式都要生动有趣,加大文化含量,做到题材多样化";李泉对教材的趣味性提出十条建议,如"要有文采,穿插些民间故事、历史传说,版面新颖、插图有趣等"。可见一本教材的趣味性的重要性。而对于文化课教材,笔者认为其要有丰富的话题、合理简洁的课文形式编排、语言难度适中、丰富多彩的插图,这些都是必不可少的条件。因为我们都知道单纯的语言学习对于学习者来说是十分枯燥的,而文化却是多姿多彩的,而对于这样丰富有趣文化知识的传授,仅仅使用简单的文字进行表达阐述是远远不够的,我们应该摆脱以往的教学模式,挖掘新的富有生机的模式,给学生可以真正感受、体验文化的机会,进而激发他们的激情和热情,更好地感悟文化。所以强调教材的趣味性就有效地保护了学习者的积极性,激发了他们的学习兴趣和动力。

我们不可否认《中国文化》是一本全面性介绍中国文化的书,封面设计也生动,是以著名的兵马俑的照片为封面,整本教材插图也较多,每篇课文至少有2幅插图,内容排版也符合学习者审美需求,但是,上述 我们也提到过它是一本叙述式专门介绍中国文化的书,语言相对来说比较刻板枯燥,而且还有一些词汇超纲,对于学生来说理解偏难,过于专业,并且倾向古代文化,与现代生活实际联系不够紧密,很难引起学生的关注和兴趣。所以,我们的教材编写一定要重视趣味性,丰富有趣的内容和新颖活泼的图片真的会为我们的文化课教学增添不少色彩,是非常重要的原则,我们应该重视。

4.科学性原则

刘珣提出对外汉语教材要达到科学性必须做到"语言规范、通用,内容组织符合语言教学规则,解释准确";吕必松对教材科学性提出的要求是"内容规范,编排合理"是对教材科学性最基本的要求。从学者们的表达中我们可以看出"内容准确"是教材科学性的基本条件之一。一本教材如果语言、文化知识不准确或出现错误,容易引发学生的信任危机,这是不科学的体现。如果教材出现这样的问题,会使学生觉得我们不够严谨,而不足够重视,影响教学。因此,科学性原则就是在语法、语音、词汇、课文内容等方方面面都要规范准确。同时教材的合理编排、内容的选取和难易程度是否适中等都是科学性的表现。所以在文化教材的编写过程中,有些内容是我们可以舍弃的,但有些内容又是必要的,教材编写者一定要根据实际情况学会取舍。如果一本教材的内容不够全面系统,就会减少教材的科学性,所以我们要重视科学性。

《中国文化》是一本非常专业、系统、全面的介绍中国文化的教材,它虽然缺乏一定的针对性和趣味性,但是在科学性方面相对来说是比较到位的,例如它包含的文化知识非常丰富准确,介绍了文化的方方面面;整体的课文编排比较合理,划分为不同的标题;整体的课文篇幅适中;在语言方面,虽然有较多的超纲词汇,但使用规范等。所以我们应该继续坚持和发扬,同时也要取长补短,增强课文针对性、趣味性,课文内容的选取要古今同行,语言难度要考虑学生的实际情况,不可过难。从而编写出更加科学合理的教材,开启文化课教材编写的新篇章。

一部好的文化教材是文化教学取得成功的基础和前提,我们要努力践行教材编写的四项原则,结合实际需要,符合社会发展和学习者需求,编写出质量高的文化课教材,将我国对外汉语文化教学推向新高峰。

(二)文化课教材编写方案要求

根据上述教材编写的通用原则,笔者认为一部适当的文化课教材应当满足以下几个要求。

1.教材内容要与时俱进,把握当下

现在的文化教材大都偏向于中国悠久的传统文化,缺乏对现当代社会发展的介绍。外国学习者学习汉语和中国文化,是想了解今天的中国和中国人,但如果我们过于偏重古代或近代的文化内容,对于今天的具有时代感的内容选取较少,学习者很容易偏离时代或者发现与现实生活不符,发生混淆,这并不利于学习者的学习和文化的传播。当然这并不是要抛弃传统文化,而是在与时俱进的基础上传承经典、有意义的文化。选择贴近生活的文化知识和信息,更容易激发学习者的兴趣,便于学习,达到学以致用的效果。我们都知道《中国文化》是知识文化教材,有31篇课文,其中大多数课文都是以中国古代文化的介绍为主,介绍中国现代生活的课文较少。所以"厚古薄今"的现象更突出。

我们以第十四课"民间传统节日"为例,这是学生们都比较感兴趣的文化,"春节"属于在中国最重要的节日,该教材简单对春节的起源做了介绍,然后介绍了春节的一些习俗,例如贴春联、购买制作食物、放爆竹,拜年等,也介绍了春节前后一些节日的意义和一些欢乐的景象。但这些内容很大程度上传达和表现的都是传统的状态,在今天,并不是每个传统都会传承,例如"守岁",大部分地方已经没有了"守岁",因为白天要拜年,和很多朋友聚会,如果一晚上不睡觉,会很疲惫,还有一部分远从外地赶回来,舟车劳顿,如果再不休息,会很影响新年的状态,所以在大部分地区,"守岁"这一传统已经取消了,当然也会有少数注重传统的地区会遵循这一传统。放"爆竹"在春节是一个具有代表性的活动,尤其对于小孩子来说,它既是驱散邪魔的活动,也符合春节的氛围。但是近年来,由于环境污染和一些不安全爆竹引发的问题,"爆竹"越来越少,尤其是在城市生活,但在大部分农村地区还会燃放爆竹,欢庆佳节。"春运"是近年来兴起的话题,我们都知道春节是团圆的日子,所以很多在外打工的人在春节前夕会不远千里地赶回家,但是由于社会的发展,在外发展人员越来越多,假期几乎固定在某几天,这就造成了各大站点"人山人海"的情况,有的甚至为了坐上车在车站等两天,但是无论怎么艰难,都阻挡不了他们回家的渴望,与家人团聚的心愿。这三种现象都明显地显示出春节在现代生活中的变化,除此之外还有很多别的变化或新的习俗,这些都可以加入现代文化课教材中。所以在讲授春节传统意义的同时,要结合时代的发展,联系生活,只有这样,他们才能真正感受中国文化,继承传统又与时俱进。

2.教材内容要有趣味性

教材的趣味性是我们一直都在讨论的话题。很多汉语学习者都是因为对中国文化有着浓厚的兴趣,希望可以更深入地了解中国文化,所以才来学习汉语的。但中国文化博大精深,语言相对来说就复杂难懂,而学习语言又是一件枯燥的事情,所以如果文化内容不具有趣味性是很难调动学生主动学习和构建知识的积极性的。

例如十四、十五课都是对传统民族节日的介绍,主要就是叙述节日的起源和传统习俗,并配以相应插图,但课文中整段大篇幅的文字叙述却在给学生的学习无形中增加了压力;而且插图也是黑白的,和文字融为一体,这些都不利于学习,其实在排版上可以注意下,稍微扩大字体,不要成大段叙述,在某些方面可加入对话体,然后配以图片,如果能是彩图最好,即使是黑白图片也要尽力体现活动内容,增加趣味性,给学生带来直观的视觉冲击,更加形象地解释,从而达到良好的教学效果。

3.教材内容要有针对性

针对性就是教材的编写要符合学习者的学习需求,文化课教材的编写并不是一味地追求全面、专业化,要考虑到学习者的学习目的、水平和接受能力。笼统全面的文化内容并不能使学习者全面了解中国文化,相反,过多庞杂的内容会打击学习者的积极性,消磨他们对文化的兴趣。如第六课"中国农业",该篇课文讲述的是早期的农业、自给自足的经济以及今日的农业,阐述了各种作物的耕法和使用工具,连一些中国学生都不清楚的内容,在这里给外国学习者大幅篇幅介绍,是不太合理的。可以把它作为一种辅助资料进行了解,而将农作物的种类、农作物的食用及南北方农作物的差异等作为主要内容,这与实际生活息息相关,可以吸引学生学习的兴趣。当然,教材针对性的编写也要考虑学习者的语言水平和接受程度,要对应初、中、高不同级别的学生编写出适用他们学习的教材,例如,在初级阶段,由于学习者对于汉语的学习并不是特别深入,汉语词汇量掌握较少,所以可不必编写专门的文化课教材,在语言课中进行文化的传播即可;而中高级阶段,学习者对于汉语有一定的了解,掌握的词汇量变多,可编写适用的、专门的文化课教材,增加难度和交际性内容。文化课教材的编写既要满足教学的需求,又要满足教学对象的需要,这样才更具有针对性,方便学习者的阅读和学习。

4.增加练习和课后讨论

练习是巩固知识、拓展提高的主要手段。通过合理科学地练习,学生的知识和技能得到强化,为下一阶段的进一步学习做好了准备。另一方面,也可以对学生的学习效果和教师的教学效果进行检测,以此可以进行教学调整。《中国文化》的题型很少,都是些固定题型来巩固所学知识,主要是填空、判断和回答问题。整体练习缺少趣味性、互动性、任务型,难以让学生在体验中、互动中学习并使用相关的文化知识、技能,而且跨文化交际方面的体验练习太少。笔者认为在课后可增加补充其他节日的知识练习,根据课文内容再出一些针对性习题,譬如连线题,增加节日和食物或者习俗的匹配等;在课后问答方面加入课堂讨论,例如"你最喜欢中国的什么节日？和你国家有什么不同？""节日中的哪个习俗或人物让你印象深刻？""喜欢这些节日吃的食物吗？"等。通过这样的讨论，可以活跃课堂气氛，提高学生们学习的热情和积极性，使学生对中国文化有一个更深的认识和感悟，同时还增加跨文化交流，了解不同国家的文化。也可以在练习中加入文化实践体验活动，增强文化体验。譬如我们可以在教材练习编写时，加入"学习活动"并表达"学习感受"。如在学习完传统节日后，我们可以组织包饺子、包粽子等体验课，还有通过书法来学写"春联"，还可以学唱与节日相关的经典歌曲等，通过增加这些活动，可以增加课堂趣味，吸引学生的兴趣，亲身实践感受，让学生在学习文化的过程中感受节日魅力，这对中国文化的学习和传播是非常有意义的。

5.配备相关影音资料

在互联网飞速发展的时代，多媒体对于教学的影响不可忽视。这种形式打破了传统教学方式上的灌输式的教学，从而使学生学习变被动接受为主动学习。《中国文化》是系统地介绍中国文化的教材，包括地理、建筑、民俗、艺术、诗歌等，如果在教材的每一课配套教材中给课文附加一些影音资料，如配套CD，无论在课上还是课下都可供学生欣赏和观看，让学习者直观地感受课文内容，这是非常有利的。如果结构紧密、造型奇特的中国建筑、多样的中国风俗、不同的风土人情等，都能被学习者深刻直观地了解到，学习者学习中文的热情将会是多么高涨，以此他们促进自主地进行文化学习，而这样的教学效果是单纯的课堂教学所达不到的。

（三）文化课教材的编写设计

文化课教材内容的编排要符合教学目标和学习者的学习目的，按照以上编写原则和编写要求，可以先从学习者日常感受的饮食、节日、习俗或者社交开始，慢慢再去深入了解其他的一些文化，如城市旅游、古建筑等；等经过一段时间对中国文化了解之后，可以再深刻感受或鉴赏中国的一些思想、书法艺术或文学作品等，这样一个由易到难、由近及远、由具体到抽象的内容编排，更容易使学习文化过程循序渐进，使学习者慢慢了解并融入中国文化。当然，文化内容也要考虑学习者的需求和兴趣，与现代生活接轨，可适当删减一些不必要的文化要素内容，按照上述思路对课文主题编排如下。

中国人的生活

一 多彩的服饰

二 舌尖上的中国

三 茶道

四 中国酒文化

五 中国人的出行方式

中国人的民俗

六 中国传统节日与风俗(一)

七 中国传统节日与风俗(二)

走遍中国

八 中国地理概况

九 万里长城

十 秦始皇陵兵马俑

十一 丝绸之路:中外第一座沟通桥梁

十二 中国古代建筑

十三 故宫

十四 中国古典园林

十五 中国石窟艺术

中国符号

十六 龙的传人

十七 孔子

十八 多变的汉字

十九 中国功夫

二十 姓氏和名字的起源与发展

中国古代发明和现代科技

二十一 中国古代四大发明

二十二 神奇的医药学

二十三 现代科技发展

中国传统艺术

二十四 中国画

二十五 中国书法艺术之美

二十六 国粹—京剧

二十七 陶瓷艺术

中国古代文学

二十八 神话传说

二十九 古代诗歌情(一)

三十 古代诗歌情(二)

三十一 中国古典小说

该编排将课文按主题归类,从中国人的生活开始,由近及远,从具体到抽象,删去了学生不感兴趣或与现代生活练习不大的话题,如"中国少数民族""中国农业"等,加入了符合现代气息的"中国服饰""中国饮食""出行方式""现代科技"。部分标题从课文题目的设计中也考虑如何吸引学生的兴趣,如"舌尖上的中国"。这样的编排不至于使整体内容跨度太大,同时也加入更多的现代生活内容,有利于学习者的学习。

第二节 优化文化视域下的教学方法

一、教学方法的灵活运用

(一)针对不同教学阶段进行文化教学的方法

1.针对初级阶段进行文化教学的方法

初级阶段的留学生是指那些刚刚接触汉语的留学生,这个阶段他们还深受母语思维方式的影响,汉语的语音、汉字、词汇、语法等对他们来说是完全陌生的。从文化教学角度来讲,在内容的设置方面,此时的文化教学内容主要是浅显易懂的文化知识,比如饮食、民俗、服饰等等。作为刚接触汉语的留学生,由于汉语水平有限,对中国的传统文化接触时间较短,有时候会出现文化碰撞或文化冲突等负迁移现象。如何提高学生学习汉语文化的兴趣,增加学习汉语的动力,是这一阶段要解决的重要任务。对初级阶段的留学生而言,主要对他们进行汉语基础知识的讲授。

2.针对中级阶段进行文化教学的方法

在这个阶段学习者的词汇量增加到三千左右,基本语法和句式都已学完。这个阶段的外国留学生已基本适应了中国社会文化环境。针对这个阶段留学生的特点,教师可以在课堂或活动中教授一些中国的传统文化知识,使他们对中国的传统文化有一个大概的了解。但是教师在教授过程中所涉及的文化知识不宜过深,要保证在学生理解能力的范围之内。学生在初级阶段已经掌握了基本的词汇和文化知识,在这个阶段可以教授学生一些与文化有关的新闻读物、科普知识、新闻报道等。教师在教授过程中要有意识地引导学生对简单的文化知识进行阅读和理解,使他们真正感受到中国文化知识的魅力。

3.针对高级阶段进行文化教学的方法

在这个阶段学习者已具备相当高的汉语基础知识。词汇量很丰富,并且已经学完了所有的语法和句式。基本可以做到直接运用目的语进行思维。这个阶段外国留学生的学习重点已经从语言层面转移到文化层面了。在初级阶段和中级阶段,他们可能了解的中国文化局限于生活文化、风俗文化以及精粹文化等浅层次的文化。而到了高级阶段,他们要对中华民族的价值观、道德观以及思维方式等深层次的文化有所了解。那些汉语水平比较高的学生在汉语表达方面不存在什么问题,他们能够用汉语顺利地表达自己的意思,但是文化因素会制约着他们进一步与中国人交流,成为他们融入中国文化氛围的一个障碍,这时他们就必须通过学习中国的交际文化和民俗文化等来消除语言障碍。

(二)针对不同课程类型进行文化教学的方法

1.针对听力课进行文化教学的方法

教学有法,教无定法,贵在得法。在实际教学中教师需要根据外国留学生掌握汉语的实际水平、所选用的教材、教学时间和教学进度的安排,以及教学目标的设置等,灵活采用以上各种文化因素教学的方法合理分配课堂时间,帮助学生掌握大量的文化背景知识,激发学习的主动性和积极性,有效地促进学生对听力材料的理解,提高听力课堂教学效果。此外,教师还应根据学生听的效果,不断反思听力教学中存在的问题,及时调整、改进文化因素的教学方法,提高听力教学的质量,培养学生的语言交际能力。

2.针对口语课进行文化教学的方法

在汉语作为第二语言教学中,口语课是主要的课程类型之一。传统教学法一般不太注重口语教学,忽视对口语技能的训练,致使许多语言学习者有口难开,不会用目的语交流。为了扭转这种局面,对外汉语教学界把口语课当作主干课程来讲,充分意识到"开口说"的重要性。笔者综合了前人在对外汉语教学中对口语课教学方法的研究成果,这些方法的实施,不同教学阶段有不同的侧重点,让学生由易到难、由简单到复杂地学习口语技巧,最终实现能自如驾驭汉语口语的目的。

3.针对阅读课进行文化教学的方法

一是直观性原则,是指教师在教学过程中,通过直观的方式展现教学内容,开展文化因素教学;二是时代性原则,是指中级阅读课文化因素教学中,教学内容的选择应贴近现实生活,展现时代特点;三是因材施教原则,要求教师以教材为本,以学生为中心,在兼顾学生和教材基础上开展高效高质的文化因素教学;四是引导性原则。

此外,在对外汉语文化教学阅读课方面,要注意的问题有:第一,针对阅读课,在对外汉语文化教学上要引导学生读写结合。第二,针对阅读课,在对外汉语文化教学上要重视学习者的个体差异。

综上所述,开展对外汉语阅读课文化因素教学,教师应在了解教学性质基础上,遵循一定的教学原则,依据教学原则选择合适的教材,合理设计教学过程,有针对性的选用教学方法,严格教学内容,灵活教学形式,实现高效的阅读课文化因素教学。

4.针对写作课进行文化教学的方法

对外汉语教学的写作课是一门指导外国留学生综合运用汉语中的字、词、句、语法以及标点符号等知识的语言实践课。在对外汉语文化教学中,针对写作课进行文化教学的内容与在对外汉语教学中的要求一样,只是训练的写作内容是围绕中国文化展开的,不同年级或者不同阶段的学生应该有不同的写作要求。

在《实用对外汉语教学法》中,根据来华留学生的实际情况,分为初级阶段、中级阶段和高级阶段三个层次。在文化教学中,不同层次的写作要求一般如下。

初级阶段:这个阶段学生的汉语水平不高,词汇量有限。在写作课中,教师有条件教授学生书写自己的姓名、人物称呼以及日常交流用语等,此外,教师应该教授学生书写表示感谢、道歉、告别等反映日常交际文化知识的小应用文等。

中级阶段:这个阶段学习者已具备一定的汉语基础。词汇量增加到三千左右,基本语法和句式都已学完。直接运用目的语思维的范围逐步扩大,对母语的依赖性正在减弱。这个阶段教师有条件教授学生书写反映中国文化知识背景的成语、典故、民俗文化、历史等较深层次的知识。同时加强对学生交际文化知识的训练,使学生能够书写一般的书信,感谢信,表扬信等。

高级阶段:这个阶段是写作的黄金时期,教师在写作课中,可介绍专门性文化,也可选择优秀的文学作品、古典名著、人物传记等。这些作品能为语言学习者提供一种有关中国文化传统、国情背景的历史理解,特别是对于中国人思维方式、情感心理、人际交流甚至民俗习惯的某种深入的认知与了解。这个阶段,教师应全面培养学生的写作能力,使学生能写出能够反映一定中国文化的优秀作品。

二、情景教学法在对外汉语教学中的应用

(一)情景教学法在传统节日文化教学的应用

来自每个国家的学生都有其文化特征,在教授中国传统节日文化的时候,一定要事先了解,班级里来自不同国家的同学有哪些文化禁忌和文化差异。在文化习俗内容的选材上,教师应该避免这些文化禁忌,尊重每个国家的文化习俗。通过不同国家的文化差异,学习中国传统节日文化的独特之处。有助于汉语学习者在交际中避免交际障碍。同时,教师还应该注意到每个学生的自身性格特点,尽可能地让每一位学生 都亲身体验,在体验中感受传统节日的气息。虽然教学对象是中级汉语水平的学生,但他们的汉语水平仍然会层次不依,所以,在教学中,教师应该在差距中寻求不同阶段的教学模式,因材施教,这样才能提高教学效率。

在中国人的日常生活中,传统节日从始至终一直贯穿在每个季节里面。在汉文化的推广下,我们国人已经开始重拾传统,重新审视传统节日带来的文化内涵。本次主题课程的设计主要围绕中秋节进行设计,融入了情景教学法,让汉语学习者在具体的情景中学习了中秋节的传统节日文化。主题课程的设计,大大提高了学习者对传统节日的了解,同时也将我们的传统节日文化推广了出去,让学习者真正感受到中国传统节日的魅力所在。

（二）传统节日文化情景教学的建议

中国的传统节日文化作为中国独具魅力的非物质文化遗产吸引着越来越多的汉语学习者来华学习。以节日文化为载体设计的文化主题课程，一方面较为针对性地教授节日文化，另一方面也在文化中巩固和学习汉语基本要素。在一定程度上缩小了文化交际的障碍，但中国的传统节日种类繁多，恰到好处的选取文化素材，将中国节日的特点最大限度地呈现出来，是对外汉语节日文化教学迫在眉睫需要研究的问题。

第一，根据季节来选取典型节日进行教学，让汉语学习者在时间上做出区分，根据不同的季节，感受节日的气息。在节日选取的过程中，依照以往的教学模式，选取最多的不外乎四大传统节日。文化课程作为一门综合课，以讲故事的形式出现在课本中，并没有对节日做出区分。在节日选取中，如果能够以季节为分界点，根据时令和每个季节的节日，选取该季节中的典型节日作为题材，让学习者在时间观念，上有了明确的感知。同时，按照季节选取节日在实践上能更加突出这个季节节日的鲜明特征，情景教学法的运用会变得更为鲜活灵动。中秋节作为秋季的典型代表，9月同学们刚刚开学，教师在进行中秋节教学的时候，刚好在秋天这样一个场景，寓情于景，大大提高学生们的学习兴趣和好奇感。在秋天的季节中一边感受秋天的美景，一边学习传统节日。

第二，在文化教学中，教师要敢于推陈出新，充分将课堂内外相结合进行教学。情景教学法的注入，也让传统节日教学课堂充满了活跃的因子。在传统节日教学中，教师要突出重围，大胆走出去，课堂内外相结合进行教学。根据不同的题材创设具体的情景，在情景中，让每个学习者都亲身参与到活动中去。在活动中不仅学会了传统节日的相关习俗，也锻炼了他们的汉语口语交际能力。如果条件允许，例如在教授中秋节的时候，通过课堂内老师的讲解和同学们动手实践过后，相信大家对中秋节会有更加深入地了解。在农历八月十五那一天，教师可以以中秋节为主题举办赏月活动，带领同学们一起在中秋节的晚上赏月吃月饼，并在赏月的过程中请同学们即兴创作词句。在中秋节的气氛下，相信汉语学习者对这个节日的感悟和在课堂内是截然不同的。当然，在过其他节日的时候，通过教师的介绍，外国学习者也可以去中国朋友家真实地感受节日所带来的欢庆。内外相结合的教学模式，相信对于传统节日教学会起到画龙点睛的效果。

第三,在传统节日文化教材编写方面,就目前的文化教材来看,在内容的选取和编写上还存在缺陷。纵观市面上的文化教材,大致由两种构成,一种是由汉语研究者编写的教材,另外一种是由每个国家根据当地的情况编写的本土教材。虽然文化教材层出不穷,但在内容选材和编写上仍然有很多不足。在节日文化的选取上,编者大都以春节为最典型的节日,介绍的相对详细,但对其中的民俗也是泛泛而谈,都是众所周知的风俗习惯。对于节日的起源一笔带过,并未讲解。

作为中国传统节日,每一个节日都赋予了它独特的起源和历史,只有从起源讲起,才有助于学习者进行深入地学习。在内容上也过于呆板,让学习者看久了会产生逆反心理。其实每个节日都有它的存在意义,在教材编写上,不妨依据季节,选取典型节日,这样也有助于拓宽学习者的文化视野。在内容编写上,务必脱离陈旧的东西,以新的视角去设计,通过调查问卷的形式收集学习者的需求,因材施教。

当然,编者要尽量避免长篇大论的模式,换一种形式来表达教学内容。同时配有相对应的插图,让学习者边看图边读文章。在传统节日文化教学中,我们现在要做的是发散思维。不能拘泥于某一点或者单纯的讲授知识点,文化课教学已经不仅仅是文化知识的学习,它要求教师在教授的过程中,一方面把中国传统文化传播出去,另一方面能通过文化教学提高学习者的汉语交际的能力,同时又穿插语言要素教学。在文化教学中,要注重激发学生们的学习兴趣,培养他们对文化感知的能力。借助情景教学法,在情景中让他们感同身受,在实践中领悟每一个节日的不同之处。

第三节 创新文化视域下的教学实施活动

受文化多元性、差异性以及动态生成性的制约,对外汉语教学中的文化实施并非绝对的、静止的传授文化知识的过程,而是一个不断变革的动态过程,强调文化实施过程的变化,文化设计和文化实施之间的相互调适。它也是一个教学创生的过程,是师生在具体情境中联合缔造新的教育经验的过程,注重教学实施过程中的意义解释、文化背景、价值认同等。

当前文化策略与文化模式不断涌现,各有优劣,但是我们认为,对外汉语教学中的文化实施总体而言应坚持弹性原则,因为文化实施并非仅仅是一项技术工作,它是一种动态变革的过程,一种文化创生的过程,强调通过不同文化背景学习者彼此之间的互动与调适,使文化内容与教学方法适应个人、学科与社会的需要。

一、多模态教学模式下的对外汉语读写教学

(一)多模态教学模式

多模态教学模式是将多学科分析的理论基础应用在教育多学科理论中逐渐发展而形成的。自从1994年NewLondonGroup提出了多模态教学研究的概念,学界对于多模态教学模式在教学中的研究就从间断过。在对多模态教学模式的整体剖析上,可以分成两个方面进行解释。一方面是针对多模态话语理论建构的实际教学模型的创新与改革,另一方面是从客观角度,针对现代多媒体技术在教学中应用各种模态结合教学的研究。

多模态教学模式主要强调对学生不同能力的发展,倡导以各种形式的教学手段来促进教学,例如使用互联网、图像、角色扮演、小组互动等方式,在教学中培养学生的不同情感,使其可以共同参与教学,将各种渠道提供的知识信息内化,成为语言学习的重要帮手。在多模态教学模式下的外语教学中,教师可以利用多媒体技术,以不同的模态进行组合教学,这样的方式可以在极大经济化的条件下为学生尽最大可能创设真实的目的语语境。因此教学模式提倡教师应用各种灵活的教学方法,利用各种符号资源来为学生设计教学内容,从不同的感官方面来刺激学生对各种知识信息的接受,帮助学生构建自我知识体系。所以这种教学模式对于教师也有着一定的要求。教师作为多模态教学模式的主体,要参考授课对象的实际教学情况,有针对性地进行教学设计,根据学生的课堂反馈以及教学效果评析及时对自己的教学进行改进。

(二)多模态教学模式下的读写结合训练

从教学的角度出发,克拉申提到,阅读与写作在心理的过程上是十分相似的,其中一方的教学同时能够促进另一方能力的提高。所以中级汉语读写课程中,是可以利用阅读与写作之间的关系来进行读写训练教学的。

同时建构主义也主张阅读与写作结合的训练方式。建构主义者认为,

写作与阅读都应被看作意义的建构和形成。学习者本身有一定的知识积累,在进行阅读或者写作时,新知识会唤醒原有的知识、观点,新旧知识会重新组织,构建出新的知识经验。学习者在阅读时会根据读前预设的观点来选择相关的文章材料,然后结合记忆中原有的知识对这些新材料进行组织建构。这些新构建的材料或者模型会作为下一次写作时的模型,存储于学习者头脑中。

在多模态教学模式下的读写结合训练可以多种教学活动的形式进行开展。传统的汉语课堂主要是以教师为主体,课堂中的话语权都掌握在教师的手中,所以阅读输入的趣味性较少,直接导致学生在后续的写作中依然感到枯燥无味。多模态教学模式下的读写结合训练可以综合选用语言模态、听觉模态以及视觉模态,并在教师和学生同时利用已有的材料的情况下利用多媒体技术,开展一些不同的教学活动,如:课文重新排序,图片匹配段落中心、文体结构分类等。这些活动可以利用小组的形式合作开展,充分展现学生的主体作用,在合作中降低部分学生能力不足的问题,为后续写作打好基础。以下三个表格是读后缩写、转述和读后仿写三种读写训练内容不同的教学设计实例。

表5-2　缩写训练案例

训练要求	活动内容	模态选用
题目部分由教师限定好写作时间,学生听老师对课文原文的阅读凭记忆进行默写式缩写	学习过课文《受伤以后》,按照老师的要求完成缩写练习 1.将课文内容缩写在200字左右 2.缩写内容完全依据课文,不可添加课文中不存在的内容 3.缩写结构应与课文保持一致,可改变部分词句,不能改变课文原意	语言模态:口语、腔调 听觉模态:节奏
写作部分由学生完成,教师在PPT上不以语言的方式呈现缩写原文,可以以相关图片展示的方式,为学生对缩写原文的回忆提供提示	朋友常问我对中国的印象如何？每次我都会回答,这次留学给我的印象很深刻 我想讲一讲我的经历 那天我在铁路上摔倒了,大家拦了车送我去医院 司机热心地帮助了我。大夫说我需要手术。朋友请老师来帮忙 老师赶过来,给我的手术签了字。手术后,她询问了我的伤势并感谢了大夫 回到学校后,老师要我住到她家去。经过她的再三劝说,我同意了。她像对自己的女儿一样照顾我 我由衷地感谢帮助我的人,他们乐于助人的精神使我难忘。	视觉模态:图像

表5-3　转述教学案例

训练要求	活动内容	模态选用
题目部分教师以PPT展示的形式为学生讲解后,学生独立完成写作内容	学习课文《再试一次》以后,按照老师要求完成转述练习 1.参考缩写的原则,不改变课文的意思,把课文转述为400字以内的短文 2.不要以人物对话的方式转述,把对话直接变成叙述的句子,但要改变故事讲述的人称 3.改变人称以后,主角的心理活动不要写	视觉模态:图像、动画。 语言模态:口语。
转述内容由学生以角色扮演的方式,小组合作一起表演完成	有一天,校长把我带到教室门口 学生们见来了新老师,都停下正在做的事,一下子把目光集中到我身上 走上讲台,坐在第一排的女班长一声"起立!" 我慌忙叫他们坐下。这时我听见几个男孩子的笑声 好几十秒钟,我仍然找不到话说,试着讲了几句 "同学们,我很想教你们,可我太糟糕,我不能耽误你们……"说完这句话,我抱歉地望了一眼坐在后排正为我担心的校长 "老师,您等等!"坐在第一排的女班长把我叫住 "老师,再试一次好吗?" "我……我不行。" "试一试,老师,您能行的。再来一次,好吗?" 后面几个女孩子也说:"老师您再来一次吧!" 这时,教室里很安静,后排那几个笑我的男孩子也坐好了。校长也笑着向我点点头 我在讲台前站定,接下来的课,我讲得非常好 后来,那个女班长成了最好的朋友。她…… 有些很简单、很朴实的话却能让人一生受益。特别是刚刚走向社会时,我们需要试一次,再试一次	身势模态:表情、眼神、移动。 语言模态:口语。 环境模态:角色

表5-4　仿写教学案例

训练要求	训练内容	模态选择
题目部分以制作视频动画的方式为学生呈现	学习课文《北京的四季》以后,按照老师要求完成仿写练习 1.模仿课文的逻辑及结构,以自己家乡的季节为内容写作 2.运用本课语法点进行创作,如"就拿……来说吧""要数……最" 3.详细介绍你们国家每个季节的特点及活动	视觉模态:图像、动画语言模态:书面语
写作部分以国籍作为分组依据,由小组以制作海报的形式完成合作	日本的大部分地区都有四季,就拿东京来说吧,从三月到五月是春季;从五月到八月是夏季;从八月到十二月是秋季;从十二月到三月是冬季。 　　春天来了,草绿了,花开了,人们换上春装一起出去春游。慢慢地,樱花也开了,大家一起来到公园里欣赏美丽的樱花。日本到处可以看到来自世界各地欣赏樱花的游客。 　　夏天到了,人们常常去逛街。吃完晚饭以后,街上散步的人越来越多。夏季中最好的时间要数八月了,每年的这个时间,日本都会有著名的烟火大会。无论老人还是小孩,都会在烟花大会的时候出来观看美丽的烟火 　　东京最美的季节是秋天。山上的枫叶变红了,人们在放假的时候会来到山里欣赏红叶。秋风十分凉爽,在东京的秋天里,每一个人都会觉得很舒适。 　　东京的冬天不是很冷。这个时候学生们喜欢一起去温暖的咖啡厅学习。如果是下雪的天气,每个人都会在出门之前扫雪。东京的四季中,我最喜欢的季节就要数冬天了,因为我最喜欢雪。	视觉模态:图像语言模态:书面语、口语

（三）多模态教学模式下的翻转课堂教学

翻转课堂的教学方法在国内外的界定为：由教师依据多媒体技术创作视频，学生在家中或课外观看教师讲解后再回到课堂上，师生共同面对面进行交流的一种教学方法。建构主义认为，知识的获得与内化是学习者在一定情境下通过人际协作活动实现意义建构的过程，课上的知识内化便是翻转课堂的核心所在。随着多媒体技术的应用与发展，以及"以学生为中心"的教育理念的逐渐普及，翻转课堂作为一种新兴的教学模式得到了越来越多的关注和发展。

这种教学形式是十分符合多模态教学模式的整体理念的，在翻转课堂中各种模态可以得到充分的实际应用，老师的角色已经从单纯的知识传授者转变为技术支持者、课堂引导者，这样一来就大大改变了以往模式中学生与老师保持距离的问题，教师融入学生之间参与讨论、共同解决问题，能够充分了解到学生的学习情况。国内学者张金磊等人曾提到，传统的教学模式分为知识传授和知识内化这两个阶段。其中知识传授的主体是教师，知识内化的主体是学生，翻转课堂模式以颠覆了传统的形式，将知识传递的过程放在课下，在信息技术的支持下变成学生自学的部分，知识内化的过程变成在课堂中由教师参与的合作部分。

翻转课堂的实际应用分析：由于疫情影响，国内教育全部转为线上教学，对外汉语课程同样使用了线上教学的手段。翻转课堂的内容在这段时间中便得到了很好的应用。由于时间与距离的原因，线上课程的限制，学生与教师无法做到完全的沟通与交流，学生作业完成的情况，以及教学练习都无法得到及时的反馈。在这种条件下，教师就可以充分利用现代技术中的各种网络应用，依据翻转课堂的教学方法对自己的课程进行设计。教师可以利用微信等通讯软件，提前将一些简单的教学视频发送给学生，然后在线上教学期间，一同与学生讨论交流。学生的作业练习部分，可以通过 Quzilet 软件的使用来帮助学生巩固记忆。

微信视频制作的实例：微信视频的制作、传送不受时间、空间的限制，所以教师可以根据自己实际教学的内容，在汉语基础知识、文化背景讲解、课后练习讲解等多个方面进行录课视频制作。例如在学习《回头再说》这一课时，我们需要向学生解释中国人日常交际中的"口头语"，这些有趣的交际内容若完全在课程中展开就要耗费过多的时间，但是由于这些内容既是学生在日常生活中常见的现象,也是能够帮助学生增加学习汉语兴趣的方面,所以我们可以选择制作简短的微信视频的办法帮助学生理解,如中国人常说的"吃了吗""去哪呀""下次吃饭"等内容都可以作为视频讲解的主题。

Quzilet 软件的使用介绍:Quzilet 是在 2005 年,由美国学生 Andrew Sutherland 为了帮助法语词汇学习而创建的针对语言学习的平台。教师可以利用 Quzilet 创建课程学习集,学生可以利用学习集中的学习卡片进行预习、复习。Quzilet 主要分为学习和游戏两个部分。在学习部分中包含学习、单词卡、书写、拼写、测试五项;在游戏部分包含配对、重力、游戏三种寓教于乐的学习游戏。每套教材的每一个篇目,教师都可以利用这个平台为学生创作学习内容。

(四)多模态教学模式下的思维导图活动

英国心理学家东尼伯赞在研究大脑潜能时,发现许多天才级别人物在草稿中喜欢使用丰富的线条、图画、关键词进行组合,他经过大量研究和总结提出了"思维导图"这一概念。他在自己的作品中阐述了大脑的内部功能,探讨了用思维导图来帮助学习和记忆的方法。Krashen 的输入假说提倡在输入信息的难易度上进行把控,利用 i+1 的可理解输入方式,略高于学习者当下知识阶段的下一水平阶段。而思维导图的活动就可以使学习者在学习语言的过程中借助于图像指示的手段来理解 i+1 的知识信息。

多模态教学模式下的思维导图设计作为一种发散性思维的活动形式,是充分调动了学生的各种感官参与学习的,借助关键词、颜色、线条以及图像来对文字信息进行处理,运用图文并茂的方式,在视觉上解决大脑思考的思维过程,用以对大脑有效开发。在现阶段的中小学教育中,思维导图的方法已经有了普遍的深入研究,但在多模态教学模式下的对外汉语教学领域,对思维导图的研究和应用还是比较少的。

思维导图的实际应用分析:在实际的汉语教学过程中,每一部分的教学内容我们都可以找到一定的逻辑顺序利用进行思维导图的设计。根据东尼博赞在《思维导图》中的设计说明,汉语教师可以结合自己实际的教学内容通过以下步骤来绘制:首先,确立教学中心主题,在中央版面画制图像;然后,根据一定逻辑顺序,从中央图像中延展出不同的分支,绘制二级图像,并依照本原则可扩展出更多的层级分支;再次,完成全部层级分支,进行回顾修改,欠妥处可重新绘制;最后进一步加工处理,可对思维导图进行装饰解说,标注记忆节点与分支联系等。

二、抖音应用于对外汉语教学

(一)理论基础与现实条件

1.理论基础

输入假说理论。是第二语言习得理论中的重要理论之一。它最早是由美国语言教育家克拉申于20世纪80年代提出,具体包括习得与学习假说、自然顺序假说、监控假说、输入假说及情感过滤假说。

其中,他提出了"输入i+1"的原则即可理解性原则。在汉语教学中,i指的是汉语学习者现有的汉语水平,教师在教学中可以为其提供比他自身水平高一些的汉语语言输入。教师在利用抖音进行教学的过程中,所选取的视频资源难度应该略高于学习者的水平且不应超出学习者的接受范围。比如,在初级的对外汉语课堂中,视频的甄选往往难度较大。这是由于对于初学者来说,中国版抖音视频中汉语输入多,语言难度大,字幕多以纯汉字或无字幕为主,超出其理解范围。到了中高级阶段,视频选择范围更大。不论是初级还是中高级的汉语课,教师都应该遵循"输入i+1"的原则,筛选出难易度适中的抖音视频资源作为教学素材。

多模态理论。是指涉及多种模态包括视觉、听觉、触觉等的理论。朱永生(2007)认为多模态是一种交流渠道和媒介,同时包括语言、技术、图像、颜色、音乐等符号系统。川张德禄(2009)认为多模态话语是一种将视听觉、触觉等感觉,通过语言、图像、声音、动作等多种方式与符号资源进行交际的现象。抖音辅助对外汉语教学是以多模态理论为支撑的多媒体辅助对外汉语的教学。在课堂上,教师通过展现具有不同符号性质的抖音视频辅助讲解和操练语言点,通过语言、音乐等刺激学习者听觉感官,通过图片、动态视频刺激学习者视觉感官。除此之外,教师对视频素材和抖音软件的充分利用,加强学习者听说读写训练。比如要求学习者模仿教师所制作视频内容现场展示,学习者亲自制作视频等过程,也能够不同程度地调动学习者的多重感官。碎片化学习是指把学习内容或时间分解成若干"碎片",让学生充分利用"碎片化"时间进行知识点的浸入和学习。抖音在对外汉语教学中的应用正是突破了时空限制,将碎片化的知识以多元的媒体作为媒介,拓展学习者的思维。王竹立(2016)还提出学习分为以学科为导向的系统学习,以及以个人为导向的系统学习与碎片化学习。其中碎片化学习包括学习者利用碎片化时间、资源、媒体进行非正式学习。

抖音辅助对外汉语教学的模式也是碎片化学习的范畴。首先,抖音这款软件本身具有碎片化娱乐性质,人们通过日常碎片化时间浏览抖音上的视频以达到娱乐、休闲的目的。其次,教师甄选符合教学内容的抖音视频,并在课堂上进行播放;学习者利用课下碎片化时间拍摄抖音视频作业等,都是将碎片化的视频资源穿插至系统的课堂学习过程。这两种学习形式不再互相孤立分开,让传统课堂加入学习者喜闻乐见的娱乐文化,且符合寓教于乐的教学原则。此外,抖音视频辅助教学与传统微课存在差别。尽管已经有一些对外汉语教师会通过慕课等平台上传一些自制微课,然而对汉语学习者吸引力不足,教师尚未充分把握碎片化学习对语言教学的影响。因此,抖音在对外汉语教学中的应用有利于形成碎片化学习与系统学习有效结合、非正式学习与正式学习相互交融的混合式课堂。

2.现实条件

抖音要在对外汉语教学中应用,需要满足现实条件。下面主要从技术设备、语言教学、文化传播三个角度进行阐述。

从技术设备角度来看,首先,使用抖音辅助对外汉语教学需要基本的网络、手机、电脑。其次,需有多媒体技术作为课堂媒介,对所选视频进行导入播放。因此,教师需要基础设备使用技能,同时学习者也需要移动设备能够进行视频录制和简单剪辑。然而,相对于其他多媒体技术在教学中的使用,抖音应用于对外汉语教学的操作过程并不复杂。简单地在PPT中插入视频,或是利用抖音自身便捷的剪辑、字幕添加等功能,对教师与学习者而言并无过多技术难题。

从语言教学角度来看,有利于提高学习者的兴趣及课堂参与度。以本人所在南非教学点为例,视频与汉语教学结合能够有效调动学习者积极性与专注力。特别是要求学习者拍摄情景主题视频作业时,学习者的参与度极高,能够发挥其想象力与创造力。对教师而言,抖音在对外汉语课堂的使用有利于教师创新教学方式,也有利于提高教师教学效率。比如教师在讲解中高级水平词语辨析及其语用功能时,通过播放相关视频能够使得学习者更好地理解和运用所学词汇。

从文化传播角度来看,抖音辅助对外汉语教学也有利于推动汉语推广工作创新。以孔子学院为例,孔子学院在对海外学习者进行语言教学与文化传播工作时,过于重视传统文化,忽视了当代真实的流行文化。如何使用现代文化吸引年轻的汉语学习者是目前迫切需要解决的现实问题。抖音作为流行文化的产物,将其运用于对外汉语教学,能够在语言教学的同时传播"新文化",让海外学习者了解真实的中国,从民间角度说好"中国故事"。

(二)抖音中教学视频分类

如表5-5所示,按照表现形式可分为四大类,包括对比类、体验类、表演类、交际类。

表5-5 抖音教学视频分类

对比类	语言对比
	文化对比
体验类	生活化体验
	汉语学习体验
表演类	语言表演
	非语言表演
交际类	一问一答
	互问互答

1.对比类

在抖音上有关汉语学习的视频中,对比类视频十分常见,主要分为语言对比与文化对比。一方面,语言对比能够反映汉语内部特点,比如相关抖音视频中列举了一些具有汉语语法特色的句子,比如"我骑车差点摔倒,好在我一把把把把住了""我也想过过过儿过过的生活"等引起了热烈讨论。其热门原因之一在于将汉语本身语法结构特征通过趣味性短视频展示出来。另一方面,不同语言之间存在共性与个性,不同语言表达情感方式也有所不同,通过语言对比类视频能够直观地表现出来。而文化对比能够横向对比不同国别文化,纵向对比古代与近现代文化。不同国别文化常以"国别+话题 VS 国别+话题"的形式出现,话题可大可小,内容生活化,语言使用口语化,通过剪辑、快速切换画面展现对比。比如"中国抖音 VS 日本抖音""中国古装 VS 日本浴衣""中国校服 VS 某国校服"这类对比类视频,能够让学习者直观地了解到不同国家与中国的文化差异,激发其兴趣。而古代与近现代文化对比视频,例如中国古代与现代打招呼方式不同等,也能够加深观看者的印象。

2.体验类

体验类短视频可分为生活化体验与汉语学习体验。在生活化体验中,学习者体验中国的移动支付、品尝中国食物、体验中国式相亲角、中国式广场舞、在中国的旅行见闻、逛传统市集、体验中国多样的传统文化等具有中国特色的体验经历。在汉语学习体验中,学习者记录并分享学习汉语的经验方法、由于汉语使用不当所发生的各类趣事、学习中国各地方言等。如名为"西班牙小哥儿德明"在账号中分享在中国的见闻,体验美食、文化等生活日常。

3.表演类

表演类抖音视频可分为语言表演与非语言表演,可以是一人饰一角,一人饰多角,也可以是多人饰多角。语言表演比如翻唱中文歌、粤语歌,这类视频有较高点击率。比如抖音名为"Zina 姿娜"的汉语学习者发布了翻唱中文歌的视频,深受好评。除此之外,还有绕口令、诗朗诵、脱口秀表演等。非语言表演中,表演者通常通过夸张的表情与肢体动作、有趣的故事情节来吸引观看者。比如自导自演的表演类视频、模仿经典影视片段进行配音表演、中国传统乐器演奏等。如抖音名为"嗨普音乐"中介绍了中国传统乐器"埙"。

4.交际类

交际类抖音视频通常需要两人或两人以上进行互动,具体可以分为一问一答与互问互答形式。一问一答通常为采访类视频。例如在抖音名为"歪果仁研究协会"的账号中,就发布了一些针对汉语学习者的采访类视频。比如"人们对你的国家有什么刻板印象?""你看过《流浪地球》吗?""你有什么问题想问中国观众关于春节的?"等主题。这类主题都与实际生活息息相关,且切合时事热点,具有趣味性。而互问互答形式的抖音视频,通常为两人或多人就某个话题进行谈论,各自发表观点及评价。

（三）汉语教材视频内容选取原则

尽管抖音视频数量多且内容丰富,然而,要在大量视频中找到合适的、具有针对性的视频,是抖音应用于对外汉语综合课教学面临的一大难点。在甄选视频时,应遵循以下几点基本原则:

1. 主题方面

（1）正面性原则

所选视频素材应具有正面性。内容正面的视频有利于实现教学目标,反之内容低俗的抖音视频不适用于教学,比如抖音中部分"土味视频"为吸引流量,满足大众猎奇心理,使用的语言粗俗,情节乏味,甚至违背道德、逾越法律。应避免使用这类负面视频。此外,还应注意主题是否具有一定正向启发意义,能够引发学习者深度思考,教师通过拓展问题的深度与宽度,就话题进行更高层次的讨论与理解。

（2）趣味性原则

所选视频素材应具有一定趣味性。抖音视频与传统教学视频最大的区别在于其趣味性、内容多样、生动鲜活。因此,在选择抖音教学视频时,视频内容也应优先选择趣味性视频,以达到吸引学生兴趣的目的。比如在上一小节中提到的"对比类、体验类、表演类、交际类"视频大多能够满足大众的审美趣味,每个视频中包含一个或多个"亮点",而这一"亮点"对于汉语学习者而言恰为记忆点,从而加深其印象。

2. 语言方面

（1）难度适中原则

所选视频素材语言难度应适中:第一,语言点难度不宜太高;第二,字幕的设置参考学习者的汉语水平与课型,初级学习者优先选择有字幕的视频,在听力课型中或随着学习者汉语水平的上升可选择无字幕视频;第三,尤其在初级汉语课中视频素材语速不宜太快;第四,超纲词的数量适中,比如不宜在初级阶段就出现大量专有名词。总而言之,教师应尽量选择词性灵活、难度中等的词语,过于简单的词对学习者来说没有挑战;难度过大的词或一些专业术语很难找到能够匹配的抖音视频。

（2）语言标准原则

通常情况下,尤其在初级语音学习阶段,应优先选择标准普通话作为所选视频素材的语言。随着学习者汉语水平上升,可考虑学习者为适应真实环境中的汉语发音,降低对语言标准性的要求。根据教学要求进行调整,例如可以适当播放学习者所在地区使用的方言视频,展示中国方言文化,并增强学习者语言适应能力。

3.教学方面

第一,所选视频素材应涵盖所需教学的语言点,且该语言点在例句中的使用应该是典型的,具体包括直接涵盖与间接提及目标语言点。直接涵盖是指视频中明确出现了目标词语或语法;间接提及是指虽未直接提及该语言点,但通过具体场景间接描述语言点。比如在讲解"尴尬"一词时,观看者可以通过视频中人物的表情或视频人物遇到"尴尬"的事情,从场景意义角度理解"尴尬"的含义。

第二,教师应基于对汉语语言本体知识的理解,根据教学目标及重难点进行抖音辅助对外汉语教学。具体而言,该教学方式并非适合所有语言点,因此要运用抖音视频素材辅助讲解重难知识点。以词汇教学为例,根据《汉语水平考试大纲》词汇要求,一级学习者需掌握150个词,二级为300词,三级为600词,四级为1200词,五级为2500词,六级为5000词及以上,可以看到,随着汉语水平逐渐提高,对词汇量的要求越高。特别是在中高级阶段,在HSK四级课文中平均每课所列词语约为30个词左右,HSK五级每课约为40个词,HSK六级每课近50个词。在中高级阶段,课文难度大,词汇量大,同义词辨析多。在选择抖音视频辅助词汇教学的过程中,首先应明确讲解目标及重难点,了解哪些词汇是学习者必须掌握又难以掌握的。从词语语体来看,抖音视频展示日常交际场景,所涉及词语大多为口语词,因此在课文中应优先选择适合的口语词。同样,在选择涉及语法点的教学素材时,也应关注重难语法点进行辅助讲解。无论是选择何种视频,如何设计教学任务,都应根据不同课型、不同语言点选择不同类型的视频,其最终目的都是为汉语教学所服务。

第三,教师在筛选抖音教学视频时应注意灵活变通。例如,词语教学时,可以从词语的同义词、反义词中扩展选择范围,而不仅仅局限于课本词语;视频中不一定要出现目标词语,可以通过场景展现词语意义;在复句教学时,根据口语表达特征,灵活选择部分连词被省略,但存在前后关系的紧缩复句等;视频中多义词的选取,也应符合学习者习得习惯,先易后难,视频中的该词语在例句中的使用从本义再到引申义进行灵活扩展。

三、对比教学下不同文化差异弥合

有比较才有鉴别,这是普遍运用于对事物的认识过程的方法。文化学的常识告诉我们,我们要了解任何文化(包括我们自己的文化)都必须将它放到与其他文化的关系和对照中去认识,否则我们就有可能把那些仅仅属于某个特定社会的价值和习俗当作人类普遍的信念和行为规范。文化的学习也是如此,只有通过对文化现象的大量的、系统的、科学的对比分析,才能揭示出中国文化与其他文化的异同,从而让学生更准确地把握中国文化的特质,减少文化差异带来的冲击。很多时候,文化上的冲突缘于我们对文化差异的忽略,如中国人认为是很容易理解的,外国人却不明白;中国人认为寓意深刻,而外国人觉得可笑;中国人认为天经地义、合情合理,外国人认为不合法;中国人认为是真善美,外国人不以为然。

中华文化历史悠久,源远流长,其中,龙文化是重要的代表,在浩瀚的中华文明中占据着不可动摇的重要地位。龙是中华民族的精神象征,是中华民族的文化标志,龙文化代表着中华民族的兼收并蓄、团结和谐、自强不息、勇敢拼搏,中国人都说自己是"龙的传人",说中国是东方大地上一条正在腾飞的巨龙。在中国,龙无处不在,无时不有,它广泛地渗透和体现在中国人生活的方方面面,从衣食住行到风俗节庆,它早已融合进了中国的各个角落、各个阶层。但在西方,龙却是邪恶的象征,是给人们带来灾难的动物。在中国文化的对外传播过程中,因为受各种条件的约束和限制,我们不可能把全部的中国文化传递给外国人,也没有这种必要。因此在进行对外汉语文化教学时,我们应该选择那些典型的代表性强的精华部分进行传播教学,更好地传达民族个性、体现民族精神、彰显民族特色。

龙文化是中华文明的典型代表,体现了中国人的思维方式、态度信念和处世哲学,其本身故事性强、趣味性强,容易激发学习者的学习热情,同时又与其他中国文化关系密切,在对外汉语文化教学中龙文化的教学一定会将其他相关文化的教学带动起来,激发汉语学习者对整体中华文化的学习兴趣。因此,龙文化教学在对外汉语教学中具有突出作用,不可忽视。

(一)龙文化的海外传播

何星亮(1998)认为龙先从中国传入印度,被吸纳如佛教改造成"龙王"后又随佛教传入中国。施爱东(2012)指出中国的龙在欧洲历史上的地位一直随着中国地位的变化而变化：中国强盛，那么龙就是尊贵的象征；中国衰弱，那龙就是羸弱的代名词。随着中国人不断走向世界，龙也遍布华人走过的每个角落。张锦文（2008）列举了一系列中国的龙文化走向世界的现象，文章中提到了日本、美国、澳大利亚、俄罗斯、英国、新加坡等多个国家；李信（2012）指出中国的龙文化对日本、朝鲜、韩国、马来西亚、泰国、越南等国家以及美洲地区的古印第安文化都具有或大或小的影响；2012年，王国平、王斯敏、李韵、韩寒对全球各地人民喜迎龙年春节的事件进行了报道，涵盖亚洲的日本、新加坡、菲律宾、越南、缅甸，欧洲的英国、俄罗斯，美洲的美国、巴西等国家。关世杰（2013）对"龙"的俄文翻译提出更利于两国人民相互理解的修改意见。李明达、王丹（2014）提出龙文化走进俄罗斯带动了中俄两国在经济、科技、文化等多领域的广泛合作和多维发展。

（二）龙文化在对外汉语教学的重要性

1.有助于优化课堂效果

语言的学习本身比较枯燥，尤其是汉语与其他语系差异较大，学生在学习过程中容易产生畏难、厌学情绪。与语言知识的学习相比，文化知识的学习往往更具趣味性，更易吸引学习者的注意力，更易让学习者沉浸其中，在语言知识的教学中穿插文化知识的教学，不仅可以收获文化知识，还可以缓解学习压力，提升语言知识的学习效果。

在教学中加入合适的龙文化相关内容，可以让学生在课堂上得到适度的放松，提高学生的学习兴趣，改善课堂氛围，让学生轻松愉快地获取知识。劳逸结合，适度放松，也可以巩固语言学习成果，增强学生的课堂活跃度，提高对外汉语课堂效率，优化课堂效果。

2.有助于提高跨文化交际能力

世界各地的文化中有不同性质的龙形象出现，各国人民也对龙文化有不同的理解。在龙文化的教学过程中，可以将中国龙与学生自己文化中的龙或者其他象征动物进行比较讲解，让学生通过文化差异加强跨文化意识。

中国的龙文化博大精深，也深深影响着中国人的思维方式、行为态度和价值观念，进行龙文化相关内容的教学，有助于引导学生走出对立面，站在全新的角度认识中国文化并尝试去理解这种文化孕育的中国人的交际方式，以此提高学生的跨文化交际能力。

3.有助于促进交流

中华文化可以说是世界文明中一块闪亮的东方瑰宝,而龙文化又是中华文化的代表,在对外汉语教学中加强龙文化的教学,有利于中国文化在世界范围内的传播,加强中国文明与其他文明以及世界文明的交流对话,促进世界文明不断融合、不断更新,推动世界各国文化增强互信、和谐发展、共同繁荣。

在教学过程中加入中国龙文化的相关知识,也能进一步促进中华文化在世界上的传播,促进中国龙文化和谐友爱、团结包容精神内涵的广泛传播,让世界领略中国精神,也有益于促进世界交流,推动世界向前发展。

(三)龙文化在西方世界受到的误解

西方的龙是霸道、欺凌、罪恶的象征,而中国的龙是奋进、和谐、仁义的代表,中西方的龙从本质上讲就是截然不同的。但在实际交际过程中,许多西方人会用对待西方龙的态度对待中国龙,认为中国龙也是邪恶的象征,对中国龙产生了极大的误解。这种情况必然会导致中西方在交际中因文化差异引起不小的误会,只有加强龙文化的传播,让世界了解真正的中国龙,才能在交往中避免产生嫌隙。

只有在对外汉语教学中不断强调龙文化的真正含义与现实意义,跟学习者厘清中华民族的龙文化的脉络与发展历程,才能让学习者以及更多的外国人理解中华民族龙文化的内涵,正视中华民族的龙文化,从而进一步理解和喜爱中华民族的其他文化内容。

(四)中国"龙"与俄罗斯"熊"的异同比较

在对外汉语教学的文化教学中可以注重求同存异,通过对不同文化之间的异同比较帮助学习者更好地理解中国文化和运用汉语知识。在针对俄罗斯留学生的龙文化教学过程中,为引导学生更好地理解龙文化,可以将中国的"龙"与俄罗斯代表动物"熊"进行对比,寻找两种动物被各自国家崇拜的缘由,通过对比让学生从更加客观的角度学习中国的龙文化。

汉语中的"龙"是中华民族的图腾崇拜,寓意着吉祥、和顺,也是古代帝王的象征;而俄语中的"Дракон"(目前常用的"龙"一词的俄语译词)是凶残、邪恶的化身,和恶鬼寓意相同,类似于英语中的"dragon"一词。汉语中的"熊"常常形容人长得魁梧、健硕或喻指一个人笨拙和无能;而俄语中的

"медведь"是力大、纯朴、忠厚的象征,是森林的主人、美食家、姑娘们的未婚夫。

由于地理环境与生活习俗的不同,中俄两国人民对同一种动物的感情也是不尽相同的。在中国,人们对某种动物的喜恶往往来自于这种动物的形象寓意,不少深受人们喜爱的动物身上就被寄托了许多对美好生活的憧憬,人们将这些动物看作是美好的化身、吉祥的象征,例如,中国人喜欢的龙,就被中国人看作是吉祥的象征。一直以来,中国都是一个农业大国,中国古代的生产水平低,依靠农耕生活的农民大多只能靠天吃饭,一年的收成往往取决于这一年是否风调雨顺。而面对难以抵抗的自然灾害,人民只能将希望寄托在神话传说中掌管雨水的龙王身上,如果这一年干旱,变祈求龙王能降水于人间以缓解旱情,如果这一年暴雨连绵,便祈求龙王收收雨水好保证庄稼丰收。因此,在中国的古代供奉龙王爷的龙王庙随处可见,人们供养侍奉着掌管雨水的龙王,祈求龙王能保佑这一方土地五谷丰登。而在俄罗斯,古俄罗斯人主要以捕鱼为生,熊的捕鱼技能让它得到了古俄罗斯人的狂热崇拜。熊被俄罗斯人认为是神圣的动物,是家畜保护神的化身,是森林的主人,是美食家甚至是未婚夫,俄罗斯的许多地名、人名也都与熊有关,熊在俄罗斯不仅有许多代称,还和人一样拥有许多名字。

1."龙"在中、俄人民心中的形象差异

龙对于中国人来说是非常神圣的,它代表了力量和祥瑞,虽然是想象出来的,但龙的形象里每个组成动物身上都寄托着人民美好的愿景,在中国的文化里,龙与凤凰、麒麟和龟并称为"四瑞兽",被视为中华民族的图腾。龙在古代是皇权的象征,古代的帝王为了能让自己在子民面前树立威信,化身为"龙"成了最好的方式,早在秦朝秦始皇嬴政就已称"相龙",帝王皆称自己是"真龙天子",对于龙的崇拜被封建帝王们上升到了国家的高度,龙的影响力也因此不断扩大。现如今海内外的所有华人都自称是"龙的传人",把龙当作自己的祖先,也喜好将自己的祖国比喻成一条东方龙。

中华文化博大精深,龙文化作为其重要的组成部分,更是体现在中国人日常生活的方方面面,十二生肖中龙排第五,民间有将龙王奉为雨神祈求雨水的风俗,为龙王专门办的庙会也是一年一届。直到现在,过年过节的新衣裳上也带有二龙戏珠、龙凤呈祥的图案。在饮食方面,龙须面、龙抄手、龙袍大虾、龙须酥等都是中国菜里有名的菜色。而与龙有关的传统节日也不少,最典型的是龙抬头节。民间将二月二这天定为龙抬头节,各地因为区域差异民俗活动也不尽相同,有剃头理发、祭祀龙神、吃炒豆、吃龙蛋、举办庙会等。另外,在端午节的时候还有赛龙舟的习俗,春节元宵节也有舞龙的传统。自古以来,因为龙常寓意杰出人才,龙的形象也出现在各种艺术形式当中。书法家们将龙字写得出神入化,画家们让龙在水墨丹青中栩栩如生,年画师傅、剪纸技艺者、雕刻大师把龙的形象呈现在自己的作品中,当代的歌唱家们也把龙唱进了优美的旋律当中。此外,龙还经常出现在中国的人名和地名当中,寄托着人们的美好期望。

而龙在西方国家是邪恶的象征,俄罗斯人大多信奉东正教,东正教是基督教的一支,龙在基督教中就是恶魔的象征,它贪婪、凶狠、邪恶,是令人恐惧的动物,在西方的许多英雄史诗中,就有着不少屠龙的传说,在许多艺术作品中,龙都属于祸害人间的反派人物。龙也存在于俄罗斯的神话故事中,它是体态似蛇、身上有鳞、有翅膀和利爪还能喷吐出熊熊火焰的怪物,是邪恶的代表形象。

在俄罗斯,屠龙或战胜恶龙的情境也在话剧或雕塑中被广泛运用,被赋予了一定的象征意义,在圣彼得堡十二党人广场上就有一尊名为"青铜骑士"的塑像,一匹骏马前腿腾空,马上是雄姿英发的彼得大帝,马下则有一条被战胜的恶龙,彼得大帝冲破阻力达到了阻止改革维新的守旧派势力。另外,俄罗斯的国徽中也有恶龙的元素,国徽中红色的盾面上有一只头戴彼得大帝皇冠的金色双头鹰,鹰胸前的小盾形上是一名身骑白马的圣乔治骑士握着金色长矛刺向一头恶龙。在汉俄翻译中,把"龙"和"дракон"进行互译的现象是常有的,但其实这样的互译是错误的,中国的"龙"和俄罗斯的"дракон"是截然相反的两种形象。

2. "熊"在中、俄人民心中的形象差异

熊在中国文化中多是呆头呆脑或孔武有力的形象,更多的是含有贬义的色彩,多用来比喻愚笨、无能和窝囊之人。中国有句谚语叫作"宁养一条龙,不养十只熊",宁愿养一条会腾云驾雾的神龙也不要养一群无用的熊,比喻养育后代重在养育的质量而不在于数量;"兵熊熊一个,将熊熊一窝"中的"熊"也是像熊一样庸碌无能的意思。民间也有"狗熊掰棒子"的寓言故事,说的就是狗熊比较笨,掰棒子夹在腋下,再掰一个还是夹在腋下,一抬胳膊原来的棒子就掉了的故事,形容那些刚学的东西转头就忘了的愚笨之人。在日常交流中,也常听到"熊样""熊包"等词语讥讽懦弱、无能的人。就连证券市场中出现的价格持续下跌,成交额不断下降,交易呆滞的情形也被称为"熊市"。

而熊在俄罗斯人眼中的形象是勇敢又傻得可爱的,是俄罗斯的"森林之王"(хозяин русского леса),也是"美食家"(лакомка)、"甜食家"(ссладкоежка),甚至还是姑娘们梦想中的"未婚夫",因为在俄罗斯有梦见熊就意味着快要举行婚礼的说法。熊在俄罗斯的地位类似于中国的熊猫,俄罗斯的国宝就是棕熊,因为俄罗斯人认为棕熊力大无比又从容不迫的形象很接近俄罗斯人的形象和性格。在俄罗斯的很多俚语或固定词组中,有不少与熊相关的语言文化。例如"а медведя в одной берлоге не живут"说的是一个洞穴容不下两只熊,与汉语中的"一山不容二虎"的含义相同,都用来比喻在一个地方两个强者是不能相容的。"Хозяин в дому, что медведь в бору"的意思是熊在森林之中就如同一家之主一样,是森林的主人;固定词组"Медведь неуклюж, да дюж"的意思是熊虽然行动很笨拙但是力大无比。但也有并非褒义的用法,比如"мевежья услуга"的直译为熊的效劳,是比喻帮倒忙或做了费力不讨好的事。

同时,熊因其憨态可掬的形象深受俄罗斯民族的喜爱,在很多俄罗斯的民间传说或童话故事中。1980年莫斯科夏季奥林匹克运动会的吉祥物就是一只名叫"Мишка"的小熊,由儿童书籍插画家维克托·切茨科夫设计,其在俄罗斯的受欢迎程度不亚于2018年北京夏季奥林匹克运动会上的吉祥物"福娃",Мишка还曾经跟随两名宇航员飞入太空。1998的莫斯科世界青年运动会上,小熊又一次被选为吉祥物的形象。

由于地理环境与生活习俗的不同,中俄两国人民心目中的代表动物也是不相同的。中国一直以来都是一个农业大国,古代的中国科技不发达,农民的收成只能倚仗良好的天气和气候。龙便被创造出来以保佑风调雨顺,才能有好收成,才能吃饱穿暖。而在俄罗斯,古希腊人主要以捕鱼为生,熊的捕鱼技能让它得到了古希腊人的狂热崇拜,熊被俄罗斯人认为是神圣的动物。这样的对比,能让俄罗斯的学生更好地了解中国人为什么对龙如此喜爱。

作为文化的对比教学,当然一对一的对比最具针对性。然而国内对外汉语教学的实际,单一国家学生组成一个班级的情况较为少见,更多时候,我们面临的是具有各种不同语言文化背景的学生。在这种情况下,对外汉语教师如果能尽可能多地了解一些外国文化,固然是好,但是如果难以兼顾,那么,"对比的重点是差异和冲突,目的是遏止负迁移;对比的原则是只比异同,不论褒贬,以共时对比为重点,着眼于解决交际中的现实问题,对比的应是主导(体)文化;对比的方法最好是一对一的对比,对比可以明比也可以暗比,对比应是多层次的交叉对比"。

在比较中,我们要克服片面的、模式化的、狭隘的"文化定型"论,不能为了塑造不同文化之间的对比性,有意识地将两种文化之间的特征进行夸张、扭曲,这样学生便会进入一种伪文化摄取的循环中。很多时候,困扰学生的并不是两种文化本身的差异,而是他们想象中的文化和现实中的文化所形成的强烈反差造成的冲击。文化是有动感特质的,有变化的,作为文化传播的对外汉语教学,应当与时俱进,抓住典型特征加以比较。教师也应有意识地引导学生通过对比和讨论,以更客观、更理性的心态批判性地接受外来文化,分析鉴别不同文化所体现的差异。

同时,在进行对比中我们应尽量避免以流于浅表的文化形式、非此即彼的狭隘思维方式忽略丰富的文化内涵、简化复杂的文化现象的倾向,而应当引导学生透过现象看本质,将主观的感受和客观的评价结合在一起,超越由教师灌输文化知识、学生机械被动接受的教学模式,将文化的教学转变为人际沟通互动的过程。

四、活动式教学

活动式教学是一种独特的教学方法,主要以活动的方式引导学生参与其中,要求学生在实践中学习,在实践中收获知识。活动式教学打破了传统教学以教师为中心的特点,一般要求在课堂中体现"教、学、做"三者合一。与此同时,活动式教学在培养学生审美能力、创作能力以及动手能力方面有着得天独厚的优势,可以将学生的眼耳口舌身全面调动起来,将从课本上学到的知识融入自身的知识体系当中,真正实现学以致用。活动式教学比起传统课堂教学受制于场地时间的束缚较少,可以充分利用时间空间扩大教学范围,因此在各类教学活动中被广泛应用。而在对外汉语的教学活动中,汉语文化活动课的开展更是与活动式教学紧密相连,接下来对对外汉语文化活动课的种类及开展情况进行简要分析。

就对外汉语文化活动课的开展类型来说,主要可以分为手工类、器乐类、动作类、语言类以及烹饪类。

在手工类的汉语文化活动课中,汉语教师一般会将中国结、手作灯笼、吹墨梅花、折纸等简单易上手的手工引入活动课中。此类活动可操作性强,能够充分发挥学生的动手能力,因此在对外汉语文化活动课中得到了较为广泛的推广。

器乐类的汉语文化活动课则主要教授学生葫芦丝、古筝、竹笛等易入门的乐器。此类活动主要依托海外的孔子学院或孔子课堂进行推广,学生们在专业指导老师的带领下体验学习各类器乐的基本常识和主要指法等。

动作类的汉语活动课主要以太极拳、太极扇、中国舞蹈、茶艺、八段锦等作为教学内容。该类活动课程对动作性的要求较高,一般由具有相关才艺的中文教师或本土教师组织学生开展。

语言类的汉语活动课中,汉语教师通常会将一些朗朗上口的汉语歌谣、中国诗歌、简易绕口令等引入课堂之中。此类活动课对教师才艺、专业能力等方面的要求相对低一些,因此开展的难度也相对较小。

烹饪类的汉语活动课则主要以包饺子、做汤圆、制作冰糖葫芦、自行烹饪火锅和制作中国特色菜品等作为教学内容。此类活动通常与中国传统节日相关联,每逢传统佳节,孔子学院或具备相关条件的学校会组织学生开展类似活动课。

对于器乐类和动作类的汉语活动课来说,尽管学生们很感兴趣,但由于对教学设备,教学场地及师资要求较高,并不是每一所学校都具备相应的条件,因此这类活动的推广和实施相对较少,多集中于孔子学院或孔子课堂开展中华文化体验活动时进行展示。语言类活动课能够紧密地与汉语本体教学相关联,在开展活动课的同时帮助学生巩固旧知识、引入新知识,是目前较为广泛应用的活动方式。但对于国外不熟悉中华文化以及汉语功底比较浅的学生来说,具有一定的入门难度,且难以产生深刻的印象。烹饪类活动课深受学生喜爱,但在开展过程中,食材的采购、加工以及后期的处理等工作相对繁复,因此大多数学校和汉语老师会相对慎重地选择该类型的活动,一般逢节庆或大型活动才会将该项内容纳入活动课堂之中。

而手工类文化课以其简单易操作、用时短和趣味性强等特点深受学生喜爱,且该类文化课不管是在经济成本还是对于师资的要求上都较低,目前广泛应用于对外文化活动课中。手工类文化课相较于其他形式的文化课具有上述的优点,可以预见的是,不管是现在还是将来,手工类文化课都会在对外文化课中占有极为重要的比重。

目前手工类文化课的主要形式为中国结、手作灯笼、吹墨梅花、折纸等,在剪纸教学方面的探索尚且不多,为了加深学生们对汉语文化课及中华文化的兴趣,剪纸作为一项简单易入门的手工形式,可以很好地引入汉语文化课中,进一步丰富对外汉语文化课的内容,为汉语言文化的推广发挥积极的作用。比如,在一项对泰汉语文化教学的研究中发现,在被调查者当中,曾经接触过剪纸的人数与从未接触过剪纸教学的学生人数各占约一半的比例。呈现该调查结果的原因可能是研究人员所投放调查问卷的对象既有小学生、中学生还有成年人。对于年纪较小的学生来说,接触汉语的时间不长,自然对剪纸文化的接触很稀缺;而对于中高年级的学生以及成年学生来说,或多或少都学习过汉语,在汉语课的学习过程中能够接触到一些与剪纸相关的内容并不足为奇。根据以上数据,在教学中,应当权衡教学内容的难度,选择一些难度适中的内容进行教学。一方面能够满足曾经接触过剪纸学生的学习需求,另一方面,对于初次学习剪纸的学生来说,不至于对中国剪纸产生畏难情绪。

而调查数据同样显示,再被调查者当中,喜欢剪纸的人占了总数的90%,剩下的10%则是不确定。数据很明显的显示,绝大多数的泰国学生都是喜欢剪纸这项中国手工形式的,可见将剪纸引入汉语文化活动课中,具有一定的基础。能够以学生的兴趣爱好为导向,方可收获良好的教学效果。这也从侧面反应,将剪纸引入汉语活动课之中,能够抓住学生的兴趣点所在,并得到学生的认可。

第四节 提高教师的文化素养

改革开放以来,随着我国综合实力的不断增强,国际地位不断提升,对外汉语教育从业人员和以培养对外汉语教育人才为目标的对外汉语本科专业急剧增长。有关对外汉语教师的素质、能力方面的探讨和研究也相应地受到学界的重视,相关理论文章也不时见诸刊面、报端。不过,我们注意到,现有的理论成果中,学者较多地做综合性讨论,如张和生先生指出的:"对外汉语教师的基本素质研究主要论述教师应具备的意识,应拥有的知识结构与能力结构,以及应掌握的教学基本功。"而就某方面素质的深入研究则相对较弱。关于对外汉语教师的文化素养的论述,虽有如周毅《简论对外汉语专业学生的中国文化素养培育》这样的专论,但大多关于对外汉语教师文化素养问题的讨论都淹没在综合性讨论之中。

教师是课堂的知识传递者、辅助者以及组织者,他们在对外汉语教学和文化传播中起到了关键性作用,但同时也要求教师必须具备一定的文化底蕴,这才能更好地将其与汉语教学有机融合。在教学当中,教师应当尽可能地了解他国文化和学生的行为习惯,并把差异区分开,不要让学生产生错误的认识,从而确保对外汉语教学的实质性效果。就比方说,汉语教师应当在日常工作当中持续学习国外文化,可借助于目前互联网发展环境下计算机技术定期收集资料,就像中国的春节被视为最重要的节日,但欧美等国家把圣诞节作为最重要的节日,这显然是因为中西方文化差异所形成。根据调查发现,目前很多国外的汉语学生认为中国最重要的节日是端午节或者中秋节,也有很多中国的学生认为国外的圣诞节就是一个娱乐性节日。产生这些错误认识的主要原因就是对中西方文化不了解。汉语教师必须要提高自身知识储备和文化素养,能够在进行课堂教育的同时把中西方文化区分,然后对学生展开教学,这样才能进一步提高汉语教学的整体水平。与此同时,作为汉语专业的教师,他们接触的除了中国的学生以外还有一部分国外的学生,对此,教师应当充分了解他们的生活习惯,还有文化差异,通过不断学习丰富自身的文化储备,只有这样,才能提升教学质量和教师文化素养。

一、语言教学的实质是文化传播

邢福义先生曾经这样描述语言与文化的关系:"语言与文化关系之密切,也许可以用'水乳交融'来形容。""语言是文化的符号,文化是语言的管轨。"其实,语言与文化的关系并不仅仅是"水"与"乳"、"符号"与"管轨"的关系。因为语言本身也是一种文化现象。诚如张公瑾先生所指出的:"语言与文化的关系,包含语言的文化性质和语言的文化价值两方面的内容。

语言的文化性质指语言本身就是文化,是一种文化现象;语言的文化价值指语言包含着丰富的文化内容,是体现文化和认识文化的一个信息系统。"因此,我们至少可以从三个方面认识语言与文化的关系:其一,语言本身是一种文化形式。人类独有的意识能力是通过语言实现的。语言是人类的创造物,因为有了语言,才有了概念,才能界定客观事物;因为有了语言规则,才有了判断和推理,才有了对客观事物清晰、明确并逐步深刻的认识。作为音义结合的符号系统,语言不仅具有标记性、统一性、任意性和强制性特征,而且具有第一性、广泛性、发展性、复杂性特征。在任意基础上的约定俗成,形成了语言区域性、民族性,使得语言系统和其他文化样态一样多姿多彩。其二,语言是其他文化样态的基础与载体。有些文化样态,如视听艺术,以自身的符号展现,也应以其自身符号去解读,但这些符号所包含的意义都离不开语言这种"第一性"的符号;而有些文化样态,如哲学、文学,则直接以语言符号为载体。离开语言符号,其他文化将无从产生。其三,其他文化赋予语言以内涵、促进语言的发展。语言中虽然有些是纯粹记录客观自然事物,但绝大部分是人类活动的反映,或者说是其他文化的内容。离开了其他文化,语言就失去了存在的价值。同时,随着其他文化的发展,语言也不断地丰富和发展。由此可见,没有不具有文化意义的空洞洞的语言,也没有不由语言记载和反映的赤裸裸的文化。

正因为如此,语言的学习,实质上是文化的学习;语言的教学,实质上是文化的传播。对外汉语教师不仅仅向母语非汉语的人士传授语言知识,更是在传播中华文化。

尽管汉学家的成长有其自身的条件和规律,但当其最初接触中华文化、学习中华文化时,对外汉语教师身上所展现的中华文化的魅力,无疑是活生生的教材,有着真实可感的说服力。因此,具有较高的中华文化素养,无疑是对外汉语教师不可或缺的基本条件。

二、中华文化素养的核心是中华文化基本精神的秉承

"中华文化,亦叫华夏文化、华夏文明,是中国56个民族文化的总称。且流传年代久远,地域甚广,被称为'汉文化圈',特指社会意识形态,是社会政治和经济的反映。"包括:传统文学、传统思想、建筑、宗教、饮食文化、地域文化、艺术文化等。中华文化素养指的是一个人所具有的中华文化修

养。对外汉语教学中中华文化素养常被一些人简化为中华才艺,其实这是一种误解。中华文化包括知识和技能两个方面,中华才艺是指文化的技能方面。通常中华文化素养是根基,而中华才艺是有限的文化表现形式,在对外汉语教学中起到文化切入的作用。对外汉语教师和汉语国际推广志愿者要有深厚的中华文化修养和一定的中华才艺才能真正做好汉语国际推广工作。

"中华文化源远流长,博大精深,在五千年的演进历程中,经历历史潮流一次次的冲击、荡涤和淘汰,生生不息,世代传承,以其独具的民族特质,与时俱进,自立于世界文化之林。"(陈祖武,2009)面对这样一个厚重的文化宝库,对外汉语教师究竟应该具备怎样的中华文化素养?学界大多从知识结构的角度认为对外汉语教师应具备中国哲学、历史、文学艺术、民风民俗等方面的知识。如毕艳莉将"文学和文化知识"作为对外汉语教师智能结构的一部分,认为"一个合格的对外汉语教师,必须具备一定的文学知识和文学修养,了解中国古代、现代、当代文学的发展脉络,对代表性作家作品有一定的了解"。

周毅的文章认为:"对外汉语教学中的文化教学包括两方面内容,一是中国文化知识;二是汉语言中蕴含的文化因素。中国文化知识包罗万象,中国的哲学、历史、文学、艺术、民俗习惯等;汉语言中蕴含的文化因素也极为丰厚。"

从知识层面上说,对外汉语教师掌握丰富的中国哲学、历史、文学艺术、民风民俗等方面的文化知识十分必要。但是,中华文化不是各种文化样态、文化形式的堆砌,而是以中华文化基本精神为内核所组成的宏大的有机整体。

"中华文化的基本精神,是中华民族特定价值系统、思维方式、社会心理、伦理观念、审美情趣等精神特质的基本风貌的反映。它是在长期的历史发展中逐渐形成的,是中华各民族在实践中创造和总结出来的,是中华民族智慧的结晶。"(陆玉才,1995)它是中华文化各种文化样态的核心和灵魂,也是准确理解包括汉语言在内的各种文化的总钥匙。

关于中华文化的基本精神,学者们的归纳和表述存在一定差异。综合学界大多认同的,主要是:①天人合一,即"强调天地自然有至善至美的道德价值,而人的善性是由天地自然的至善至美的道德价值所给予和规定的,因此人与自然应和谐相处,才能'上下与天地同流''参天地之化育'。"(李道湘,2007)②中华一统。作为一种国家观念,"大一统"很早就成为中国人的政治意识,不仅在政治上追求统一、消除分裂割据,而且在思想上谋求一致,民族上力图融合。③以人为本。中华文化重视人,重视作为群体的"人",强调以家庭为本位,以人伦为中心,天地之间人为尊,神人之间人为本,君民之间乃"舟水"之谊。个人在实现自我价值的同时,也应当尊重他人自我实现的意愿。④重义轻利。在儒家主流意识形态影响下,中华文化历来在公共道德(义)和个人私利(利)之间,倡导公德优于私利,"重义轻利""德本财末",成为中华传统文化的主流价值准则。(于铭松,2006)⑤贵和持中。在承认人和事物差异的基础上求得和合,追求和谐,最终达至普遍和谐的大同社会,是中华文化的最高理想境界。⑥自强不息。《易传》里的"天行健,君子以自强不息",一直激励着中华民族刚健自强,积极有为。

数千年来,中华文化这些基本精神一直是中华文化各种文化样态的主旋律,无论是先秦诸子的著作,还是司马迁、班固等的史书;无论是《诗经》《离骚》,还是唐诗宋词乃至元曲明传奇;无论是对关羽的膜拜还是对杨家将的传颂,无论是张衡浑天仪的创造还是中医五行学说……其间虽然难免杂陈一些糟粕,但都体现、传承和弘扬了中华文化的基本精神。

根据《国际汉语教师标准》,可以将对外汉语教学教师的中华文化素养总结为五个方面:①中国的历史文化。包括古代社会朝代的发展顺序、重大的历史事件和重要人物、重要的历史文物和文化遗产、古代的科技成就。②中国主要的哲学思想与宗教文化。包括儒学、中国佛教、道教、宋明理学和宗教现状。③中国文学与艺术。包括古代文学、现代文学、当代文学以及中国的书法、绘画、影视、戏曲、音乐艺术、中国的园林与建筑等。④中国传统民俗习惯。有传统节日、饮食文化、服饰文化、婚丧嫁娶、禁忌、民间艺术。⑤中国的基本国情。具体可以概括为:中国的民族概况、地理概况、政治体制、经济体制、中国的教育与社会环境等方面。

作为中华文化的传播者,对外汉语教师只有深刻理解并内化中华文化的基本精神,才能切实掌握各种文化形式所展现的内容,才能做到"文化自觉",才能有效地传递蕴含于汉语言中的深刻的文化意义。

三、对外汉语教师的文化素养

(一)教育文化素养

教育文化素养是一种综合的心理特征,是教师在拥有一定文化知识并加以内化的基础上形成的。对外汉语教学既是一门涉及多领域、多层次知识的教育活动,也是一种培养人的专业工作。因此对外汉语教师必须通晓教育科学知识,具备较好的教育文化素养。

1.丰富的汉语知识

对外汉语教师最直接的任务是对外国人进行汉语作为第二语言的教学,具备丰富的汉语知识是他们进行教学的前提条件。对外汉语教师除具备一定等级的普通话水平外,还须掌握一定数量的汉字,了解汉字的历史来源,掌握汉语的拼音、词语、语法的规律,熟悉汉字的字、词、句之间的文字学知识,了解汉语的基本理论体系等。

2.良好的教学能力

良好的教学能力是实现对外汉语教学的重要保障。对外汉语教学授课对象的文化水平、年龄结构、教育程度参差不齐,要吸引不同层次的汉语学习者,对外汉语教师必须具备较好的教学能力,在教学方式、教学手段、课堂组织、教学内容、语言表达等方面做到有的放矢、科学合理。

3.优秀的跨文化交际能力

《国际汉语教师标准》中的"文化与交际"要求对外汉语教师"了解中外文明的特点与历史""能在不同的文化氛围下有效地开展语言教学""能够帮助学习者克服在语言学习过程中由文化的不同和交际失误而引起的各种困难"。①

4.开拓进取的创新精神

对外汉语教学的外部条件在不同国家和地区差别很大,授课对象也千差万别。对外汉语教师必须具备创新能力,针对不同地方、不同对象、不同情形,充分发挥主观能动性,敢于尝试新的教学方法、创造新的教学理念、运用新的教育方式来讲授汉语和传播中国文化。在条件艰苦的欠发达地区,教师在教学中的开拓创新能力尤其重要。

---

① 国家汉语国际推广领导小组办公室. 国际汉语教师标准[M]. 北京:外语教学与研究出版社,2007.

（二）中国传统文化素养

对外汉语教师是中国文化的理解者、携带者和传播者，了解和掌握中国文化是对外汉语教师应该具备的基本文化素养。但中国文化博大精深，学习和了解所有的中国文化是一项基本无法完成的任务。中国底层和深层文化代表了中国文化的"根"，是中国文化的"核心内容"，对外汉语教师的文化素养更应该落脚在了解和学习中国底层和深层文化即中国传统文化上。

1.中国儒家传统学说

中国儒家传统学说是中国传统文化的精华，代表着中国文化的意识形态和民族特性。数千年来，中国儒家传统贯穿、渗透在中国社会实践的每一个角落。蒋庆曾言："儒学不是中国文化中的一个学术流派，而是中国文化的正统代表；或者说，儒学代表的就是中国文化。"中国文化是以儒学为核心的儒家文化。对外汉语教师要传播中国文化，首先要了解中国儒家学说的来源、本质、核心思想、主要内容等，通过儒学将中国传统文化的核心传播出去。

2.中国文化典籍

中国文化典籍是中华文化的精髓，是中国文明与智慧的结晶。我国文化典籍不能简单地等同于文学名著，我国文化典籍覆盖文史哲三科，兼顾儒释道三教；以汉族文献为主，兼顾其他民族的文献。中国文化典籍数目较大，覆盖较广，内容丰富。对外汉语教师需要大量地阅读中国文化典籍，深入理解每一部典籍的表层和深层含义，吸取文化典籍中的精华。在文化传播中，不仅能介绍中国文化典籍，还能引导和帮助读者加深对中国文化典籍的理解，成为真正的文化传播使者。

3.中国民间工艺

中国民间工艺是各行业的劳动者就地取材、以手工方式制作的既有使用价值又有审美价值的工艺品，如剪纸、风筝、刺绣、中国结、泥人、面人、祥云图案、瓷器等。中国民间工艺是对外文化交流中很重要的媒介，对外汉语教师如能较好地了解中国民间工艺，并掌握一些简单工艺品的制作流程，通过现场介绍或制作民间工艺品，可以更加生动地展现中国文化，也能更好地吸引学员对中国文化的关注。

4.传统节日及相关知识

中国传统节日形式多样、内容丰富,是我国传统文化的重要组成部分。每一个传统节日背后都有它传奇的故事或丰富的文化内涵。通过学习和深入了解中国传统节日,对外汉语教师能够向授课对象最大化地展示自己是真正的"中国人"。了解并掌握传统节日及相关知识,对外汉语教师也能在课堂教学或文化活动中如虎添翼。

四、对外汉语教师的文化素养对文化传播的推动

(一)教育文化素养与文化传播

1.丰富的汉语知识让教学生动精彩

丰富的汉语知识能帮助对外汉语教师在课堂教学中将知识融会贯通,收放自如,使课堂充满智慧和活力。如在教学生"草船借箭""三顾茅庐"等成语时,教师如运用自己丰富的汉语典故知识,将这两个成语的来源、背景、相关故事讲给学生听,不仅能增加学生学习的兴趣,也能帮助学生透彻地理解这两个成语,避免学生日后的误用。此外,相关讲解还能传授学生更多的汉语字、词、发音等,把相关知识都串联起来。

中国汉字经过几千年的发展,很多字从外形上看已经很难与意思相关联。对外汉语教师如能运用自己的甲骨文知识,用象形字来引导学生学习,课堂则会更加精彩,学生学习也会更轻松。如将工具器皿类"刀、弓",动物类"鸟、虫",天象类"日、月"等词语的图画展现给学生,通过视觉神经的直接刺激,学生更能深刻地记住新词语。

2.良好的教学能力使教学有序有效

如何在教学过程中保证中国文化传播的效果且做到"润物细无声",使文化接受者不反感,是对对外汉语教师教学能力的考验。对外汉语教师教学能力的凸显需要体现在教学语言、课堂组织、教学方法等方面。

对外汉语教师的教学语言首先要标准,并且要简短精练、易于理解;语气要平和、语速偏慢,控制好节奏;语言要大方得体,多用褒义词和鼓励性的词。课堂组织最有效的方式是让课堂变得活跃起来,让每一位学生都参与课堂,让学生的手、口、眼睛和大脑都"动起来",如组织学生大声朗诵、分组抢答、角色扮演、换位找错、排序竞演、唱歌填词、讲故事等。教学方法有多种,有学者将对外文化传播教学方法分为"传统、现代、单一、多元"4种,

在教学实践中,其实并不能彻底地将这4种方法分开。具有良好教学能力的老师总能根据不同的教学内容和教学对象灵活运用多种教学方法,做到有的放矢。

3.优秀的跨文化交际能力使传播无障碍

跨文化交际能力是对外汉语教师的基本文化素养,具有优秀跨文化交际能力的对外汉语教师至少要懂得一门以上的外语,能流利使用外语与他人交流。在教学初期,外语能有效帮助老师与还不能使用汉语交流的学生进行有效沟通,排除教学上的语言障碍。

具有优秀跨文化交际能力的对外汉语教师通常都较了解教学所在国的文化,懂得尊重他国文化。他们能够理解文化差异在语言、行为等方面的不同表现,同时自己在言行上能够做到文明、得体,避免文化冲突。在传播中华文化时要考虑对方的感受,以理性的态度从事教学与宣传。

具有优秀跨文化交际能力的对外汉语教师能较好地运用跨文化策略,能根据不同情况采取应变措施。他们在交流过程中能尽量回避敏感话题,积极应对挑战,协调不恰当的话语行为和环境,宽容对待学生不得体的言行等,扫除对外文化交流中的障碍与不和谐因素。

4.开拓创新精神让传播充满活力

全球汉语第二语言学员的文化背景、学习目的、知识水平、年龄层次等各不相同,各国各地区的教学条件也千差万别,没有一蹴而就的方法和模式。具有开拓创新精神的对外汉语教师总能因人、因地、因时,找出新的路子,克服困难,创造文化传播的条件。

(二)传统文化素养与文化传播

1.儒家传统文化素养有利于学员了解中国文化的"根"

中国儒家传统学说是中国文化的根源,是中国深层文化的典型代表,在中国文化中具有正统地位。具有良好儒家传统文化素养的对外汉语教师在对外文化传播中可充分利用自身的知识结构,将儒家思想的核心内容和精髓融入教学中,帮助学员了解中国儒家的核心思想;将儒家思想中具有积极意义的普世价值观与现代社会的价值体系相结合,使学员更容易理解和接受儒家传统思想。如"和"与"仁"都是儒家核心思想,教学中不妨将儒家核心思想"和"与当今世界倡导构建"和谐社会"相结合,将儒家核心思想"仁"与当今世界道德、伦理的建构相结合等。

"对外汉语教学的宏观宗旨是弘扬中华文明,这从根本上决定了对外汉语教学就是传播中华文化"。汉字是对外汉语教学的重点之一,孔子学院对外汉语教师亦可运用自身的儒家传统文化素养,在汉字教学中采取案例教学和拓展教学相结合的方式,充分利用具有丰富儒家内涵的汉字进行课堂教学,传授中国儒家传统文化。

2.文化典籍素养有利于学员了解中国文化的精髓

中国文化典籍是中国上下五千年文明智慧的结晶,是中国文化的精髓。在全球化的背景下,对外汉语教师利用自己对中国文化典籍的认知,将具有丰富文化内涵的典籍作品介绍给孔子学院的学员,是顺应时代潮流的举动,也是中国文化传播的有力举措。

对外汉语教师在对中国文化典籍的传播过程中,可以根据自己对中国文化典籍的了解,将典籍作品按照不同题材、不同历史时期、不同内容进行分类,采取由浅入深的方式将文化典籍介绍给国外学员;也可以根据不同文化背景、不同层次的学员群体有选择性地介绍不同的典籍作品;还可以选择国外读者普遍都比较了解的作品如《西游记》《孙子兵法》等作品入手,触类旁通,使学员逐步了解和领悟中国文化典籍所蕴含的博大精深的文化内涵。

3.民间工艺素养有利于学员了解中国民间传统文化

中国民间工艺最突出的特点是它带给我们的文化是看得见、摸得着的。具有民间工艺素养的对外汉语教师在文化传播中能很直观地向学员展示各种工艺技术和作品,能极大地吸引学员的眼球,并帮助他们在较短的时间内了解相关文化知识。对民间工艺文化的传播,不仅能在课内传授,也能在课外或各种节庆等场合传授,在文化交流中起到良好的媒介作用。随着现代教育技术和互联网的发展,对外汉语教师不仅可以利用多维图片向学员展示中国民间工艺品,通过相关视频向学员传授工艺品的制作流程,还能通过互联网广泛搜集与工艺品相关的民俗文化知识,使学员全面地了解中国丰富多彩的民间文化。

4.传统节日及相关知识素养有利于学员了解中国的传统文化

在西方文化冲击下,我国传统节日一度被外界弱化。但近年来,我国政府十分重视中国传统节日尤其是春节的对外宣传与推广。2015年,我国甚至在纽约时代广场大屏幕持续地宣传中国春节和春晚。对外汉语教师作为中国文化传播的重要"媒介",可以利用"中国人"的身份及自身的相关知识,通过开展庆祝活动、联谊过节、宣传传统节日等方式,让更多的外国人了解中国的传统节日。在有条件的地区,对外汉语教师还可在课堂组织学员通过电视、网络、报纸等媒体,收看或阅读与中国传统节日相关的节目或信息,并结合自己的中国传统节日知识素养现场进行讲解,帮助学员认识中国传统节日,了解节日背后所蕴含的中华民族的理念和价值观,以及中国人的文化习俗和文化情感。

对外汉语教师是中国文化对外传播的使者,他们的文化素养与我国文化传播及国家软实力的提升有着密切的关系。随着全球各国各地区汉语学习的需求不断加大,对对外汉语教师的数量和质量都提出了新的要求。"对于对外汉语教育来说,中华文化传授的内容,不是减轻了,而是随着学习者人数的增加、学习者水平的不断提高而加重了,对于教师来说,要求也更高了"。要做好汉语推广和文化传播,对外汉语教师必须主动、自觉、不断地提高自身的文化素养,从而更有力地推动中国文化走向世界。

五、中华文化素养的培育

在新时期背景下,中国的发展和壮大使得它在其他各国间受到尊重,地位上的提升也让一大批外国人热衷于汉语的学习,此时,不仅要提高对外汉语教学教师的文化素养,同样对于学习汉语的外国学员也要进行中华文化素养的培养,让其能够从中华文化的角度来学习汉语。

一些教师对于任教国俗语义的语言问题,不能根据学生背景文化进行基于跨文化传播原理的跨文化转译,或利用文化同构,或利用文化正迁移,灵活地进行跨文化教学,从而导致课堂教学死板僵硬,尤其是那些来自西方国家的留学生常常是在莫名其妙的心态中对一些蕴含中国文化特殊现象的问题无奈地敷衍过去。

这一现象的原因主要在于中外文化差异是由地理环境、社会变迁、生活习惯、习俗礼仪、宗教信仰等多方面影响造成的,在文化教学中有一些概念或事物找不到学生母语文化中对等的成分能够加以说明,或者某个汉语词汇中隐含着特定的中国文化背景知识,而部分教师对此或者不懂如何联系彼此文化相通之处加以跨文化转译,或者对于具有跨文化隐喻的语言习而不察,不能敏锐地意识到应该对学生进行跨文化揭示和相应的文化知识补充,从而导致学生要么完全不能理解,要么只能简单机械记忆,无法进行深层次的联想和理解。

因此,部分教师跨文化教学能力的缺乏不仅是目前文化教学的一个普遍现象,也是构成我国对外汉语文化教学水平进一步提高的现实障碍。

吕必松(1993)在《对外汉语教学研究》一书中提出:"在第二语言教学中必须进行文化背景知识的教学,必须应用有关文化理论。"这句话说明文化在第二语言教学中的重要性,也体现了汉语国际推广志愿者在推广汉语的同时,必须推广中国文化。张英(1994)在《论对外汉语文化教学》中提出,对外汉语文化教学的定量原则,根据"量"来制定文化教学的内容,并根据内容来制定教学的方式和手段。可以根据课堂形式分为初级、中级、高级。在整个对外汉语文化教学中,教学手段很重要,尤其是对初、中级的汉语学习者来说,由于语言上的障碍,有效的语言教学能起到事半功倍的效果。

马叔骏、潘先军(1996)在《论对外汉语文化教学的层次》中指出,对外汉语文化教学不是宽泛的文化教学,它的教学是在语言教学的同时把中国的文化背景知识融入其中。介绍时要有侧重点。介绍文化的时候,应注重介绍物质文化层,同时兼顾学生层次的区分。学生层次的区分是对外汉语文化教学层次的重要标准。

程书秋、郑洪宇(2008)在《对外汉语文化教学研究述评》中指出,对外汉语文化教学现状研究主要集中在四个方面:语言教学与文化教学的关系问题;文化教学的内容与分类问题;文化教学的方法与原则问题,文化教学的大纲与教材问题。在此篇文章中,描述了由最开始不重视文化教学到现在至关重要的历程,以及对此的重视的程度。

综上所述,文化在对外汉语教学中起着至关重要的作用。因此,提高对外汉语教学教师的中华文化素养对汉语国际推广工作的顺利进行也具有非常实际的意义。随着汉语国际地位的不断攀升,国家开始重视文化教学,注重培养汉语国际教育硕士的中国化文化素养。

对外汉语教师不仅是教学主体,也是中国文化对外传播的使者。目前,国家汉办对对外汉语教师的汉语水平有明确的等级要求,但对他们的文化素养却没有硬性规定。事实上,对外汉语教师的文化素养直接关系到对外文化传播的质量与效果,要履行好对外汉语教学,对外汉语教师不仅要有扎实的汉语功底,也要有良好的文化素养。但从目前情况来看,我国对外汉语教师的文化素养良莠不齐,因此提升外汉语教师文化素养具有十分重要的现实意义。

中华文化的丰富性、厚实性决定了培育中华文化素养应该采取多种形式,通过多种途径。考虑到高校对外汉语专业毕业生将是对外汉语教师的主要来源,我们把视角集中于对外汉语专业学生的中华文化素养的培育。高校培育学生的中华文化素养,主要依靠课堂教学和第二课堂活动。

课堂教学应该是培育中华文化素养的主要途径,应该设置相关的课程、保有必要的教学时间。教育部1998年发布的《普通高等学校本科专业介绍》中,关于对外汉语专业主要课程中,涉及中华文化的课程包括现代汉语、古代汉语、中国文学、中国文化通论等。各高校有关对外汉语专业课程设置,也基本遵循教育部的要求。如果仅仅从"受到中国文学、比较文学、英语语言文学、中西比较文化等方面的基本训练"的"业务培养要求"看,这样的课程设置也无可厚非。但是,一方面,由于中华文化除文学、语言外,哲学、宗教、政治、科技、艺术、民俗等范围广阔,积淀深厚,远非一门"中国文化通论"所能包含。尤其是中国古代哲学,不仅博大精深,而且"(中国)哲学在中国文化中的地位,历来被看为可以和宗教在其他文化中的地位相比拟"(冯友兰,2007)。中华文化的基本精神也在其中得到提炼、概括和升华。另一方面,因为仅仅一门课程,其学分一般远少于中国文学的总学分,一定程度上影响学生的重视程度和学习积极性,从而影响教学效果。更为重要的是,作为教材的"中国文化概论"或"中国文化通论",有的没有对中华文化的基本精神作出概括,有的虽然作出概括,也往往作为总结性的论述置于全书后面,不利于学生理解和掌握。因此,我们认为,中国哲学应像中国文学一样从"中国文化通论"中分离出来,独立开设;"中国文化通论"应凸现中华文化基本精神,将之作为统领该课程的要旨,引导学生在把握基本精神中学习中华文化知识,在学习中华文化知识中领会其基本精神。

第六章 不同文化在对外汉语教学中的应用

第一节 地域文化在对外汉语教学中的应用

随着改革开放的不断深入,中国与洋洋大观的世界文化间的互动日益密切,汉语的影响力随着文化间的碰撞在世界范围内日益增强,许多国家的学生选择汉语作为第二语言进行学习,汉语亦在多国被列为需要学习的重要战略性语言,来语源地中国进行汉语学习成为越来越多外国学生心中的首要选择项。但是,中国国土辽阔,由于地域的宽广性将不可避免地影响到来中国学习的留学生的汉语学习。因为在实际的学习过程中,除了学习语言技能和了解中国传统文化外,与当地习俗、交流方式、方言词汇等的接触也是不可避免的。除了定期的中国知识学习之外,不同地区之间的独特文化自然会出现在国际学生的日常学习和生活交流过程中。这些地域文化知识也是国际留学生生活和学习所迫切需要的。

自1978年中国改革开放以来,改革开放进程不断深化,随着进程的深入,中国综合国力也不断提升,外国人想了解中国的需求变得越来越突出,因此选择来华留学的留学生数量呈逐年增多趋势,留学生对于汉语的学习需求也呈现多样化的特点,地域文化内容也成为留学生学习的需要之一,因此,注重和推进地域文化融入对外汉语教学方向的研究具有双重意义。

学术意义上,在20世纪80年代以前的近30年时间内,对语言本体相关内容的教授是汉语作为外语教学活动的主要方面。因为"文化热"的兴起,我国对外汉语教学界开始围绕文化定性、语言教学与文化教学关系问题进行广泛而深入的探讨,文化教学中的中国传统文化部分成为讨论的热点话题,对于中华文化分支的地域文化教学却鲜少被提及。中华文化的浩瀚广博和复杂精深,地域范围内文化的多样性,为我们的对外汉语学科教学研究开辟了一个新视角下的大课题:在遵循国家制定的对外汉语统一教学原则的前提下,如何让多姿多彩的地域文化内容呈现于对真实教学课堂中。

社会意义上,中国地域辽阔、民族众多具有丰富多样的地域文化,各个省市将特色文化资源与对外汉语教学结合,依托各院校所开设的各项对外汉语课程呈现到留学生面前,不仅可以塑造各省市良好的国际形象,而且可以提升整体文化软实力。为今后的国际交流带来更多契机同时也让留学生在潜移默化中对中华优秀民族文化产生认同感。

一、地域文化融入对外汉语教学的可行性

(一)语言与文化的关系

语言和文化是紧密相关的,语言既是文化的构成部件,语言又是文化的主要承载物,文化内在所蕴含的含义,是语言表达的重要部分,两者之关系犹如鸟的两只翅膀一般,不可割裂且不可偏废。文化内在隐性所蕴含的含义,是语言表达过程中的重要部分。从人类社会发展历史的角度来看,我们可以发现世界上任何一种语言的形成和发展,与它所处的文化大环境有着不可割裂的关系,特定的文化环境决定语言的特定生成样式,游离于文化背景外而独立存在的语言是不能在生存下去的。语言是人类交际的重要手段,依托于语言人们可以快捷地交流信息、自由地表达情感,文化虽然定义种类繁多但主要所指仍停留在精神层面,如:戏曲文化、民俗文化等,它需要借助语言这一载体简洁直观地将背后所隐含的文化内容呈现出来,语言不仅会反映文化的内容,它也随着文化的发展而发展,新旧词汇的演变是这种现象的最好证明。这种包容和共生的关系,证明了向外国人讲授汉语的对外汉语语言教学活动中开展文化教学的必要性。

(二)地域文化与中华文化的关系

民族性和国度性是文化的重要属性之一,中华文化是中华民族在中国国土上创造的绚烂文化也是人类历史上绵延时间最长的文明之一。中华文化形成初期主要集中于黄河和长江流域,后期由于民族战争、人口迁移和历史变迁的影响,中国境内各地域、民族间的文化相互融合最终形成了现如今的由汉民族文化、少数民族文化、中原文化以及各地域文化融合而

成的复合型文化体系。而这里所指的地域文化,就是在一个特定区域范围内产生的能够代表当地独有的文化特色,它体现在方言、饮食、名胜风光、婚丧礼俗等各个方面。

一方水土,一方文化,不同的地理位置、历史文化背景、气候条件,都会产生与其他地域风格迥异的风俗面貌。如果将中华文化比作一幅壮丽恢宏的水彩画,那么分布于中华大地各处的地域文化就是水彩画上点染山水的不同色彩,地域文化是区域内精神文明的积累,是一个国家,民族的大文化的支脉。正如刘宇所说:"中国文化离不开中国的地域文化,中国地域文化则是中国文化的多样性表现"。多元化的中华文化不仅为我国本土的文化研究提供了资源,也为留学生探索中国提供了不一样的视角,但令人叹惋的是,在先前许多年的对外汉语教学过程中,我们将文化传播的视角多放置在了文化的相关知识要点上,缺乏对中国丰富多样的地域文化知识传播的认识,向来华国际学生传授中国文化的过程中,我们应当将地域文化作为中华文化的不同方面向留学生展示多元的中华文化。

(三)对外汉语教学中的地域文化内容的体现

多元化的地域文化可以反映在中华文化的各个方面,如地理环境,审美心理,建筑特色,民俗风情等方面。但是在对外汉语的教学过程中,如何对这些体系庞杂、内容众多的区域背景内的文化内容必须讲解,哪些地域文化知识可以延后在讲,哪些地域文化知识可以忽略不计,这些都是要在教学中结合留学生的学习水平、教材的具体编写原则首先要考虑的问题。结合上文对地域文化所下定义以及考虑到对外汉语课堂的特殊属性,可将呈现在课堂教学过程中的地域文化知识分为词汇和地域文化项目两大类,而后又将其根据具体地域文化情况细化分类。

1.在词汇中的体现

方言是地域文化最生动的体现,被学者们称之为研究地域文化的"活化石",在留学生的实际日常交际活动过程中,由于学习生活所在地区的人们并不是都使用标准的普通话进行交际活动,会有一些方言成分参与进交际过程中,特别是方言词汇,因此留学生不掌握好常用的交际方言词汇就难以达到学习目的语和使用目的语进行交际的目的,交际障碍的发生往往都是对方言词汇的不理解所引起的,如:太原话有一个词叫"牌牌",留学生可能误以为是门牌的一种,但实际上"牌牌"是指在吃饭的过程中为了防止油或其他污渍沾染衣物而佩戴的围兜。湖南地区降水天气多,气候潮加之水系众多,因此形成了别有风味的水乡文化。在长沙方言中,"走水路"会按照字面含义误以为是行人沿着河道走,事实上,它的真正意思是采用一些人际关系来处理事情的方式。这些具有地域文化色彩的方言词汇通过日常生活的语言环境不可避免地与留学生进行接触,在此过程中,假如留学生的误解长时间没有得到纠正势必会成为干扰语言教学的因素,因此地域文化环境下的方言词汇有必要进行研究。

方言词汇中体现的地域文化教学一般开展于对外汉语教学高级阶段,在这一阶段学生可以用汉语较为流畅的和汉语母语者进行交际活动,开展一定量的方言词汇教学,有助于这些学习者加深对汉语文化环境下社会文化理解的,促进目的语的学习。在教学过程中,区域文化体现在方言词汇中体现在以下五个方面。

(1)历史映射

历史变迁过程必然会在语言的演变过程中留下烙印,新疆是多民族聚居之地,少数民族语言在与汉语的沟通过程中必然会留下痕迹,因此新疆的方言词汇中留有许多特色词汇,并且至今仍在使用。如:"儿子娃娃"是对男人的一种称赞,"眼睛小"是指某人吝啬小气的行为,"皮牙子"是指食材洋葱。19世纪末,中东铁路开始运营,哈尔滨地区与俄罗斯的交往开始变得频繁,为了方便交流,俄语词汇开始进入到东北方言中,如:"笆篱子"是指监狱,"格瓦斯"是指一种面包渣酿制的啤酒饮料,"布拉吉"是指姑娘们常穿的连衣裙。

(2)物产与饮食

不同地域的物产、饮食差异都会成为形成特色的地域文化方言词汇的契机。由于地理环境、气候条件的千差万别,农作物的种植类型均有差异,这些都会反应在相应地区的相应食物种类、饮食习惯等方面。扬州是中国东部沿海城市,海鲜众多,常用的方言词汇中多充斥着海产品的身影,如:将整日游手好闲、无所事事的称为"捞鱼摸虾的",说话、做事呆板不知变通的人称为"虎头鲨",而将十几岁调皮捣蛋的孩童戏称为"小鲫鱼壳子"。

(3)避讳

避讳是中国社会独有但广泛传播的文化现象,由于不同地区的历史背景,习俗和风貌以及居民生活习惯的差异,为了避免某些语音、语义或语用产生的忌讳而产生的特色方言词汇。例如中国各地都忌讳说生病,因为旧时医疗条件不发达,生病常与死亡联系在一起,因此山西大同生病不说生病而改说"难活",看病也要说"看大夫";而重庆则将生病改说为"人不好",在病情有所好转时则称为"松活点儿"。

（4）文化心理

方言词汇中有些体现了人民对于美好生活、富裕生活的向往,反映了人民祈求平安喜乐、发财纳福的心理状态。这类词汇多是谐音词汇,语音多与某类吉利词或避讳词音同。如:在山西地区,新娘进入婆家前会由亲朋好友向她撒五彩纸和盐,口中还会喊"添缘分啦",这是因为在晋北地区"盐"与缘分的"缘"同音,这种行为是希冀新娘与婆家的缘分不会断,幸幸福福过一生,是吉利词的一种。

（5）地理状况

方言词汇有时与所处地域的地理状况紧密相连。例如:新疆地域辽阔,山脉纵横,因此山沟众多,地名多以沟为名,如:碾子沟、甘沟、水西沟、东沟;天津紧挨渤海湾,水贯穿于城市发展进步的始终,因而在有关地名的设置上多采用与水相关的词,双港、贾家洼、南淀、大滩。

陆俭明指出:"对外汉语教学,词汇教学在教学内容的比重分配上应属于重点教学内容。"在论述了上述五方面地域文化体现的方言词汇后,了解到地域文化教学在中高级阶段可以通过方言词汇的讲授来开展,除此之外在初、中级阶段我们可以通过地域文化项目来开展教学。

2.在文化教学上的体现

在对外汉语文化教学的过程中,应选择两方面的地域文化类知识开展专项教学:一方面是影响国际学生日常沟通效果的地域文化背景知识。东方文化分属于高语境文化,跨文化交际者想要顺畅地进行交际有时需要通过对具体的语境中汉语使用情况的整体了解才能够对汉语背后隐含的文化内涵真正理解并可以得体的运用。留学生在课堂外能够直接接触的现实语境下,若是没有相应的地域文化知识作为辅助,在日常的交际过程中必然会使交际效果大打折扣。另一方面是符合国际学生的学习需求,引起学习目的语欲求的文化因素。随着中国国力的增强、生源数量的增多,留学生来中国学习汉语的目的也越发的多样化,适度地、适时地引一些地域文化项目,增强留学生的学习欲望,符合短期旅行或了解中国的学习需求。

在对外汉语教学过程中,文化教学中地域文化项目的引入可以在初中级阶段进行,在这一阶段留学生刚刚接触汉语,地域文化项目的引入多以图片或影音等直观地方式呈现,让留学生产生感官刺激,方便刚刚接触汉语且汉语水平不高的留学生理解、记忆并且可以让留学生更直观地对中国文化有多维度的认识。

在对外汉语教学中可以开展的地域文化项目有以下几方面。

(1)气候状况

这里的气候状况是指由于特定的地形条件、气候条件而产生的特殊地域文化。如:北方地区春季风沙大、冬季气温低,人们用热水清洗身体,将身体上的泥垢搓去,因此将这一过程称之为"洗澡";而在南方广东等地,一年四季气候炎热,以前人们多是托起一桶水从头倒下 的方式冲洗身体,冲去暑气,这一过程称之为"冲凉"。还有一些最具地方特色的气候词汇,如:"回南天""梅雨时节",如果只是将"回南天"解释为"冷暖气流碰撞下产生的特殊天气现象",留学生对于这一词汇的理解还是不深,这时就需要教师结合图片或视频资料,讲解回南天所出现的特殊气候条件和应对回南天的措施,通过生动的感官刺激,增强对讲授内容的理解深度。

由于这类地域文化项目多是其他国家没有的文化因素,但如果在讲授过程中辅以直观的图片或视频资料来加速留学生的学习理解,留学生也可以较为轻松地理解记忆此类词汇。

(2)旅游名胜

"地名是文化的镜像"。绝大多数留学生在中国的留学生活中,一定会预先对学校周围的文化或生活环境进行了解,名胜古迹、旅游景点将会成为留学生的了解对象。为了切合学生的探索需求,教师可以在课堂上对周边的旅游资源做介绍或将旅游资源作为体验课程的教学内容来进行教学。如:新疆的自然景观有那拉提草原、赛里木湖天池、喀纳斯湖、博斯腾湖、巴音布鲁克草原等;新疆的人文景观有坎儿井、国际大巴扎、楼兰遗址、八卦城、克孜尔千佛洞、交河故城、高昌故城等。在教学过程中,教师除去对旅游资源的介绍外,有必要有选择性的将学校附近的大型超市及繁华商业区位置告知留学生方便其日常生活。

(3)反映当地精神文化生活的文化项目

中国地大物博、民族众多,不同的文化背景养育出了不同的人,培育出了凝结当地人民精神文明的特色地域文化项目。这类文化项目在不同的地域呈现不同的文化色彩和文化意蕴,如庙会、血社火、摆龙门阵、麻将、潮汕英歌舞、寻根祭祖大会、新疆刀郎乐舞、壮族铜鼓习俗、泼水节、锡伯族西迁节等等。这类反映当地精神文化生活的文化项目其中有一部分已经被国家列为第一批非物质文化遗产,通过对这类文化项目的认识,中国文化可以在留学生的认识活动过程中生成一个生动而形象的多维印象。

(4)因长期的社会实践积累而形成的特色风俗习惯

这类地域文化项目是日常交际过程中最常使用的但也是最容易被忽略其背后所蕴含的独特地域特色文化内容,比如问候语、称呼语、生日习俗、婚丧习俗、谦辞和敬辞等,这类语言使用不当会造成语言使用的不得体,语言交际效果会大打折扣的同时也会让留学生在交际中产生受挫心理,影响日后的学习。如:北京人见到陌生人或长辈常会用敬称"您"而在询问长辈年龄时会说:"您高寿?"在询问小孩子时一般会说:"你几岁啦?";在山西,送别人东西需注意的是东西的数量,因为晋方言里"双"的读音与"丧"的读音接近,为了避免"送丧"的读音,因此送东西在数目的选择上选择送单数。这类习俗的讲授可以让留学生的语言表达更为合理、得体。

(5)饮食文化

中国饮食文化已绵延数千载,地域特色鲜明。从总体空间来看,形成了八大菜系和东辣、西酸、南甜、北咸的饮食格局,在各个地域又形成了极具地方特色的饮食文化,如:广东地区的早茶文化、山西地区的醋文化、重庆的火锅文化等等。留学生在日常生活中饮食类问题是最先要解决的问题,吃什么、什么好吃、如何选择都是留学生最迫切需要了解学习的,因此教师有必要介绍一些学校周围有名的食品,以乌鲁木齐市为例,如:抓饭、大盘鸡、纳仁、熏马肉、馕、椒麻鸡、烤包子、酸奶疙瘩、烤羊肉串等。而在中高级阶段,教师可以在课文内容的基础上结合特色食品,介绍食品背后隐藏的文化意蕴,如:在宴席上座次顺序的含义、菜肴的摆放方向、菜肴的起源和表征意义以及中国饮食特有的"抒情"功能等等。

(6)服饰文化

深厚的中国民俗与民俗文化感在服饰文化中展露无疑。中国广袤的疆土上生活着56个民族,不同民族间的服饰都带有强烈的民族特色,服装的款式、花纹、材质等方面均带有民族生活习惯的投影。高原上气候寒冷加之以游牧为生,抗寒和方便穿脱成为蒙古族着装的选取标准,蒙袍就变为了首选。古代,长袍的材料是主人的社会地位和经济能力的象征。由于蒙古族游牧所在的草原面积宽广,人们为了可以远距离的辨清对方的性别、年龄,蒙古族在颜色方面偏爱鲜艳的颜色而蒙袍所独有的宽衣博带也反映了蒙古族人的宽厚大度,而同样是世居草原而以游牧为主业的哈萨克族,在漫长的历史长河中掌握了运用羊、骆驼等动物的皮毛制作毛毡和皮质衣服的技能,毛毡材质的衣服成为抵御寒风的最佳选择。除去蒙袍和毛毡衣服外,满族的旗袍和坎肩、赫哲族的鱼皮服、维吾尔族的袷袢都是地域文化的优秀代表。

(7)建筑文化

中国幅员辽阔,南北方的地形地貌、气候条件均有差异,各地劳动人民在长期适应气候的过程中形成了具有地方风格的房屋结构类型。满族的万字炕、傣族的吊脚楼、西北地区的平顶土房、青藏高原的庄窠住宅都代表着不同地域的优秀建筑文化。毡房是草原上的哈萨克族牧民居住的首选样式,装卸方便,满足游牧民族放牧的需要;布依族的居民利用当地石灰岩的物理特性,开辟了隔除夏季暑热避免秋季返潮且不惧火灾侵害的石板房;西南气候炎热,少数民族主要是竹林建筑,通风良好避免了暑热的侵袭。

(8)地方戏曲

地方戏曲是凝结着当地地域民风民俗而形成的表演形式,深受当地人民的欢迎,它是民俗风情最直接也是最为生动形象的表现形式,山西地区的晋剧、浙江的越剧、陕西地区的秦腔、安徽地区的黄梅戏、河南地区的豫剧都是地域戏曲的杰出代表。在初级阶段,留学生汉语水平有限可以将地方戏曲中的部分文化项目抽取出来融入教学中,如:按照老师提供的脸谱图样,模仿或创新脸谱样式,了解不同扮相所表征的各色人物性格和京剧的剧目分类。在中高级阶段,播放地方戏曲的著名桥段,讲解著名桥段背后的文化故事,让留学生站在"第三者"的角度,将中国戏剧与留学生熟知的外国著名戏剧联系起来,对中国戏曲背后蕴含的文化特征有更深层次的理解。如:昆曲《牡丹亭》所描述的与意大利歌剧《奥菲欧》所表达的不同爱情观、晋剧《赵氏孤儿》与《麦克白》。

在对外汉语教学过程中,除去第一小节所论述的方言词汇方面的影响外,这七类地域文化项目是对留学生最具有影响的几个方面。教师在教授过程中优先考虑这八方面外,也要结合学校周边的具体环境以及留学生的具体学习需求,增添或删减地域文化项目。

3.地域文化融入对外汉语教学的作用

对外汉语从实际的教学过程来看,本质上是一种跨文化教学。地域文化作为中国文化在中国土地上最生动的表达,具有研究的必要性。地域文化融入教学过程中有以下效果作用。

(1)加速留学生"再社会化"

美国社会学家戴维·波普诺曾在其《社会学》中将再社会化定义为:"有意忘掉旧的价值观和行为模式,接受新的价值观与行为。"简言之,就是一个人获取自己的独立人格的历程和知悉进入社会复杂环境或群体的方法的社会活动过程,来华学习的留学生已经建立了属于自己的价值观和适应于母语文化背景下的处事方式。来中国后,中国文化背景影响下的交际行为与学习者所在地的交际习惯产生碰撞,想要减轻不同文化碰撞下对国际留学生因不适应而产生的文化冲击现象,就要让地域文化成为缓释文化冲击所给学习者带来冲击感的缓冲区。

在教授国际学生中文的过程中,以规范的汉语普通话、主流的中国文化为主,这些活动让他们在这一过程中慢慢地树立适应于中国社会国情文化背景下的交际方式,帮助学习者重新社会化融入中国日常生活,这一过程是渐进的。在教学过程中有意识的安排一些有趣的、与时俱进的实践性文化活动会促进留学生自愿学习的欲望,而地域文化活动无疑是首选对象,组织留学生春游、参观博物馆、参加旅游节、新年中国文化体验系列活动等,在课堂讲授中国社会国情的同时以自身经验为体会加速对中国文化的理解,提高留学生文化素养加速"再社会化"的进程。

(2)补充教学资料,让教学落于实地

现今的对外汉语教学过程中,教学开展多是围绕某一特定话题展开,话题包含了大纲规定必须要学习的语音、词汇、语法知识,教学所设计的活动锻炼了国际学生的听、说、读、写、翻译的基本语言能力,文化教学也多是为了汉语学习服务而忽略了深层次的对留学生综合文化素养的培养,留学生对于中国文化的理解阶段停留在可以认知的阶段而远远达不到了解文化背后所带有的隐性含义的地步。从语言习得角度来看,处于自然的状态下,处在丰富多样的汉语语言文化环境中,除去外力施加的带有实现某种目的的压力和完成某个任务的意识,自然而然地认知汉语文化的语言知识,了解多样的文化活动,是习得语言及文化效果最显著的途径。但是留学生在课堂上学习到的大都是以标准语为依据延伸出来的地域文化,如:京剧、北京土话、建国门、王府井,这些课本上的中国文化是泛泛的、单一的、缺乏情感共鸣的,容易让学生产生枯燥、乏味、厌倦之感,地域文化活动的引入补充和丰富了教学资料,将单一的、缺乏情感共鸣的课本知识与实际生活相联系,让教学落于实地、落于实景。在课堂教学中适当引入一些区域文化知识,必然会引起国际学生的情感共鸣,活跃的课堂气氛引起了国际学生的关注度。降低了学习难度,形成课上课下连动学习的模式,教学效果必定事半功倍。留学生在课堂上了解当地的旅游风景、风俗习惯、饮食特色后,在实际生活中碰到学习过的街道、景点、文化项目时再次复习巩固知识。

(3)促进多元文化交流

在当今复杂的社会环境中,信息流动和文化交际的速度因网络的出现变得越来越快,不同社会背景孕育不同的文化,因此多元文化以错综复杂的面貌呈现于人们面前。多元文化交流是一种跨越文化差别的活动,是物质文明和价值观念的共享;多元文化交流也是一种中立的文化媒介,能够加深对不同文化之间相互差异的了解,多元文化交流也是一种文化传播的介质,可以加深对不同文化之间差异的理解,更容易互相沟通,更自由地交流,从而促进不同国家之间的信息传递,尤其在语言、物质、风俗等元素的交流方面能够呈现出五彩缤纷的文化景象。一个区域内部的文化因多元文化的交流而打破时空限制,呈现于世界不同文化间,获得其他文化、人类的认同,转化为全世界范围内共同享有的精神文明资源,促成和谐繁荣大环境的形成。

来华留学生时时刻刻都处于一个多元文化交流的环境中,在课堂上同学们来自世界各地,他们将多样的母语国的文化带入中国,在课下将中国地域文化和中国传统文化带向世界,使得中国文化与洋洋大观的世界多元文化间处于持续良性的文化互动沟通过程中。地域文化活动在教学中的加入为文化交流提供了展示的平台,无论是风俗文化、景观文化还是饮食文化都为来华留学生提供了多样的文化体验。留学生走进社区,体会日常中国生活，感受民俗风情，在于当地人的交流中，结识朋友，在这一过程中，留学生在于自己国家文化的异同对比中加深对中华文化的理解，增进了与中国人的友谊促进多元文化的交流。而在留学生向其他人传播中华文化时不再是局限于外国人熟知的北京、上海，将多元的中华地区文化构成的中华文化变得立体而生动。

二、对外汉语教学中与地域文化相关的调查分析

（一）HSK 词汇大纲中的地域文化词汇

HSK 词汇教学大纲中所要求的词汇水平对应于《汉语水平等级标准》的分类水平，是现阶段针对不同汉语水平留学生开展对外汉语词汇教学的凭证。HSK 词汇大纲同样为日后的教材编写工作、课程设计及课程测试标准提供了明确的参考依据。通过对 HSK 词汇大纲的分析，我们可以知悉汉语词汇教学大纲对不同层次的汉语学习者有不同阶段性的学习要求，可以了解到地域文化词汇在大纲中的占比情况。这是将汉语作为外语词汇教学发展的基础。为教科书编写，课程设计和课程测试提供明确的规范。可以了解到地域文化词汇在大纲中的占比情况。

2010 年初，新编辑的 HSK 词汇大纲修订完毕全部出版，新出版的 HSK 词汇大纲在旧版大纲的基础之上进行编纂，细化汉语级别分类、精炼各级别的词汇使其与 HSK 等级考试更为贴近——旧 HSK 词汇大纲总词汇量为 8822 个，分甲、乙、丙、丁四个等级，其中甲级 1033，乙级 2018，丙级 2202，丁级 3569。新 HSK 词汇大纲在此基础之上又收录常用成语及固定短语，按照 HSK 考试等级将词汇等级细化，本次修订方式适应了汉语国际传播的新形势。但是其在内容方面仍存在一定的不足，就是对于地域文化词汇和方言词汇收录较少同时也没有对学校所在地的方言词汇提出学习的要求。

根据上面所罗列出来的地域文化知识在对外汉语教学中的具体体现为依据，对新、旧 HSK 词汇大纲的词汇表进行了筛选，筛选出各等级收录词汇中的地域文化词汇并分类列表，在词汇表中分类为方言词汇的地域文化词均在第七版《现代汉语词典》中依照"<方>"的形式标记注出。以下是详细的地域文化词汇表：

表6-1　汉语水平词汇大纲(旧HSK词汇大纲)地域文化词表

序号	地域文化	音序	词汇等级	分类
1	白	B	甲级	地域文化项目
2	茶	C	甲级	地域文化项目
3	阿(头)	A	乙级	方言词汇
4	半拉	B	乙级	方言词汇
5	伯伯	B	乙级	称谓
6	老大妈/大妈	L	乙级	称谓
7	老大爷/大爷	L	乙级	称谓
8	老大娘/大娘	L	乙级	称谓
9	京剧/京戏	J	乙级	地域文化项目
10	熊猫	X	乙级	地域文化项目
11	绷	B	丙级	方言词汇
12	甭	B	丙级	方言词汇
13	高粱	G	丙级	特色物产
14	舅母	J	丙级	方言称谓
15	姥姥	L	丙级	方言称谓
16	茅台酒	M	丙级	特色物产
17	旗袍	Q	丙级	服饰
18	婶子	S	丙级	称谓
19	相声	X	丙级	地域文化项目
20	炕	K	丁级	建筑
21	笋	S	丁级	特色产物
22	外婆	W	丁级	称谓
23	烧饼	S	丁级	饮食

　　根据上表的整理和汇总,我们从8822个大纲词汇中整理出212个文化词语并从中筛选出24条蕴含地域文化色彩的词汇,并统计了四个等级中地域文化词汇数与大纲各级词汇量间的比例关系,结论如下表。

表6-2　新HSK词汇大纲中的地域文化词汇表

等级	词汇数量	地域文化词语数量	地域文化词汇所占比重（%）
甲级	1033	2	0.19
乙级	2018	8	0.39
丙级	2202	9	0.41
丁级	3569	4	0.11
总计	8822	24	0.27

表6-3　新HSK大纲各级词汇

序号	地域文化	音序	词汇等级	分类
1	阿（头）	A	一级	方言词汇
2	白	B	一级	地域文化项目
3	茶	C	一级	地域文化项目
4	熊猫	X	三级	地域文化项目
5	长城	C	四级	名胜古迹
6	京剧	J	四级	地域文化项目
7	胡同	H	五级	建筑
8	舅舅	J	五级	称谓
9	醋	C	五级	地域文化项目
10	姥姥	L	五级	称谓
11	甬	B	六级	方言词汇
12	绷	B	六级	方言词汇
13	坝	B	六级	建筑
14	旗袍	Q	六级	服饰
15	涮火锅	S	六级	饮食
16	糖葫芦	T	六级	饮食
17	咋	Z	六级	方言词汇
18	贼	Z	六级	口语词
19	炕	K	六级	建筑
20	没辙	M	六级	方言词汇
21	啥	S	六级	方言词汇

根据对新HSK大纲各级词汇的整理,我们地域文化词语整理出21条地域文化词汇,又根据第一章第三小节的分类方法对其进行分类,其中六条为方言词汇,十五条为蕴含地域文化色彩的词汇,并统计了六个等级中地域文化词汇数与大纲各级词汇量间的比例关系,并汇总如下。

表6-4　新HSK各级词汇汇总

等级	词语数量	地域文化词语数量	地域文化词语数量所占比(%)
一级	150	3	2
二级	300	0	0
三级	600	1	0.17
四级	1200	2	0.17
五级	2500	4	0.17
六级	5000	11	0.22

依据地域文化词语在新、旧《大纲》的收录数量及所占比重的数据分析情况,我们可以发现以下几个问题。

第一,从整体数量来看,不论是旧大纲还是修改后的新大纲对于地域文化词语的收录数量较少,占整体词汇总量不足百分之一,相较于跨文化交际者的实际需求来看是明显不足的。HSK词汇大纲在收录之初,为留学生设定的学习环境为标准的普通话语境,学习接触的也是标准的汉语普通话,对留学生使用标准汉语的能力和通过HSK考试进行了要求,忽略了留学生通过了考试后,在面临真实的生活交流环境下,如若缺乏对学校所在地的地域词汇了解的情况下能否顺利地展开交际的问题。以甲级词汇"白"为例,其原始含义是某种物质颜色与霜、雪一致(跟"黑"相区别),由这个基本义又引申出表示形容词、副词、动词、名词的九种词义,在中国的传统文化中,白色象征着阴险、反动、丧事、知识浅薄等文化意蕴,戏曲中奸雄曹操是白脸,民间丧事叫"白事",出殡时打白幡,但是哈萨克族对白色有忠诚、纯洁、善良的联想意义,在克勒衣部落男子婚前用白布包头结婚时换成红巾,婚后一年又换为白巾的习俗。两者的象征意义差距不可谓不大,因此应当考虑到学校当地的地域文化知识对留学生交际的影响作用。

第二,从收录词汇分类来看,新大纲相较于旧大纲来看,收录地域文化词汇虽然有所减少但是涉及的范围更为广泛,增添了名胜古迹类、建筑类、服饰类和饮食类地域文化词汇,更加贴近于留学生的学习生活,让词汇教学更贴近于生活便于学生理解,更与HSK试题贴近这样的设计让汉语国际对于中国文化的传播的助力效果更为明显。大纲收录的词汇多是集中于已经进入普通话的常用方言词汇和极为常见的地域文化词汇,虽然中国有很多种类的地域文化,但地域文化之间的差异是巨大的,假使大纲对于常用地域文化词汇进行种类上的大致划分,从《大纲》中的一些地域文化词汇为基点,辐射发散出类义词汇,从而形成聚合体系,这将对汉语作为外语教学过程下的地域文化的融入教学过程起到积极的促进作用。

第三,从地域文化词汇占整体词汇数量的比重来看,在旧HSK词汇大纲中乙级、丙级地域文化词汇占各等级词语总数的比重最多,甲级次之,丁级最少,这与留学生语言学习的实际相符,在接触甲级词汇时,留学生刚刚接触汉语,地域文化知识不会对其汉语学习造成影响,但是因为甲级词汇多为常用词语,词语的引申和本义的延伸使其背后蕴含的文化意蕴也越多,因此所含比重仅次于乙、丙级。在乙级、丙级阶段,留学生初步了解中国社会,地域文化知识已经成为阻碍其日常交际的因素,地域文化词汇也成为词汇教学的一部分;新HSK大纲在修订时对词汇量进行等级细化后,地域文化词汇在第一级中比例最大,其次是第六级,三至五级所占比重较少但比例相同,这与汉语国际传播的新形式相符合,更利于HSK考试的推广,然而,改进的新修订HSK词汇大纲中区域文化词汇所占比重有所增加,但是仍旧较少。

(二)对外汉语综合课教材分析

当今的对外汉语学界,各种类型课本充斥其中,综合教材、商务汉语类教材、旅游类汉语教材、口语专项教材、阅读专项教材、华文教材以及各国别汉语教材琳琅满目让人目不暇接,由于综合课程是对外汉语教学的基础课程同时又是主干课程,它对学生的听、说、读、写的复合语言技能和语言交际能力做出综合培养,既向学生讲授语音、词汇、语法、汉字书写等语言知识又传播中华文化,因此笔者将教材的选取投向综合课程教材,考虑到各种教科书的使用率和覆盖面,选取《新实用汉语课本》和《成功之路》《博雅汉语》为参考对象,筛选教材中的课文及练习的生词表中的地域文化词汇,依照第一章中提及的的地域文化知识分类细则汇总如下表。

表6-5　通用教材中的地域文化词汇表

分类\教材	新实用汉语课本(全六册)	成功之路(全十一册)	博雅汉语(全八册)
称谓	大伯、外婆、外公	格格	阿婆、大伯、家子婆、大囡、细妹子、外婆、郎中
风俗	花轿、说亲、大去、才活儿、阿拉勿懂	请安、祭灶、红娘	满月茶、阿婆茶
饮食	火锅、烤全羊、肉丝炒竹笋、芋头扣肉、酸菜、麻婆豆腐、烤鸭、臭豆腐干、茶楼、豆汁、细菜茴香豆、黄酒、金丝蜜枣、涮羊肉、米糕、茶馆	四川担担面、火锅、辣子鸡丁、宫保鸡丁、糖醋里脊、炸酱面、烤鸭、兰州拉面、京酱肉丝、鱼香肉丝、萨其马	茶馆、火锅、臭豆腐干、蘑菇炖小鸡、烤鸭、咕咾肉、豆汁、炒肝儿、热白果、蟹壳黄、沙角菱、春茶
曲艺	秧歌、京剧、越剧、相声、轴子戏	昆曲、京剧	黄梅戏、京剧、相声
娱乐		赛龙舟	麻将、西洋景
名胜古迹	神女峰、浦东、王府井、火宫殿、同仁堂、前门、长城、泰山、西单、三峡、灵山、秀水街、景山、兵马俑、外滩、黄山、	珠穆朗玛峰、故宫、章子峰、长城、香山、九寨沟	西塘、香港大屿岛、秦俑、紫禁城、天安门、颐和园、泰山、中山公园、城隍庙、天坛、龙门石窟、豫园、中山陵
手工艺	裱糊匠、鼻烟壶、风筝	冰灯、冰雕	面人儿、鼻烟壶
建筑	四合院、胡同、大杂院	里屋、胡同	园林、胡同、破弄、四合院
服饰	旗袍、长衫	旗袍、毡帽	大褂儿
特色物产	熊猫	熊猫、藏羚羊	
方言词汇			爹、郎中

根据上表总结出的教材中具体呈现出的地域文化词汇,我们发现《新实用汉语课本》出现数量最多的三小类词汇是:饮食、名胜古迹、娱乐;《成功之 路》出现数量最多的三小类词汇是:名胜古迹、饮食、风俗;《博雅汉语》的名胜古迹、饮食、称谓是出现数量最多的三小类词汇。综合来看,名胜古迹类和饮食类地域文化词汇无疑是教材选材的宠儿,占据了整体地域文化词汇一半的比例,这与留学生的实际需求是相适应的。

中国饮食文化历史悠久,以精致讲究的吃法、繁杂多样的烹饪手法闻名于世,吸引着众多外国人一尝究竟,对来华留学的留学生来说更是不可错过的美味体验,这方面内容一直是留学生在课堂上的兴趣所在。笔者曾就任的学校中级班的学生们在学习博雅汉语《吃在中国》一课时,曾讨论过中国的特色菜,笔者结合课文内容和具体图片对中国菜系进行详细介绍,而后结合学校附近的特色地域饮食,像学生教授了学校附近的美食名称,如:馕、过油肉拌面、牛肉丸子汤、大盘鸡、油塔子,在此基础之上向同学们讲解了去饭店点餐会遇到的特殊词汇和对话,学生表现出了浓厚的兴趣,积极参与到讨论当中,这节课笔者和学生都感到学习氛围很轻松、很快乐。

在三套教材出现的地域文化饮食词汇,出了各地域的特色美食,如:臭豆腐、豆汁、炒肝儿、北京烤鸭,还有表现某地域内的特殊饮食文化,如:茶馆、茶楼。由此可见,饮食类的地域文化词汇在实际教学过程中,不仅可以激活课堂气氛,吸引留学生在课堂中的集中力,还可以加速语言技能的学习,让中华文化的传播提质增效还可以让留学生更快的了解学校附近的社会环境。除去上课时间,风景名胜景点成为学生度过周末时光的首要选择,中国幅员辽阔不同的地理位置有着不同的自然风光,不同的地理气候孕育出不同的人文风光,因此在课堂上将学校周边的名胜景点介绍给学生,有助于学生对于所处城市有一个深刻的认识,同时加深对于中国文化的认识,因此饮食类和名胜古迹类地域文化词汇占据了大半的位置。

除去发现三套教材在地域文化词汇选取方面的优点外,我们仍发现几点不足之处。

第一,方言词汇的缺失。在选取的教材中只有《博雅汉语》系列综合课程教材提及"爹、郎中",其余两套综合课程教材均没有在课文及练习中选取方言词汇,笔者猜想可能是因为在教科书中,很难选择某种方言词汇作为国际学生的必要学习项目。但是方言词汇的缺失难免会造成留学生课上懂课下懵的现实,让学生课上课下同步训练汉语能力的目的就无法达到,这不免是一种遗憾。

第二,地域文化词汇缺失。从以上统计数据可以看出,我们可以看出在三套综合科教材中有些地域文化词汇在教材内容中重复出现,虽然考虑到教材内的知识点在一定范围内的复现率会增强学生对知识点的记忆,但是有些地域因素的过度复现导致了新的地域文化知识点的缺失,这一点在名胜古迹和建筑方面尤为突出。在数据统计时,我们发现名胜古迹类的地域文化词汇主要围绕于北京、南京、上海、四川等一线城市存有的名胜景点展开,而在与建筑类相关的地域文化词汇中"胡同""故宫""长城"成为重复率最高的词汇,这样设置会让留学生产生错误印象,中国只有北京、南京、上海比较发达,只有故宫、长城、胡同值得一去,中国地域辽阔,省市众多,虽然不是每个省市的名胜景点都为人所知,都有向留学生展示的必要但是也不仅仅只有北京、南京、上海的名胜景点值得留学生了解,神秘的神农架、广袤无垠的那拉提草原、小桥流水的江南水乡、黄沙漫天的奇台戈壁、云南的龙脊梯田都值得让留学生了解。

建筑类地域文化词汇亦是如此,难道中国建筑只有故宫、长城和胡同吗?岳阳楼、秦始皇陵、布达拉宫、八卦城都是中国古典建筑的优秀代表,首都博物馆、天津滨海图书馆、苏州博物馆、哈尔滨大剧院等现代化的地域文化词汇也应当出现在教材中,让留学生生活中最常接触的现代化中国出现在课本当中,这样有助于将中国地域间的多元化特色更好的展示出来。

(三)对外汉语教学中的地域文化类教辅分析

学术界对于文化因素教学的研究至今已有30余年,教科书的编写问题、文化因素导入方式、教材文本文化因素的选取问题至今研究已初见成效,出版了专门针对对外汉语教学特性的各类中国文化课本,中国文化辅助读本也随之出版发行进入各院校国际学生的汉语教学课堂当中。笔者搜集了市面上仍然出售的文化类对外汉语课本,虽然收集本数有限,但可以看出,针对对外汉语文化教学的教材数量在逐年递增,教材体例多样,适用群体广泛,教材内容宽泛,等等。具体汇总如下。

表6-6 对外汉语文化类教辅

出版时间	教材名	出版社	适用对象
1993	中国文化面面观	华语教学出版社	语言进修生
1994	中国文化	国际文化出版社	本科留学生
1999	中国文化读本	商务印书馆	外国人
2000	中国传统文化与现代生活	北京大学出版社	本科留学生
2007	中国文化	华东师范大学出版社	本科留学生
2011	中国民俗文化	北京大学出版社	留学生、外国人
2013	中国概况	北京语言大学出版社	本科留学生
2014	中国文化欣赏读本	北京语言大学出版社	外国人
2017	中国文化读本	华语教学出版社	外国人
2018	妙语生花 中国语言文化	清华大学出版社	本科留学生

翻阅对外汉语文化类教材可发现,此类教材中选取的文化知识内容是与对外汉语课堂的教学规律及教学的总目标相适应的。根据搜集到的文化类教材筛选出三套文化类教材中涉及的地域文化知识,并总结在下表:

表6-7 地域文化知识点分布

教材	地域文化知识点					
	名胜古迹	手工艺	风俗	建筑	娱乐	地域词汇
中国传统文化与现代生活	北京城、长城、桂林山水、黄山、兵马俑、西安	风筝、剪纸	1.六月二十四日是云南地区的火把节。那一天云南地区的少数民族(普米族、白族、彝族、纳西族)会开盛大的庆祝仪式,意为种"太阳"、寄颂火神 2.傣族每逢贵客来临,都会用干净的水点洒于客人的肩背处,用这种方式欢迎客人的到来	北方四合院(坐北朝南、庭院宽大、墙壁和屋顶厚重)、南方徽派民居(庭院狭小、门窗较多,不一定是正南正北朝向)		
中国文化欣赏读本	长城、故宫、乐山大佛、兵马俑、平遥古城、布达拉宫	1.剪纸(构图上,北方简洁古朴、南方繁茂华丽) 2.北京兔儿爷、毛猴、鬃人	春节期间,秦岭淮河以北地区选择吃饺子,而南部地区大多选择吃年糕		秧歌(东北地区的秧歌风格诙谐、鼓点节奏非常快;陕北地区的秧歌风格豪放,素有闹秧歌之说)	
中国文化读本	1.冬至时,北方宰羊、吃饺子;南方吃米团、冬至线面;留有"吃了冬至夜饭长一岁",俗称"添岁"的说法 2.当孩子满月时,山西地区亲戚朋友们会将定制银锁送给新生儿,锁上常会刻"长命百岁""长命富贵"等吉祥图案;河北会送布老虎、虎头鞋	北方婚礼多在中午以前举行,南方婚礼在傍晚时分举行				在农村地区或交通要道民间约定俗成的集市,北方地区称之为"集",四川、贵州称之为"场",广东、广西称之为"墟",江西称之为"圩"

我们发现这三套文化类教材虽然是为了向留学生或外国人介绍中华文化的专业教材,但是其介绍的主要是关于中国主体文化内容,虽然夹杂着一些地域文化知识但是关于地域文化知识的内容很少,只有少数的几点,占全书极少的比重,其中中国各地不同的风俗习惯和名胜古迹是占数量最多的地域文化知识项。

我们根据上述调查,发现由于HSK词汇大纲和综合课本是依照整个留学生群体而设计的,由于教材在编纂之初就是将汉语普通话设定为教学主体,因此地域文化词汇知识在对外汉语教学设计之初所占比重较少,这一定程度上忽略了留学生实际的交际环境是在一定方言区进行的情况,没有让留学生在汉语学习过程中"课上懂,课下懵"情况得到有效缓解。

通过对对外汉语文化类教辅用书的调查研究,我们发现不论是传播中华文化的文化教科书还是专门为讲授中华文化而编写的文化课教材都对地域文化知识涉及较少,教学比重所占甚少,地域文化知识作为中华文化多元化的体现并没有在文化类教材的课文或者是习题中得以体现,这不免是一种遗憾。

针对对外汉语教学的教材研究在不断深入,依据留学生生源地语言类型的专有教材、专题性质、专项性质的教材不断进入到各高校的实际教学课堂中,这些对对外汉语学科走向精细化和科学化的方向均是有益的助力。但是,这些教科书都是在普通话教学的前提下编写的,留学生实际面对的是带有一点方言口音的方言区交际环境却没有被考虑进教科书的编写环节中,在学习汉语与中国文化的过程中,随着汉语水平的提升,留学生的交际范围不再局限于在课堂上和校园内,交际范围的扩大使其与学校所在地的居民开始有所接触,这时方言词汇和地域文化知识难免会成为留学生交际路上的"绊脚石"。因此,编写适宜学校所在地方言状况及地域文化背景的地域文化类辅助教材,为现有的教学活动提供多样的案例补充资源,因而,地域文化融入对外汉语教学是必需的,也是必要的,在一线的教学实践过程中学生需要重视地域文化知识的融入。

三、地域文化融入对外汉语教学的方法

(一)完善高年级留学生地域文化课课程体系

目前,对外汉语教学的课程体系中已经设置了种类繁多的语言和文化

的选修课,例如:剪纸、书法、太极拳、汉语角等这些文化类选修课在一定范围上拓宽了留学生的学习深度,主干课程在讲授过程中也会穿插相应的文化点让留学生进行学习,但是可惜的是并不能高效地解决国际学生实际沟通过程中直面的文化冲突问题。这是因为留学生开始尝试与当地居民的进行频繁的交际活动,因此高年级的留学生面临的不仅仅是汉语普通话和中华主体文化,还有地域文化内容和方言词汇。

根据国家语委的调查显示,2000—2010年居民的普通话水平总体由50%提升至70%,但是方言的使用情况没有发生变化,在日常生活中普通话的使用概率仍不高,居民最常使用交际语言的仍然是方言。针对此类情况,我们可以在留学生的高年级阶段在课时范围内,开展与学校所在地的方言情况相适应的方言选修课和地域文化体验课程,以此来弥补对外汉语主体课程内容的不足。

地域文化体验课程可以让留学生切身体会自己现在所居住的城市丰厚的历史文化遗产、独特的城市魅力,让留学生生动、直观的了解地域文化知识。因为地域文化体验课程因为课程时间的限制,并不适合单独在课堂上开展,我们要选取博物馆、纪念馆、文化产业园等公共资源为教学工具向留学生介绍所在城市的自然资源、历史文化及人文风貌。教师也可以结合学校当地的旅游名胜景观,向留学生介绍当地的独特自然风光以满足留学生的出游需求;可以结合当地的特有风貌,增进他们的亲近感。

教师可以选取性地选择景点组织一日游,以伊宁为例,可以将学校设为出发点,以伊犁河景观大道、伊宁市规划展览馆、八达·赛里斯文化广场、巴彦岱"这边风景"文化街——达达木图乡布拉克村"塔兰奇民族博物馆"、王蒙书屋、喀赞其民俗旅游区、臻品旅游文化街、汉家公主纪念馆、伊犁州博物馆为具体路线。在这一活动过程中,教师要结合当地的地域文化特色设计相关的主题活动,在课堂上以图片或视频的形式预先向留学生讲授主题活动的知识,向留学生布置有关的探究问题,让留学生带着问题走向实际的社会活动中,在社会活动中亲身体会中华文化,而后做好相关记录以便回到课堂上在留学生之间相互交流心得和体会。

方言选修课的设置是为了让留学生缓解课上懂、课下懵的交际困境,比如:扬州话"打脸"是指在脸上涂抹脂粉,化妆的意思,如果不加以讲解,留学生在交流中可能会误认为这个词表示一种无礼的行为举止,是打别人脸的动作。又比如,新疆话中的"骚","骚"常见的含义是指一种不安定的状态或特指某一个人轻浮的举止,但在新疆话中"骚"往往还可以表示某个人的行为十分厉害或者某个物件十分高端。留学生若是不了解"骚"的另一种地域含义,就会对"你这个行为骚得很"这句话不理解,甚至是产生误解。因此选取适应于学校所在地方言区的常用词汇为教学资料,让留学生在本土语言环境下再次学习和加强目的语的学习,可以提高实际交际环境背景下的沟通效率。

(二)培养适当地域文化课程的师资力量

在留学生的高年级开设适应于学校当地的地域文化课程,必须要了解当地地域文化且具备对外汉语教学经验的老师来讲授。此外,在现阶段,中国只有少数几所学校在针对国际学生的汉语课程中提供地域文化教学课程,但是随着在中国留学的国际学生人数的增加以及对外汉语学科研究的深入,留学生对于学习、了解地域文化知识的需求会逐渐上升,那么就有必要培养既熟知学校当地地域文化知识又具有对外汉语教学经验的老师。

培养这方面的师资力量,首先,可以将教师以是否具备深厚方言知识为选拔前提进行选择,选拔出能够进行方言词汇教学的对外汉语教师。因为只有专业的对外汉语教师才熟知对外汉语的教学规律、教学手段,能够在方言词汇的教学过程中讲清楚、讲明白,让方言词汇成为教学的有益助力而不会喧宾夺主,反而成为干扰留学生学习普通话的影响因素。其次,提升选拔出的具有方言知识的对外汉语教师的文化素养,尤其是从教所在地当地的地域文化素养。由于对外汉语教学的跨文化交际的特殊性质,只有教师自身具有较高的地域文化素养才可以在面向留学生传播当地地域文化时,讲清楚地域文化与中国文化之间的关系,让地域类文化特色成为助力一线教学实践落于实地的助推器。培养能够进行方言词汇及地域文化教学的对外汉语专项教师具有较高的难度,这不仅要求老师能够熟练地使用汉语普通话,对方言知识有体系性的研究经历,还要求有较高的地域文化素养。最后,可以邀请当地的手工艺者、民俗工作者以及社会中熟知地域文化知识的人士进入对外汉语课堂,让这些熟悉地域文化知识的社会工作者在课堂上以演示或交流的模式向留学生展示地域文化内容,在这其中留学生不再是单向的听取老师的单方面的介绍而是在实践中亲身体验地域文化的丰富内涵,在双向互动沟通过程中掌握提升他们的整体人文素养。总而言之,相关师资力量的培养离不开教师自身努力的同时也离不开学校相关部门与民间艺人、民间组织的帮助。

(三)编写蕴含地域文化的辅助读物

三十余年间,有关于文化教学的基本教学理论问题、文化内容的选取问题、文化与语言间的关系等问题得到论述,研究从文化课程的设置到文化教材的编写再到对文化大纲的设想,学者们在这过程中取得了丰硕的理论成果,这为我们日后的文化教学研究以及编写相关地域文化辅助读物的准备工作提供了严谨而细致的参考性理论依据。为了有效缓解主要课程缺乏区域文化知识点与外国学生对区域文化知识的需求之间的矛盾,我们有必要撰写与大纲及教材相适应的蕴含地域文化的辅助性读物。

1.辅助性读物编写需注意的问题

从已收集到的各类别对外汉语教材来看,有关于中国文化的相关内容所占比重在近几年呈逐年上升趋势,但是仔细研读课本内容后,我们发现教材中的文化内容的取舍虽然与对外汉语课堂教学规律和总目标适应,但是缺乏一个共性的行业标准,其中大多数是由编辑自己决定的,这使得教科书中的文本选择随机而缺乏普遍的共识。在收集到的相关适用于对外汉语地域文化教学方面的教材存在的缺点也具有一致性。

首先,由于缺乏明确的教学大纲,地域文化辅助读物的编写风格尚不得而知。在地域文化辅助读物的编写中是要像商务印书馆出版的《中国文化概览》一般依据某些现有的学术理论依据将我国划分为明晰的区域,然后提取所划分区域的代表性地域文化进行汇编,出版系列丛书呢?还是像柯玲版本的《中国民俗文化》一般,出版一整本书分篇章专题对不同区域的介绍?其次,地域文化辅助读物编写如何选定编写内容,如何编写才能与教学课时相符合、让教学内容的效度最优化等等,这些都是我们在编写辅助性读物前亟待思考、解决的问题。根据现有的共识思考成果,借鉴其他教科书的写作风格,可以断定的是,地域文化辅助读物在编写文本时选取的内容应该是独立的,这并非意味着与主流文化间相脱离,地域文化内容要另辟蹊径、独成体系,地域文化内容被筛选,并根据某些现有标准进行分类,依据共性和个性特点,辅助性读物的编订要依据筛选后实际的地域情况进行。当然由于地域文化辅助读物是适用于对外汉语课堂,地域文化辅助读物选取的内容除去要有独立性外还要有针对性,内容要针对留学生的跨文化语言教学特点,内容和语言教学过程要贴近,地域文化知识与语言项目在教材的设计过程中相融合,学习地域文化的同时再训练综合语言能力。

2.地域文化辅助读物的编写

教材是教学活动在课堂上得以实施的重要依据,与教学活动贴合是教材最基本也是区别于其他发行刊物的主要功能。在高年级的留学生中引入方言选修课及地域文化体验课程就需要提前编写适应于学校所在地方言区文化背景下的地域文化辅助性读物,否则留学生的相关包含地域文化内容的教学活动则无据可依,不能为高年级的留学生的方言词汇及地域文化学习过程提供翔实的事实依据。地域文化辅助读物的内容在编排时,留学生学习阶段与教材知识点的难易程度要相适应,考虑学习者的心理特点和学习规律的适应性,安排教学内容讲求科学,由表及里,逐层递进。一部编写优秀的对外汉语教科书除去要求科学合理的安排内容外,还要充分考虑到教材文本选取语言材料的实用性,选取地域文化内容要在真实的语言交际环境中得以使用,与留学生的实际学习需求相适应,选取的语言材料风格要多样、多元,不可走马观花,泛泛而谈。

地域文化和方言词汇教学以选修课的形式开展,由于留学生一学期的课时数有限,刨去主干课程所占课时,选修课的课时安排较少,因此教材内容在课时安排上要合理,与主干课程教授内容要相契合,让选修课成为主干课讲授知识的再训练场所,让地域文化和方言词汇成为主干课程的有益补充而非过度的单一讲授地域文化和方言词汇,依照实践性原则,合理的选取学校当地最常用的方言词汇和最有代表性的地域文化知识。

这样选取的原因一方面是因为辅助读物选取的内容要可以在实践过程中使用,地域文化类文化教学是让留学生熟悉预设的、常见的带有方言发音的生活语言情景下进行,留学生要在复杂的社会语言环境中通过实践体演的方式来获取语言知识;另一方面,在留学生掌握了地域文化和方言词汇后,他们进入到真实的社会交际环境中,辅助读物中提及的地域文化和方言词汇知识可以帮助留学生的交际活动,摆脱主干课程教材教学后存在的课上懂、课下懵的困境。比如,《留学生综合实践课程——走进广州》一书选取广州的历史、经济、文化、艺术等代表性元素,开设四个单元、十六个专题研究,介绍广州的著名商圈、传统工艺、老字号、民间艺术等,每单元包含学习课文和实践任务,让课文成为实践前的前情介绍,加深留学生对广州文化和中华文化的认识,而后在实践任务中充分调动留学生的听、说、读、写四项技能,让留学生在实践任务中一边体验地域文化活动一边增强目的语学习效果。

辅助读物在语言材料的选取时还要兼顾语言材料的多样性和生动性,让辅助读物中的实际案例增强留学生的学习兴趣。在练习量和词汇量的设置上,力争与主体课程教材相匹配,突出地域文化和方言知识的同时安排适量的词汇量和练习量,让地域文化辅助读物成为主体课程中教授知识的复现场所。

在辅助性读物地编写准备工作上,还要注意系统性的对方言词汇的本体研究。只有对地域文化本体和方言词汇的系统的、体系性的进行深入的研究,才可以对编写内容做到心中有数。我们在编写过程中需要注意的一点是中国方言种类众多,各方言区内部仍旧会分为不同方言片、方言点,例如:粤语(区)—粤海(片)—广州话(点),这些方言区内的方言虽然在一定程度上有相似性但是仍有细微的差异,因此在编写地域文化辅助教材时需要基于某一方言点的方言而非整个方言区,方言点的选取并非固定不变,而是要参考留学生实际参与交际的方言环境,可以是学校所在地的方言点也可以是留学生日后将要生活、进修时面对的方言点。此外,还需要对选定的方言点进行深入调研,只有对方言点内的方言特点、代表性地域文化进行深入研究,才可以在编写教材的过程中对地域文化内容有一个宏观的认知,从而掌握好地域文化本体和方言词汇的整体规律,在选取内容上才不会流于形式或脱离现实。

地域文化辅助读物的内容选定和编纂是一项庞大而繁杂的工作,但是可喜的是,已经有一部分地区高校编写出适应于当地的地域文化辅助教材,如:《留学生综合实践课程——广东文化》《留学生综合实践课程——走进上海》《体演苏州》,希望这些教材可以为我们接下来的提供经验,可以在不远的将来编纂出适合在各地区地域文化背景内教授方言词汇和地域文化的补充教科辅助性读物。

(四)适当增加通用教材中地域文化的内容

在对于HSK词汇大纲及现行的通用对外汉语教材的调查研究中,我们发现不论是大纲还是教材都对地域文化和方言词汇有较少的关注,因此为了弥补大纲及现行教材中存在的问题,可以通过对通用教材中的课程内容扩展的方式进行,针对教材课程内容范围内地域文化内容的扩展分为两个方面,一方面是对教材中的文化内容的扩展,另一方面是针对教材中的词汇量的扩展。

教材中的相关地域文化内容的扩展,可以采用对比式的教学方法,所谓对比式教学是指将主体文化内容和地域文化内容中属性相似的内容比较,通过对比主体文化内容和地域文化内容的异同之处,从留学生的实际感官体验入手,在比较中让留学生领会地域文化与中华文化的关系,对地域文化内容与主体文化之间架起理解的桥梁,扩展留学生的知识面,让留学生感受多元的中国文化。

端午节是中国传统节日之一,这一天南、北方地区都有佩香囊、包粽子、挂艾草的习俗,但是广东地区,人们习惯在粽子内包裹咸蛋黄、瑶柱、香菇、鸡肉等调料,粽子一般以"鲜、咸"著称;在山西晋中地区,粽子内会选用黄米包裹着红枣或豆沙,食用时会辅以白糖,口感偏甜。在西部新疆,人们用"芦苇花"作为辟邪的代表而非"艾草"。每当端午节时,人们会在门上插一束金色的芦苇花。在博斯腾湖水域附近范围的县市,过端午节时还会用加工好的芦苇秸制作五色香囊,因为芦苇在《诗经》中,被赋予了"真挚爱情"的美好内涵,用苇秸编出的五色情香囊更是成为见证爱情的珍贵礼物。

不同于教材中的地域文化内容的扩展,有关于教材中的词汇量的扩展可以通过集合式和选择比较式的教学方法进行。所谓集合式,就是将词义相同的常用方言词汇与课本中的普通话词语集合在一起进行教学。比如:常用称谓语、数字、避讳等等。比如,在对孩子的爱称比较教学中,普通话人们常说"娃娃"、"宝贝"等,而在湖南地区,人们常常将孩子叫为"乃几""毛毛""宝坨",可以将这些常用人物称呼词语集合起来进行教学。

在教学中教师也可以选择比较式教学法,就是将学校所在地常用的方言词汇与教科书文本中选取的词汇进行比较,这样学生通过比较,将两者有机的联系在起来,在对照之间明晰普通话与方言词汇的对应关系,比如:在扬州话中,人物称呼有爹爹——祖父,小乖——侄子、侄女,伢子——小孩,小大子——长子女等。我们也可以在对照比较关系旁边以小故事的形式标注出其背后隐性的地域文化内涵,这样既锻炼了国际学生的阅读能力,又传播了相关地域文化知识。在重庆话中"划算"要说成"划得着",留学生在交流过程很难理解为什么人们在交流过程中要将"划算"改说为"划得着",因此在重庆地区的高校内进行方言词汇教学时,可以把"划算"与"划得着"设为对照项,在旁边添加"划得着"背后蕴含的地域文化小知识,以此帮助留学生理解和记忆。以前重庆山多路陡,桥梁建造极为不易,因此人们过江时多是依靠渡船。渡船在起初也都是简易的小木船,后来随着科技的进步才有渡轮。小木船航行依靠人力,假如一船满载人,船家合算成本后有利可得,船家就是"划得着"也就是"划算",否则另一种情况就会说"划不着"。

与集合式的词汇教学相比较,通过对照式的方言词汇教学能够让留学生对方言词汇的含义有更深层次的理解。两种词汇教学方式可以有效缓解留学生课上懂但是课下交流听不懂的困境,可以帮助留学生在实际交际过程中自如的与当地人交流,提高教学的有效性。

要将学校地域的代表性区域文化知识融入对外汉语教学中,必须坚持地域文化是中国文化不可分割的一部分,是一个国家一个民族的大文化的支脉。地域文化知识在教学中融入是对教学资料的重要填充,明确认知带有地域文化类词汇教学虽然在教学设计和实施过程中涉及方言词汇,却依旧是服务于主流课程设计所要遵循的语言教学标准,教授内容看似与课程要求的普通话教学有意义上的差距与冲突,但是也非另辟蹊径,独成体系。

通过地域文化知识的讲解扩大留学生的学习范围,解决他们课上听得懂、会使用,课下沟通困难的困境达到促进目的语学习和交际的目的。对高汉语水平的留学生开设地域文化类选修课程时,力求避免包含方言教学或地域文化教学贯穿于教学的始终的局面,忽略对其他知识的讲授。虽然地域文化知识对留学生的学习有一定难度,但是我们也不能因噎废食而忽略地域文化教学的有益作用。

通过理论剖析,我们可以推断在将汉语作为外语教学的实际教学过程中适度地添加内容合理的地域文化知识要点,有助于留学生的再社会化,扩充教学资料,促使中国文化与洋洋大观的多元文化间进行持续而良好的交流。将地域文化内容纳入对外汉语教学也对教师和教材提出了更高的要求,但我们通过对相关方向教材资料的收集整理,发现该领域的教科书非常稀缺,相关的中国地域文化高质量教材和人才资源很少。不论是解决地域文化辅助教材匮乏问题还是高素质的教师人才稀缺问题的关键就是加强地域文化教学专项人才的培养,为解决这一关键问题我们可以进行这几方面的预先准备:首先是要针对年轻的、具有方言知识储备的对外汉语教师进行选拔。其次是要提升在职教师的地域文化素养,尤其是任职于综合类和文化类课程的对外汉语教师的地域文化素养,只有任课教师具有相关地域文化知识储备,才能够对教授的知识内容做到心中有数。最后,要加强对外汉语课堂与民间组织、民间艺人的交流,让地域文化知识以生动形象的面貌展现于留学生面前,也让民间以人为教材的编写、教师的培训提供真实而详尽的资料。

第二节 新诗在对外汉语教学中的应用

中国文化已经有五千年历史,文学是其中最有代表性的艺术形式,文学内容也是对外汉语文化教学中的一部分内容。诗歌作为一种文学表现形式,从古至今,一直扮演着重要角色,具有突出的"诗教"意义。《诗经》《楚辞》、汉乐府诗、南北朝民歌、唐诗、宋词、元曲、明清诗歌和新诗,诗歌的形式越来越丰富,各种形态的诗歌几乎都成为历代文人表现个人生活,表达个人心灵,展现人文关怀的重要文学文本。

新诗与旧诗相对,以白话为基本的语言表达方式,在语言、文学方面具有划时代的意义。从新文化运动以来积累的数量众多的新诗中包含着丰富的文化内容,反映了多方面的社会生活,积淀着形态丰富的风俗习惯和独特的民族化的价值观念。因此,新诗是中国文化的重要内容,它也必定能在对外汉语教学中发挥不可替代的作用。

由于各民族文化差异巨大,外国人很容易会用本民族的文化来判断他所接触到的中国文化,如果不进行教学引导,就会产生一种文化偏见或者民族中心主义现象。对外汉语教学中诗歌的文化作用功能强大,内容复杂,这就需要我们在对外汉语教学的实践中进行探索,充分发挥其文化作用。同时,在课堂上不断激发留学生的思考和学习兴趣,对一些晦涩难懂的诗歌文化现象进行分析和解释,让他们真正认识中国的文化,以拉近中国与世界的距离,培养更多的跨文化交际人才。

但是,事实上中国诗歌在文化交流中的作用总体上是没有发挥出来,不仅诗歌在对外汉语教学中的数量较少,在海外接受的情况也不容乐观,其中新诗的情况尤其明显。

20世纪70年代末以来,作品已经被译成法文,并在法国境内发文的中国诗人总数为88人,其中仅有23位诗人的作品被公开出版。这说明汉语诗歌的对外文化传播力度不大,外国学者对中国诗歌的了解是远远不够的,诗歌在文化交流中的作用总体上都被低估了。

一、新诗在对外汉语教学中的应用价值

汉语是我国对外交流的主要传播方式,也是中国文化传播的主要利器。汉语本身就是一种文化,对外汉语教学与中国文化的传播密切相关。通过对外汉语教学,可以促进汉民族文化向全球传播。"一带一路"的倡议使沿线国家学习汉语的热情持续上升,对外汉语教学的工作显得越来越重要。

新诗作为汉民族文化的一个重要内容,经历了时代巨变,以一种前所未有的果敢与热情,面对中国积聚变化的现实,回应了20世纪的各种"挑战",记录了中华民族的斗争历程,并因为吸收了世界先进文化,转变为中国现代文化,标志着中华民族的新生。它的价值在于它能够从固有的传统中脱颖而出,并吸收了崭新的现代文化内容,从而以一种不同于传统诗歌的形式,凝聚了中华民族当代的宝贵精神财富。从这个角度讲,新诗有着无可替代的价值,也应该能在对外汉语教学中发挥独特的作用。

(一)新诗的文化价值

"五四"前后胡适等人提倡将白话新诗作为启蒙国人的思想工具,使中国文化再次焕发活力。诗歌不仅是一种抒情表意的工具,同时也具有一种文化使命。中国新诗与古诗一样是中国文人在体验人生后获得的一种真实感悟。它既没有完全抛弃中国固有的精神文化,又随着时代变迁,带上新质,成为现代文化的载体。这种文化使命和与现代文化的联系,使得新诗在对外汉语教学中具有更大的文化意义,呈现出其在文化传播中具有的优势。

1.承载优秀文化

新诗是一种书写现代社会的"言语",承载着文化的要义,或者可以说

它就是文化本身。白话诗要用日常生活的话写人的生活,因此容受了大量日常文化生活的内容。并且新诗属于新文学,而新文学又是人的文学,以人为表现对象,为普通人而写,因此可以说新诗中几乎全部是现代文化的内容,里面书写的也是现代文化所强调的"平等""自由""科学"等价值观。简单来说,新诗的白话使现代文化进入诗歌。新诗中的意象主要是现代社会进化的产物,国家意识和人的观念比较强烈,承载的是现代发展的历史文化,传达的是现代人的智慧精神,有爱国精神、自我精神,还有现代人的执著着精神等,这些新诗中的价值观与现代文化的价值观一致。与此相反,中国古典诗歌中的意象,有天街、孤烟、金戈、青灯等,承载的则是传统社会的文化信息,表现了农耕时期人的思想,代表着古代传统文化形象。当然古诗中也有很多爱国和爱情诗,是可以用新诗来代替的,并非古诗所独有。文化传承的主要属性之一是文化特质的传承,新诗正是具有与中国现代文化特质的联系,而显示出超越古诗的潜力。

(1)优秀传统思想

儒家思想一直是中国文化的核心思想,也是优秀的传统思想。这方面的内容在新诗中也有保留,比如儒家思想中的"仁"。孔子说:"仁者爱人。"这种思想在新诗中转换了一种形式,化为人道主义的情怀。

再如家国观念。儒家把"仁"的范围从个人推广到家庭,再推广到社会,乃至国家。一个人只有学会爱自己,才能爱自己的家庭,学会爱家庭,才能学会爱国。古代文人大多都是坚守"忠君爱国"的思想观念。为此,中国古诗有很多爱国主义的诗歌。但是,中国古诗的爱国更多的是表现为爱天子之国。另外,古诗中所讲的国家比较空洞,"国家"意识并没有清晰地得到展现。费孝通认为传统社会"国家"的概念模棱两可。中国古诗中尽管有边塞诗等抒发爱国热情的诗歌,但这些都是受"忠君"思想的制约,并非现代意义上的爱国。正由于这个原因,有些历史题材类的诗歌,如杜甫的《春望》描写国破家亡的场景,对留学生来说不容易理解,不适合作为文化传播和对外汉语教学的内容。

新诗则没有固守这种封建的观念,其中的民族主义观念仍然比较强烈,表现出现代的国家意识,爱国情感与古诗中的情感一样浓厚。而且新诗把这种感情和家国意识与普通人联系起来,使爱国主义更容易理解,也更为真挚,更为广大。如余光中是一个挚爱祖国及文化的诗人,他写的

《乡愁》将邮票、船票、坟墓、海峡联系在一起,这就是诗人爱国之情所承载的文化意象,也是千种愁思下的思乡情怀。这种爱国精神就是将个人的悲欢包括对母亲、对妻子不能团聚的心绪与对祖国以及民族的爱恋融为一体,表达了那个特定历史时期中华民族的集体情感。

在对外汉语教学中,这种乡愁是一个不错的话题引子。如以"邮票"为例,邮票代表着一个国家的文化形象,可以凸显一个国家或者地区的所有文化内容,而邮票又是集邮文化的基本载体。许多西方学者都认为集邮能促进社会发展,可以使人们对国家意识有明确的认知,使爱国主义观念更深厚。对外汉语教学可以充分利用这一特点,通过讲授新诗,组织集邮活动,使得学生更好地了解中国文化,通过新诗去品味和感悟中国爱国主义的精神。

此外,新诗还能把家国意识通过其他普通人的情感来表达,显得更为平民化。使得爱国这种优秀的传统得以继承。比如刘半农的《教我如何不想她》、汪静之的《不能从命》、戴望舒的《我的记忆》、郭沫若的《炉中煤》都是通过写对女子或者友人的思念而比喻为对中国的思念,极力表达了对祖国的热爱之情,这也是宣扬和平友爱的思想,由人爱人推及到人爱国。

新诗中优秀的传统文化可以在对外汉语教学中潜移默化地传授给留学生,使他们了解中国优秀传统文化。当然,优秀传统文化中还有一些有价值的思想,诸如合群、尊人卑己、贵义贱利等思想,在新诗中因为与现代文化有一定距离,所以较少表现。这也就是古诗在对外汉语教学中不能完全去除的原因。我们在强调新诗具有的继承传统优秀文化的功能方面还是要与古诗一起合作才能达到最佳的效果。

(2)现代价值观念

中国古诗中的一些价值观念,如男尊女卑、三纲五常、"学而优则仕"、养儿防老观念等。从当今时代的发展和变化来看,很明显地与当代社会的发展背道而驰,这些旧思想旧价值并不符合现代人的心理。与此相反,新诗中的新文化(新思想、新价值观)更能得到现代中国人的认同,也更能获得当代的外国人的认同。比如自由平等观念、审美追求、民主科学观念等,它们通通以肯定人的价值为基础,因此闪耀着人性的光辉。

人文主义是文学创作的灵魂所在。早在"五四"时期李大钊也提出"我们所要求的文学,是为社会写实的文学,不是为个人造名的文学",这种文学是要求作家有一种博爱的人文情怀来打造真正的文学艺术。中国古代社会弥漫着封建思想,它强调男女之间的感情要受到礼节的束缚,婚姻要由父母做主,这些观念限制了古人的真情真性,使汉民族正面大胆表露男欢女爱的诗歌并不多,更多的反而是那种"哀而不伤"和"温柔敦厚"的诗歌,特别在文人诗中更是只有"悼亡诗",没有"爱妻诗"。

与之相反,新诗则提倡爱情自由、婚姻自主、男女平等等现代价值观念。徐志摩的《雪花的快乐》既高歌爱情的美好,又透露出人性的自由,郭沫若的《天狗》歌颂自由和叛逆的精神,穆旦的《诗八首》对爱情的重新审视,对人生的深刻思考,这也是史无前例的。还有80年代朦胧诗人舒婷大胆以女性的独特视角来体验社会外部现实世界。她的《神女峰》淋漓尽致地反映了女性渴望独立和自由的精神追求,对传统男尊女卑的思想进行了大胆地反叛和质疑,《致橡树》表现了女性与男性平等的爱情。这些都是现代人的价值观。

在对外汉语教学中,古典诗歌固然可以删去那些歌颂权贵君主的诗歌,但是缺少这类直接歌颂自由的篇章,将会传达给外国人错误的文化认知。对于西方人来说自由平等的思想一直都有,我们可以利用新诗这一部分内容与他们找到共同点,通过新诗对外汉语教学可以塑造中国文化的崭新形象,很大一部分地消除他们对中国人不崇尚自由的错误印象。对外汉语教学中,选取留学生喜欢学习的与他们本国文化类似的文化内容,他们就能够找到一种属于自己国家文化内容的归属感,达到一种文化上的共鸣,从而宣传人格独立与自由的思想,促进文化共同发展。在这方面,中国新诗无疑是有优势的。

除了爱情这类人类普遍情感之外,现代文化中的丰富思想也成为新诗的重要内容。比如食指在经历了希望与绝望的波涛汹涌后,为了保持自己的远大志向,发出了时代最强音,写了《相信未来》的诗篇。这首诗把人类伟大的智慧表现在对"未来"的思考中。这种相信未来,为了理想不懈奋斗的精神是我们今天新一代青年人所应该具备的品质,这种价值取向对于民族的振兴有更深远的意义。这首诗表达的那种复杂的、深邃的,特别是具有哲理的思考,也是现代人所常有的,而在中国古诗中较为少见。

在对外汉语教学中我们可以利用新诗的艺术真实性,弘扬一些正能量的内容,让留学生意识到新诗的价值取向,帮助留学生树立正确的价值观,让学生在学习汉语的同时了解中国人的现代心理、现代人格以及现代文化,以此来加深对现代汉语的理解,提高汉语教学的效果。

2.助力文化传播

"文化本身就是一套代码",同时它又借助于语言代码来实现文化传播。新诗作为文学体裁之一,具有语言的艺术特点。它不仅在内容上具有价值,它的形式也因为其特点而便于实现文化传播。它是传播文化的有效工具,其文化传播优势体现在不同于古诗的表达方式和现代中国的思维方式两个方面。①

(1)以直白为主的多种表达方式

中国人的表达常常是借助语境采取一种委婉而含蓄的方式,这被称为一种垫脚石式的表达方式,与中国传统的"赋比兴"的表现手法有密不可分的关系。与此相反,新诗是在主动改造中国语言的背景下出现的,它一直在寻找和创造一种与现代文化相互匹配的表达方式。结果除了造成欧化的弊端以外,还形成了一种以直白为主的表达方式。含蓄的表达变为支流,直抒胸臆的方式成为主流,这使新诗成为文化传播的有力工具。

这里所谓的"直白"包括生活化和低语境性。

新诗中有很多生活化的语言,不强调语言的雕琢,直接从生活中提取出语言。早在"五四"时期,陈独秀就认为思想和语言不能分离,语言对文化有一种指导作用,同时他还认为白话文浅显平直,有利于促进文化的普及和传播。胡适曾提出"有什么话,说什么话;该怎么说,就怎么说"的主张,充分考虑到传播过程中受众理解的重要性,从这个意义上赋予了新诗语言的言说特征。如臧克家的《有的人》语言就比较简单直接,以"有的人"生与死的对比来凸显高尚者和卑鄙者的不同结局,仿佛日常语言,不加雕饰,把对鲁迅先生的赞美和对自私自利的小人的批判表达得清楚明白,把中国革命时代的革命文化传达得非常清晰完整。还有艾青的《我爱这片土地》,这首诗以土地作为意象直言不讳地表达对祖国的热爱,也使优秀传统思想在现代历史条件下焕发新生。

当然,新诗中也有含蓄的诗歌,比如李金发的诗歌《春城》《故乡》《心愿》等,多通过象征手法将生活中常见的事物联系在一起,形成晦涩、怪异的风格。不过,这类诗属于新诗中探索性的作品,在新诗史上已经被宣判

①迈克尔·H.普罗瑟,何道宽.文化对话:跨文化传播导论,北京大学出版社.2013.73.

为"失败"的作品。做得比较成功的是像戴望舒这样的现代诗人,他的《雨巷》写"我"希望遇到和丁香一样的姑娘,表达了自己的愁怨,把古典的意象转换为现代人能够理解的意象,在含蓄和直白之间找到恰当的平衡点。还有何其芳的《欢乐》写"欢乐"如飞舞的萤火虫,浓浓的花香,悦耳的铃声,也属于成功之作。这类诗吸收了古诗的含蓄语言风格,但它也不是非常难于索解,至少不像李贺、李商隐的诗歌那样需要"笺注"。

戴望舒虽然说诗在说与不说之间,但到底以说为主,毕竟现代文学是以文学作为启蒙的工具,总要能传达某种思想,以获得更多的读者,所以即使是象征主义诗歌也更为强调传情达意的功能。更何况,大量的新诗都是直白的来自生活的口语。在对外汉语教学中,将古诗的含蓄和新诗的生活化相比,自然是后者更适合给留学生朗读。

汉语一直被看作高语境的语言,这是与欧美语言相比的看法。在文化传播的过程中,语言太依赖语境会造成语言学习和文化传播的障碍。文化传播的理论告诉我们,与个体相关的信息在信息的编码、解码过程中永远不可避免地带有个人的观点,而这些观点都是文化的产物,在文化的交流与传播过程中,个人文化背景的影响是永远无法预测的变量。中国人的高语境语言造成了文化传播的障碍,容易让人误会,如果在传播中突出中国人的这一文化特点,其实是不利于交往的。

"赋比兴"的手法是古典诗歌常用的手法,因此古诗主要采取含蓄委婉的表达方式,诗歌的语言更加隐晦,有时候还需要借助典故去理解古诗的意思,对于国内人来说有时候都很难理解,更不用说汉语学习者。

与此相反,现代汉语已经越来越努力向低语境语言方向发展,希望能够尽可能脱离语境而保持意义的不流失。从这方面看,在对外汉语教学中,使用现代汉语的新诗对教学更为有利。比如,直白的新诗可以传递简单的文字信息,能够帮助留学生理解中国人最基本的言语表达;学习者可以通过现代汉语理解新诗的大致内容,再通过意象去体会中国的文化,在这个过程中语言不会造成多少障碍。教师和留学生可以直接运用新诗中的语言进行日常的交流,这种交流既可以帮助留学生读懂新诗,又可以帮助教师激发留学生的学习兴趣。

(2)理性为主、感性为辅的思维特质

研究民族的思维方式,有助于深入理解这一民族历史背景与文化发展之间千丝万缕的联系,从而把握民族的内在心理。中国古诗的思维特质在于能够从整体上感知,具有很强的主观性,感性思维比较强烈,而新诗无论是内容还是语言都更多体现出理性的特征。

新诗的诗人总是具有新知识的新人,他们的思想往往是通过接受西方现代教育来塑造的,因此他们的思维从一开始就带有理性成分,他们接受的西方思想中也充满理性思维特点,更强调逻辑、体系,拒绝感性经验。他们要传达的也往往是与传统经验不同的理性知识,希望借此改变国人传统的习俗和思想,因此他们的思想也总是从理性概念出发的思想。在新诗上造成的结果是:新诗的直白特点和概念化缺点。比如早期白话诗的写实和直白特点,以及左翼诗歌的直抒胸臆特点,以及违背诗歌规律的概念化等等。但也正因此,造成了新诗语言的低语境性:大多数要传达的信息都在诗歌的文字中,较少需要借助于不能明言的背景知识一这种特点特别适合进行文化传播,是体验式、沉浸式文化教育之外的重要传播文化方式。

当然,中国新诗也不是完全消除了感性成分。它也把感性思维作为重要的思维形式。它将高度理性化的思维与适度的感性相结合,表现为对抒情主人公的塑造,借助于抒情主人公的主观情感体验把两种思维方式结合起来。比如新诗中大量出现"我"的形象。"我"是主体,是一个能理性思维的主体,同时又有热烈的情感。例如,郭沫若笔下的那些叛逆的思考着的"我"就是这种主体的突出表现。郭沫若是一位融合中国古代孔老庄哲学思想与西方泛神论思想的复杂诗人,他的创作有浪漫色彩,也有现代主义的特色,最主要的特征是崇尚自我,重主观,认为艺术是自我的表现。他的《天狗》一诗开头用了29个"我",诗人以"天狗"自比,激情澎湃地写出了自我的精神,具有强烈的主观感情色彩,但是这个"我"却不是盲动的无意识,它是一个在泛神论哲学基础之上对自己的力量充满自信和认知的思考者。像"我把全宇宙来吞了,我便是我了"这样的句子里表现出来的"我"就是与物分离的理性人,他清醒地面对外界,是现代文明人的一种写照,这种理性精神也是西方人所推崇的。

与此相反,古代诗歌中的"我"往往是一种情绪的体现。比如《诗经》中也有很多写"我"的诗句,如"我心伤悲""来即我谋""不我屑以"等,但这些"我"更多的是感情的主体,优点是诗歌更为感人,创作方法也更符合诗歌的创作规律,但是这种只能动摇与诗人观念和感情一致的读者。

相比之下,在对外汉语教学中,古诗依赖于语境才能理解其意思,所以更适合沉浸式地进行文化教学,而新诗中倾向理性批判精神,结合感性的文字,就能更明晰地向国外学生传递中国文化信息,更能促进中西之间的交际,然后在交际的过程中更好地促进文化的传播。

(二)新诗的语言价值

施蛰存认为新诗是现代人在现代生活中运用现代的词汇排列成现代诗歌的体式,从而表达现代人的情感。新诗在对外汉语教学中具有一定的语言价值,体现在语言语音、词汇和语法三个方面。在对外汉语教学中,如果能够运用新诗这种语言优势,那么就能大大拉近师生之间的关系。

1.语音

新诗结构整齐,富有韵律,贴近生活,能够间接表达中国人的日常生活感受,同时,它的押韵相对自由,更具有西方诗歌的色彩。如徐志摩的诗歌《先生! 先生!》在押韵的形式上使用的是随韵(AABB);《为要寻一颗明星》使用了抱韵(ABBA);《他怕他说出口》的前三节都是以"朋友"和"看"开头,使用了交韵(ABAB);这种灵活多样的新诗押韵方式得益于新诗白话所具有的音乐性,既符合现代用语的规范,又贴近西方诗歌的韵律。

在对外汉语教学中,这种押韵可以使留学生有机会反复学习汉语韵母,更能理解现代汉语的优美,也能在这种韵律中产生对新诗的兴趣,觉得新诗并没有那么难,反而可以学习其中的生活化表达。还有一些新诗格律整齐,读起来朗朗上口,如纪弦的《你的名字》:"写你的名字。画你的名字。而梦见的是你的发光的名字。"这种排比句式音节有轻有重,节奏鲜明,学生更能够在练习汉语语音的过程中培养自己的语感。

古诗虽然有固定的押韵,其音乐性也是非常突出的,甚至比现代汉语的音乐性更强,但是随着时间的推移,一部分文言的语音发生了转变,这导致不少古诗已经不再押韵。如孟浩然的《过故人庄》"绿树村边合,青山郭外斜"中的"斜",就因为时间推移,而发生了变化,"斜"的读音不再是以"xia"为主要音节,而是"xie"。某些对外汉语教师会因为尊重古诗的原有读音,也为了使古诗读起来仍然押韵,会更喜欢读"斜"的古音。这样一方面增加了汉字认读的难度,另一方面也会对留学生的学习造成混乱。如果在教学中教留学生这句诗,势必会影响学生对汉字韵母的学习。对于学习中国文化和语言非常深入的外国人来说,这不是大问题,但是对于绝大多数外国学生来说,却增加了学习的难度。因为留学生对于多音字总是感到棘手,更何况是现代汉语中不常使用的字音。

2.词汇

胡明扬指出了对外汉语教学中六种文化因素词汇,涉及人文地理、精神生活还有人类的语言习惯等,基本上都是现代汉语词汇。从这些词汇的划分中可以看出这些词汇是符合现代汉语的语言习惯的。新诗的词汇也与这些词汇属于同类,是现在就被当代中国人使用的词汇。古诗文言中的词汇带有古代文化的信息,如"尔""之""尺素""金缕衣""桃符""莫待"等,词汇太过陈旧,无法直接进入留学生的口语词汇,也不能提高词汇扩展的速度,而新诗中的现代汉语词汇可以帮助学生了解基本的词汇意思。另外,新诗的传播能够从基本的词汇上去传递更丰富的信息,交流日常表达用语,从而提高跨文化交际和表达能力。因为在跨文化传播的过程中词汇的意思更需要靠媒介传达清楚,而白话和现代汉语的话语实践是优良的媒介。与之相较,古诗中的传统文化词汇太过华丽或者生僻,无法使用,因此古诗的传播也许会因文化词汇的意义而受限,很多学习者不能够在真正意义上明白中国古代文化词汇的内涵。

新诗词汇种类丰富,有很多词汇是古诗中所没有的,比如代词"我""你""他",虚词"的""得""地",助词"着""了""过",否定词"不""是""否",还有近义词"轻轻"和"悄悄"等。如冯至的《蛇》这首诗有"我""是""静静""啊""不要"等词汇,几乎涉及现代汉语中所有词汇,有代词、助词、量词、动词、名词、语气词等,词汇多种多样。以其中的名词"蛇"为例,无论哪种文化的人对它的印象是狠毒,有一种恐惧之感,但在中国"蛇"是吉祥的象征,中国人对蛇怀有敬畏的心态,《山海经》就记载了与蛇相关的人物,共有138种,上古时代的女娲就是人首蛇身。外国学者如果阅读新诗,对这首诗中的"蛇"词汇进行学习和了解,就能够体会其背后的文化意义,消除文化冲突,那么"蛇"文化就能在海外传播开来,走向世界。

新诗中还有很词汇更注重情感的体验,能够通过生活中一些司空见惯的意象准确表达情感,从而使诗歌更加贴近现实生活。如废名的《十二月十九夜》写"思想"的时候用了六个"是",将"思想"比喻成美人、家、日、月、灯、炉火,后面写"炉火"又用了两个"是",写"炉火是墙上的树影,是冬夜的声音","是"这个词在生活中就很常用。在对外汉语教学中,教师可以让留学生学会用"是"造句,还可以学习这首诗中的"日""月""家""灯""炉火"等诸如此类的词语,进一步掌握现代汉语词汇的用法。另外,像徐志摩的《再别康桥》、辛笛的《风景》、冯乃超的《现在》,还有王小妮的《我感到了阳光》等这些新诗的题目就能反映诗歌的内容,词汇简洁而凝练,诠释了现代人的生活。而古诗中一些诗歌的题目比较复杂,如李白的《宣州谢朓楼饯别校书叔云》,题目太长,词汇艰涩难懂,更加远离现代生活,对于留学生来说,与生活之间的距离至少不能靠古诗的文言来适当地填平。尽管诗中有"蓬莱""万里""青天"等这些文化词汇,但是在教学中如果对其进行解释,势必要花很长时间和精力,教学内容也比较多,给教师和学生无形中增添了压力。

至于讲解词汇的方法,则可以做多种尝试。对于新诗中出现的文化意义的词汇需要讲解更深层次的意思,不能一概而论,尤其是对初级水平和高级水平的留学生来说,更需要分门别类去讲解,否则就会因为一词多义而产生歧义。

3.语法

现代汉语研究受到英语语言学的影响,在上世纪初大大发展了汉语研究,经过一个世纪的积累,现代汉语的语法结构已经很大程度上被科学把握。古汉语的语法虽然也有一些发现,但是因为文言里有语言流变,因此还有很多未解之谜。现代汉语已经有规范的主谓宾、定状补等结构,留学生可以依靠他们在本国学到的语法知识帮助学习现代汉语。在这方面,新诗的优势再次显露出来。新诗中的语法现象相比古诗更具有现代汉语语法的特征,由原来的单音节词变成双音节词,词、短语和句子的结构原则基本一致等。如戴望舒的《寻梦者》写"它有天上的云雨声,它有海上的风涛声",这两句构成排比形成"它有什么"这种主谓宾的结构句式,后一句"它会使你的心沉醉"又形成"它使你怎么样"这种带"使"字的句型。留学生通过这些语法分析,可以很方便地学习现代汉语,新诗也可以作为语法教学的例子。再如多多的《致太阳》一文中写"给我们家庭,给我们格言"。这里的"给我们什么"就是动宾结构,只是"给"后面跟了双宾语,"我们""家庭"和"格言",学好这句诗就可以学会这种语法。

古诗中有些语法则比较特殊,比如崔颢的《黄鹤楼》写"晴川历历汉阳树,芳草萋萋鹦鹉洲"中的"汉阳树"与"芳草"是主语都放在了后面,应该是

"晴川汉阳树历历，鹦鹉洲芳草萋萋""汉阳"和"鹦鹉洲"都是地点名词。留学生如果不知其义，可能就不会懂这句诗的语法，通过学习古诗也不能帮助学习汉语语法。还有杜甫的《旅夜书怀》中"星垂（因）平野阔，月涌（因）大江流"，其中包括两个因果复句，但是却没有表示因果关系的连词"因"，在理解该诗的时候需要补出来。像这类古诗中大量存在词类活用、成分省略、语序变换、复句紧缩等特殊的语法现象，它们之所以出现是因为要符合古体诗格律及对仗的需求，所以它的语法是脱离口语语法的，不能与当时人的语言状况相符，更不用说与现代人的现代口语相符。初级汉语水平的留学生可能无法达到理解上述语法现象的水平，会有文化误觉，而中高级汉语水平的留学生也许能有一点体会，但也要依赖传播者、环境、媒介等各因素的配合才行。

如果说古诗是封建社会下所抒发的言语，语言接近于贵族，那么现代新诗则是一种新的自由对话的言说方式。现代新诗更接近于大众和平民。其口语体、对话式、自由体的言语表达更加满足现代社会与生活的表达意愿，它单独出现的时候，语句表达更加生动一些，语法也十分规范。如宗白华的《我们》写"我们握着手，看着天"，直白地写出男女主人公相会的场景，艾青的《我爱这土地》说："为什么我的眼里常含泪水，因为我对这土地爱得深沉？"，这种自由的对话更能激发留学生的爱国情感，还有席慕蓉的《一颗会开花的树》写"当你走近，请你细听"，这种带有"请"字的祈使句也是生活中常见的句式，适合作为语法教学的素材。

在对外汉语教学中我们应该注意采用新诗这种对话自由的表达方式，以利于拉近师生之间的距离，让原本沉闷的课堂变得生动起来。教学的方法也可以更为灵活多样，比如可以通过让学生扮演新诗中的形象，通过体验的过程来学习新诗中的生活化语言；也可以通过反复阅读新诗的语句，来练习和提高学生的语言表达能力。

总之，新诗的语言平易近人，语音押韵自由，适合朗读，词汇丰富，表意准确，语法规范，易于理解。就文化传播方面而言，新诗语言比古诗文言更具有传播性；就语言教学方面说，新诗语言比古诗文言与当代人更接近，更贴近生活，因此新诗对对外汉语教学更具有实质性的帮助。

二、新诗在对外汉语教学中的应用情况

早期拉斯韦尔提出了5W传播模式,总结出传播学所要研究的几个主要环节,即传播者、讯息、媒介、受传者和传播效果。新诗在对外汉语教学中承担的就是传播工作,它参与的传播活动也要符合5W模式中的规律。本文就是从传播角度审视新诗在对外汉语教学中的传播效果,也就是关注新诗在对外汉语教学中建立的传播者和受众、传播媒介和受众的互动关系问题,以便提高传播效果。

(一)对教师的问卷调查

为了解教师对新诗的态度和看法,进一步了解新诗传播的状况,就教师对外汉语新诗教学中的有关情况,设计了问卷,以求获得真实的信息,以便保障本课题的有效性。

1.问卷设计

基于5W模式,结合笔者自身的教学经验,就对外汉语新诗教学状况设计了问卷。下面从问卷的设计原因、实施过程、设计内容三个方面进行说明。

(1)问卷设计的原因

古诗在新诗教学中一直占据主导地位,为了更好地了解教师对诗歌教学的态度,研究新诗在对外汉语教学中的应用情况,进行问卷设计,通过简要统计获知新旧诗语言在对外汉语教学中发挥作用的情况、教师对新诗的选材情况和具体教学内容。然后进一步从统计的结果出发分析新诗的教学价值及可行性,最后通过问卷的结果对新诗选材和教学提出见解。

(2)问卷的实施过程

笔者根据问卷星设计问卷,共设计了28道选择题,然后将问卷以链接的形式分享给本校赴泰实习的30个学生,以测试该问卷的有效性和可信度,最后收回30份问卷,发现其中所填写的内容并不能如实反映本论文所出现的问题及情况,设置的问卷问题存在不合理性,而且内容居多,有几道题与本论文不存在关联性。因此,笔者在此基础上进行修改,再次设计了21道选择题,并通过微信将问卷链接于2021年2月25日发送给各个学校出过国的同学或者同学的老师,请他们填写相关内容。因为新诗的教学对于当今对外汉语教学而言是一项比较新的教学内容,有些国家还未曾涉及

相关教学内容所以问卷的发放范围比较广,涉及的国家比较多,最后收回问卷80份,有效问卷78份,整理数据,得到了比较有效的结论。

（3）问卷设计的内容

本次调查问卷的对象主要以中央民族大学、北京外国语大学、陕西师范大学、西北大学、哈尔滨师范大学、云南大学以及陕西理工大学等出过国的80个实习生或对外汉语教师志愿者为主,调查对象所到国的范围涉及俄罗斯、澳大利亚、美国、泰国、韩国、乌兹别克斯坦、智利、老挝等40个国家,所带留学生汉语水平基本上都以初中级汉语水平为主,一小部分涉及高级水平的汉语学习者,调查内容以新旧诗语言和文化要素在教学中发挥的价值为参照物,主要包括四个部分,即教师对新诗的了解、教师对新旧诗语言和文化内容对比的教学态度、教师对新诗文化传播内容的教学看法以及教师对新诗教学内容的展望,共设计了21道选择题。

2. 问卷调查结果及分析

通过教师对新诗在对外汉语教学中应用状况的了解,进行统计分析。

（1）问卷调查结果

通过教师对新诗的了解、教师对新旧诗语言和文化内容的教学态度、教师对新诗文化传播内容的教学看法、教师对新诗教学内容的展望四个部分来分析新诗在对外汉语教学中的现状。

第一,教师对新诗的了解。

表6-8　问题1的统计情况

问题	您知道和了解中国新诗吗?			
选项	A.知道并且了解	B.知道一点	C.不太清楚	D.没听说过
百分比	21.25%	67.5%	10%	1.25%

中国新诗作为中国文学的主要内容之一,应该是国人都知道并了解的内容,但笔者在调查中发现有67.5%的教师对新诗的内容知道一点点,21.25%的教师知道并且了解新诗,还有10%的教师对新诗内容不太了解,1.25%的教师没有听说过新诗,说明新诗并没有得到很好地普及,教师应注意加强这一知识的学习。

表6-9　问题2的统计情况

问题	您知道"长发披遍我两眼之前"这句诗中"之"的意思和用法吗？	
选项	A.知道	B.不知道
百分比	76.25%	23.75%

　　李金发是象征派诗人，其诗歌特点注重语言新奇，运用奇特的意象来引起读者的想象力，语言比较晦涩，对于国内人来说，基本上都很难读懂。结果显示23.75%的教师不知道"长发披遍我两眼之前"中"之"的意思，这对外国学习者来说也是一大难题。

表6-10　问题3的统计情况

问题	您是否给留学生教过中国新诗的内容吗？		
选项	A.教过	B.提到过一点点	C.没有教过
百分比	7.5%	32.5%	60%

　　新诗想要得到更好的传播，势必要将其引入到对外汉语教学中去，但是统计发现60%的教师没有教过留学生新诗，32.5%的教师提到过一点点新诗，还有7.5%的教师教过新诗的内容。新诗在对外汉语教学中并没有被重视起来，很多教师认为新诗偏难，自己也不具备专业素养，因此会将新诗教学搁置一旁。

表6-11　问题4的统计情况

问题	您认为中国诗歌就是古诗吗？	
选项	A.是	B.不是
百分比	7.5%	92.5%

　　中国诗歌种类繁多，调查结果显示7.5%的教师认为中国诗歌就是古诗，部分教师对中国诗歌的概念没有清晰的认知。

表6-12　问题5的统计情况

问题	您认同流行歌曲中的歌词或歌谣是新诗吗？		
选项	A.是	B.不是	C.不好说
百分比	15%	38.75%	46.25%

15%的教师认为流行歌曲中的歌谣或者歌词是新诗,46.25%的教师对歌词、歌谣和新诗的概念模棱两可,还有38.75%的教师认为新诗不是歌词或者歌谣,新诗的概念需要进一步明确。

第二,教师对新旧诗语言和文化内容的教学态度。

表6-13　问题6的统计情况

问题	您使用的对外汉语教材中是否有新诗或古诗篇目?		
选项	A.有,新诗多	B.有,古诗多	C.没有
百分比	12.5%	26.25%	61.25%

对外汉语教材的选取决定着教学的重要性,汉语学习者学习汉语最重要的来源还是以课本为主,但是统计发现61.25%的教师所使用的对外汉语教材中并未涉及古诗或者新诗,26.25%的教师在教材中使用古诗比较多,只有12.5%的教师在教材中使用到了新诗。也就是说,新诗在教材中所占的比例很小,这需要引起我们足够的重视。

表6-14　问题7的统计情况

问题	您认为古诗和新诗中的语言差异大吗?			
选项	A.非常大	B.比较大	C.一般大	D.不大
百分比	23.75%	62.5%	13.75%	0%

语言差异的大小能够间接体现诗歌语言的内部结构规律,13.75%的教师认为古诗与新诗的语言差异一般大,说明新诗和古诗的语言是一样的,对外汉语教学中也可以将新诗作为教学的内容。

表6-15　问题8的统计情况

问题	您认为新诗中的白话与古诗中的文言文哪一种语言对汉语学习者理解起来更容易一点?		
选项	A.新诗白话	B.古诗文言	C.都有
百分比	78.75%	5%	16.25%

对刚接触汉语的学习者而言,通俗易懂的汉语素材是帮助他们学习汉语的第一手资料。78.75%的教师认为新诗中的白话对外国学习者学习汉

语理解起来更容易一点,仅有 5% 的教师觉得古诗中的文言更好理解。这说明新诗在对外汉语语言教学中的作用大大超过了古诗,新诗中的白话语言更能够代表现代汉语的语言,对外国学习者来说,通俗易懂的语言能够使他们学会基本的语言表达,而这在传播中无疑也增加了有利的因素。

表6-16　问题9的统计情况

问题	语音要素通常指语音、词汇、语法三个要素,您认为对外汉语教学中新诗和古诗的语言要素相比教学价值是?		
选项	A.新诗比较有价值	B.古诗比较有价值	C.都有价值
百分比	22.5%	16.25%	61.25%

语言要素能够间接体现对外汉语教学的目的,学生能够通过语音、词汇、语法去掌握语言的最核心的内容,从而形成运用汉语进行交际的能力。61.25% 的教师认为在对外汉语教学中古诗和新诗的语言要素都有价值,但是在对外汉语教学中很少有教师涉猎新诗,这需要我们思考新诗语言要素的内在优势,并寻找有利的教学内容,改变人们对新诗的看法。

表6-17　问题10的统计情况

问题	如果在对外汉语教学中进行朗读教学,您会选择下列哪项辅导留学生?	
选项	A.古诗	B.新诗
百分比	41.25%	58.75%

押韵和格律是诗歌的特点。58.75% 的教师认为运用新诗进行朗读教学更好,新诗结构自由,韵律优美,与西方诗歌相比也有异曲同工之妙,这对汉语学习者来说学习起来更容易一点。

表6-18　问题11的统计情况

问题	您认为对外汉语词汇教学中,下列哪个比较适合作为学生学习的材料?	
选项	A.新诗现代简单词汇	B.古诗中的文化词汇
百分比	83.75%	16.25%

词汇的学习对汉语学习者而言尤为重要。83.75% 的教师认为新诗中的现代简单词汇更适合作为学生学习的材料,新诗的词汇接近于生活,比古诗拥有更多表达生活用语的词汇,所以更适合作为学生学习的材料。

表6-19 问题12的统计情况

问题	在对外汉语语法教学中,您认为下列哪一个更适合留学生学习?	
选项	A.新诗现代汉语的语法	B.古诗中特殊的语法
百分比	88.75%	11.25%

现代汉语语法是体现语言结构的重要手段。88.75%的教师认为新诗中现代汉语语法更适合留学生学习,新诗比古诗更能够在句式转换的过程中清楚地体现汉语语法的规范性,适合留学生学习。

表6-20 问题13的统计情况

问题	您认为古诗和新诗中所涉及的中国文化内容差异大吗?			
选项	A.非常大	B.比较大	C.一般大	D.不大
百分比	12.5%	51.25%	31.25%	5%

汉语学习者不仅要学习语言的知识,还要学习文化的内容,新诗和古诗代表着不同时代的历史文化,同时新诗也是继承古诗而来的,其中有一部分文化内容是相似的。有51.25%的教师认为二者差异比较大,但还有31.25%的教师认为一般大,说明新诗和古诗都可以在对外汉语教学中得到运用,实践需要进一步考量。

第三,教师对新诗文化传播内容的教学看法。

表6-21 问题14的统计情况

问题	您认为下列哪一种类型的诗歌更能促进中国传统文化的传播?	
选项	A.新诗	B.古诗
百分比	18.75%	81.25%

对外汉语教学能够促进中国传统文化的传播,无论是新诗还是古诗都能够促进中国传统文化的传播,但统计结果显示,81.25%的教师认为古诗更能促进中国传统文化的传播,毋庸置疑,这也是新诗未能得到有效传播的原因之一。

表6-22 问题15的统计情况

问题	您认为新诗中有中国传统文化的内容吗？	
选项	A.有一点	B.没有,古诗比较多
百分比	93.75%	6.25%

93.75%的教师认为新诗中有中国传统文化的内容,新诗中的传统文化内容是得到教师的认可的。

表6-23 问题16的统计情况

问题	您认为中国新诗与西方诗歌中涉及的文化内容有相似之处吗？	
选项	A.有些文化比较类似	B.没有,文化差异大
百分比	83.75%	16.25%

83.75%的教师认同新诗与西方诗歌在文化方面有相似性,16.25%的教师认为文化差异大,这也是文化认同需要构建的差异性与同一性的内容,这两个方面能够相辅相成,促进新诗的对外汉语教学和文化传播,但是差异性显著增大的会影响传播的内容。

表6-24 问题17的统计情况

问题	您认为留学生学习新诗可以了解中国传统文化的内容吗？	
选项	A.可以,帮助大	B.不可以,没用
百分比	83.75%	16.25%

语言和文化密不可分,学习语言的过程就是在学习文化,83.75%的教师认为留学生学习新诗可以了解中国传统文化的内容,新诗在对外汉语教学中是有一定价值的。

表6-25 问题18的统计情况

问题	您认为新诗在向国外传播的过程中最大的障碍是什么？							
选项	A.没有合适的教材	B.语言怪异晦涩难懂	C.教学环境不允许	D.古诗中的传统文化更值得海外人士学习	E.各个国家的文化差异不同	F.缺少专业的对外汉语教师	G.留学生不感兴趣,不知道新诗	H.翻译的版本不同,没有统一标准
百分比	28.75%	16.25%	8.75%	3.75%	20%	5%	3.75%	13.75%

从新诗在向国外传播的过程中最大的障碍来看,28.75%的教师认为没有合适的教材所以新诗没有得到传播,教材在传播中占有很大比例,20%的教师认为各个国家的文化差异不同所以新诗传播才受阻,16.25%的教师认为新诗的语言怪异、晦涩难懂导致传播的内容受阻,还有13.75%的教师认为新诗的翻译版本不同,没有固定的标准,传播难免不能顺利进行,而专业的对外汉语教师、留学生感兴趣与否和古诗中的文化内容这些对传播的影响并不大。所以,"没有合适的教材"是新诗在向国外传播过程中的最大障碍。

表6-26　问题19的统计情况

问题	您认为新诗内容对对外汉语教学有帮助吗?			
选项	A.非常有帮助	B.有帮助	C.一点点帮助	D.没有帮助
百分比	8.75%	61.25%	28.75%	1.25%

新诗作为中国诗歌的重要组成部分,对对外汉语教学而言也是重要的素材之一,但是统计发现共有30%的教师认为新诗在对外汉语教学中帮助不大,新诗的内容能不能作为对外汉语教学的素材,还有待考证。

第四,教师对新诗教学内容的展望。

表6-27　问题20的统计情况

问题	如果编写一本关于新诗的对外汉语教材,您认为有必要吗?		
选项	A.很有必要	B.有必要	C.没必要
百分比	21.25%	57.5%	21.25%

针对是否有必要编写对外汉语新诗教材,78.75%的教师认为有必要编写这方面的教材,由此看出大多数对外汉语教师希望能够编写关于新诗的教材,从而开展对外汉语新诗教学。

表6-28　问题21的统计情况

问题	您觉得外国留学生是否有必要进行中国新诗的学习?		
选项	A.很有必要	B.有必要	C.没必要
百分比	18.75%	67.5%	13.75%

汉语学习者学习汉语需要掌握基本的听说读写能力,新诗中有很多内容可以作为对外汉语教学的素材,发现86.25%的教师认为留学生有必要学习中国新诗,也就是说绝大部分教师对留学生学习新诗这一内容持肯定态度,因此对外汉语新诗教学是有必要的,也能促进中国文化的传播。

(2)问卷结果分析

从教师对新诗的了解来看,教师对新诗的了解不是很全面。一部分教师认为新诗就是流行歌曲中的歌词或者歌谣,还有教师对新诗的概念没有清楚的认知,由此可见新诗给对外汉语教师的印象不如古诗给他们的印象深刻。要改变这个现象,需要教师对中国文学有一个全面和深入的认识。教师作为传播者需要对其加强学习,才能在海外将这一新诗内容传播开来。

从教师对新旧诗语言和文化内容的教学态度来看,新诗的白话语言更具有教学优势,如问卷的第8、10、11、12题,根据调查的结果显示,新诗的语言要素所发挥的教学价值比古诗更大,对留学生而言理解起来也相对容易一点,而关于新旧诗文化内容差异的对比结果显示,有63.75%的教师认为新旧诗的文化内容差异非常大。新诗作为中国文学的内容之一,有着优秀的现代文化内容,更接近于现代人的生活观念及思想,其中还吸收了西方诗歌的精华,继承了古诗中的优秀传统文化。如此中西合璧的新诗对对外汉语教学而言是个不错的教学资源,但在实际对外汉语教学中新诗并未得到广泛的应用。

从教师对新诗文化传播内容的教学看法来看,古诗一直是海内外传播的良好种子,其生长的状态已经大大超过了新诗。但是调查结果显示,一部分教师认为新诗也能够促进中国文化的传播,并且可以帮助留学生学习中国传统文化的内容,之所以没有得到很好地传播大多是因为教师没有找到合适的教材,所以笔者认为在选取对外汉语教材时,新诗的内容也是同等重要的。

从教师对新诗教学内容的展望来看,新诗在对外汉语教学中具有举足轻重的地位和作用,优秀的文化总会在不同民族之间进行交流。新诗的内容历久弥新,我们需要不断挖掘其中的有利于教学和传播的因素,不能因为古诗在教学中占有一席之地就将新诗弃置于不顾。这就需要教师从身素养出发,根据教学实际情况制定相应的教学计划,探索新诗教学的教学方法,然后迎合留学生的需求,对其进行引导,让师生都能在对外汉语教学中意识到新诗的重要性及其所具有的中国文化魅力,从而使新诗名扬海外。

(二)新诗在对外汉语教学中存在的问题

1.教师观念的问题

教师在对外汉语教学中起着引导作用,教学的内容也要根据教师来决定。根据新诗教学状况的调查发现,教师对新诗了解得不是很全面,有的甚至对新诗没有一个明确的概念,认为中国诗歌只有古诗,新诗就是歌谣或者歌词,这些都是教师未能学习和掌握中国诗歌的内容而造成对新诗认知的缺陷。而且教师在很大程度上认为古诗更能够促进中国传统文化的传播,但是在对新诗与古诗的文化差异的看法上,有部分教师认为二者文化差异一般大,还有多数教师认为文化差异非常大,相似性的内容都可以在教学中应用,有教师认为中西诗歌的文化也具有相似性,但新诗却没有古诗应用地多。对汉语学习者而言这是难题,也是我们在进行教学时所面临的主要问题。

教师的认识水平会限制对新方法的发掘,他们带着习惯性的认知,忽视新诗的价值,因此限制了新诗进入教材或者限制了新诗在教学中发挥作用。而且教师忽视新诗的价值,进一步导致教师对新诗教法不进行探索,使有限的新诗也不能发挥作用,显得形同虚设。毕竟教师是教学活动中的主导力量,他们的认知局限对于忽视新诗起了巨大作用。

2.学生的接受问题

在对留学生进行访谈时发现,留学生对新诗的了解程度并没有像古诗那么明显,学生学习诗歌多以古诗为主,并且大多都是在学习汉语的过程中接触的汉语。他们认为中国诗歌就是古诗,中国新诗就是中国新的古诗或者诗歌,这些都是学生不能接受学习新诗而产生的结果。但针对是否有必要学习新诗的问题上,他们又持统一意见,诗歌的学习对他们来说是一个新知识,能否产生兴趣,完全在于他们能否真正接受和理解新诗。在这里,留学生的错误认识限制了他们接受新诗的积极性,因此也不会从接受者方面提出学习新诗的要求。新诗进入教材、进入课堂,就缺少一个重要的动力。

3.课程的设置问题

在对留学中国的学生进行教学的同时发现该预科中心的课程设置并没有涉及新诗教学的课程内容,大多都是以汉语基础、汉语文化、汉语写作、汉语阅读、汉语口语、汉语听力等为主要课程。此外,还开设设计了相关的中国文化课以及HSK辅导强化课,而中国文化课里只涉及了古诗的内容,从整体上给新诗的课程设置造成了阻碍。

课程的设置上缺少新诗,造成的后果是助推了留学生接触新诗、纠正错误观念的机会,让人们看不到它的优点,进一步固化了错误观念。与此同时,也限制了新诗在对外汉语教学中作用。

4.教材的编选问题

从对教师的调查和学生的访谈结果来看,没有合适的教材是对外汉语新诗教学面临的主要问题。笔者在亲身教学实践中也发现,预科中心始终以《汉语教程》为作为主要教材,缺乏有关诗歌的对外汉语教材,这也是新诗教学中的难题。教材的编选需要结合学生的需求,对于那些想学习新诗的学习者而言,教材是第一资源。

缺乏教材或者教材编排得不合理,导致留学生接触不到丰富和优秀的新诗材料,比如成年留学生只学习儿歌,就是把新诗当作语言教学的工具,从根本上忽视了它的文化传播工具价值,因此,教材方面的问题也限制了新诗发挥应该有的作用,编选一套适合教学和学习的对外汉语新诗教材,也是我们学习和研究的重要问题。

综上所述,从新诗教学的情况来看,现代新诗的内容并没有大面积地运用到对外汉语教学中去,传播也很少,新诗在对外汉语教学中并没有得到应有的重视。留学生学习新诗的兴趣是比较强烈的,只是对外汉语教材资源匮乏,留学生无法获得第一手资料,新诗的学习更无从谈起。受众者无法在信息传播的过程中与传播者构建一种互动的关系,媒介在此不能发挥作用,在对外汉语教学中也无法建立新诗与汉语言和文化的联系,所以即使有对外汉语教师想传播新诗的内容也是很困难的。总的来说,新诗在对外汉语教学中的现状不佳,需要我们加以认真研究,加以改善。

(三)新诗在对外汉语教学中存在问题的原因

1.偏见和刻板印象

偏见和刻板印象是跨文化传播中经常使用的术语。偏见和刻板印象的形成并不是一时产生的看法,而是通过"局内者"自己的判断形成对文化的印象,刻板印象往往是人们基于多侧面、多角度的印象而形成的,而偏见则是在这种错误的刻板印象身上所产生的负面态度。人们产生偏见和刻板印象并不是直接来源于自己的个人知识,而是更多来自社会环境。

对新诗所产生的偏见或刻板印象使人们不能从根本上了解新诗的内容。通过前述调查,我们发现有11.25%的教师对新诗内容不太了解,也有6%的教师认为中国诗歌就是古诗;对"流行歌曲中的歌词或者歌谣是否是新诗"这一问题进行调查发现,有很多教师认为歌谣或者歌词就是新诗,这属于以偏概全的错误认识。而从留学生的访谈情况看,留学生对古诗、新诗和诗歌等三个概念的内涵理解比较模糊,很多人认为中国诗歌就是古诗,新诗就是新的诗歌。总之,教师和学生都对新诗缺乏一个准确而又明确的认识。这种认知上的错误正是由对新诗的偏见和刻板印象造成的。

产生这种偏见或者刻板印象的原因,一方面是因为文化环境的影响,另一方面是这种偏见或者刻板印象进一步自我强化的结果。文化环境在很大程度上会影响人们对某一事物的看法,文化本身就容易产生刻板印象。尽管我们没有和文化接触也会对此有一种先入为主的印象,如我们会认为法国人浪漫,美国人随便,日本人认真等,这些都是定型的印象。在文化环境的作用下,这类刻板印象随处可见。

教师和学生对新诗的那些固定的看法有些就来自文化环境。教师和学生对新诗的了解程度与自身所处的环境有很大关系。在被调查的80个问卷教师中,他们都是来自中国的对外汉语教师,去实习的国家有美国、韩国、泰国、智利等,这些国家并没有涉及新诗的课程,只涉及了古诗的内容,中国教师本来就认为古代文化丰富,对中国新文化运动中奠定的新文化传统不重视,会用自己错误的文化观念给留学生讲授他们所认为的中国传统文化知识。与此同时,学生的文化背景不同,只能用自己对本国文化的理解去理解中国的传统文化,对中国新诗缺乏正确的认识。对外汉语教学中,教师又要以学生的需求和兴趣为出发点,迎合他们的趣味,只能教授古诗,根本没有机会改变对新诗的认识,进而导致教师和学生都不能形成对新诗的正确认识。

从上述调查结果还可以发现,有81.25%的教师认为古诗更能够促进中国传统文化的传播,只有18.75%的教师认为新诗在中国传统文化传播中具有一定的作用。新诗中有些先进的思想文化内容在一定程度上可以促进文化传播,但是因为古诗在海外传播中影响深远,导致新诗没有在学生或者教师的脑海中留下深刻的印象。随着网络科技的发展,纸质文字逐渐被淘汰,很多优秀的文化都流于形式,未能在当今世界传播开来,而古诗比新诗的传播范围广,人们不自觉地认为古诗就代表了中国诗歌的所有内容。国内外汉语学习者都认为古诗才是学好汉语的唯一素材,人们习惯于将古诗挂在嘴边,常谈"之乎者也"这些句式,模仿和推崇古代人的生活,对其中"觥筹交错""佳期如梦""落雁纷飞"的内容尤为欣赏,认为"举杯消愁愁更愁"就能够消除现代人内心的痛苦。殊不知,新诗中也有这种当代人排解内心苦闷的生活方式。如海子告诉每个人要像自己一样过一种"喂马,劈柴"的简朴生活,并拥有"面朝大海"的崇高理想。

实际教学中,有很多对外汉语教师用古诗进行教学,各大高校也开设了关于古诗鉴赏的课程,认为古诗中的文化内容更值得传播,而忽视了新诗中更有价值的文化内容,比如新诗的国家意识、自由平等的观念、当代人的生活思想等。当然,像闻一多的《死水》内容比较复杂,词汇偏难,不适合作为对外汉语教学的内容,但是其中的国家文化价值丰富,民族主义强烈,我们不能否认其中的文化内容,认为理解偏难就将其抛弃。对外汉语教师或者传播者如果能够全面了解中国新诗的文化内容,就不会在实际教学中形成对新诗的一种曲解。

刻板印象形成以后,会自我繁衍,通过已经形成的制度化的环境,继续强化这种印象。以诗歌为例,中国诗歌的教学大多以古诗盛行,留学生也无法从教师那获得学习新诗的一手资料。对于刚接触汉语的留学生而言,如果对诗歌没有正确的认识,仅仅看教材中新诗的内容,听教师讲解一点知识,或者根据网络媒体自己去了解诗歌,就会在认知中形成潜在的误区,甚至很大程度上误以为诗歌就是歌曲唱成的诗。再加上有的留学生从小没有接触过新诗,学习资源匮乏,早年很少接受诗歌的教育,就会误以为中国诗歌就是古诗。

比如在对外汉语教学中,如果从一开始就只教留学生古诗的内容,留学生会误以为中国诗歌只有古诗,他们望月怀远时只能机械背诵"举头望明月,低头思故乡"的诗句,认为诗歌只有五言和七言诗,然后会忽略新诗的内容,不会对新诗中一些更为经典和简单的语句留下深刻的印象。这就是新诗教材的限制导致人对诗歌产生的偏见或刻板印象,会大大影响对外汉语新诗的教学。

教材通过教学大纲来体现,教学大纲在总体上指导着教师的教学工作。国家汉办制定了《国际汉语教学通用课程大纲》(大纲),将学习者语言和文化的知识要求划分为六级,前三级没有涉及文学的学习目标,后三级提到要让学生基本了解中国文学的内容。尤其是第五级描述了不同体裁的文学作品,有小说、诗歌、散文等,但是对于中国现当代新诗和古诗没有具体的划分,有关诗人的篇目也没有在大纲中展现。教材编写者基本上编写了古诗、寓言、故事等内容,新诗的内容很少。这种情况下,教师可能更倾向于选择简短而又能体现中国传统文化的素材,而在中国,诗歌是具有典型性的文学,古诗最能反映我们中国文人的气概,也最能体现中国国民的生活与情感,唐诗就是最好的例子,可以说不读唐诗就无法了解中国的社会面貌。教师都以"旧诗讲诗",学生也机械地学旧诗,在教材有限的情况下,学生难免也会认为学习中国古诗更能了解中国文化,教师也不能正确看待新诗在对外汉语教学中所发挥的价值,导致对新诗只有现代文化的印象。

除此之外,教师和学生的心理也会让人们对新诗产生偏见和刻板印象。根据上述调查,笔者发现有一小部分教师认为古诗和新诗的语言和文化差异一般大,而且绝大多数教师认为新旧诗的语言都有教学价值。这说明无论是新诗还是古诗,语言内部差异的大小在一定程度上不会影响诗歌的教学,古诗和新诗都可以运用到对外汉语教学中去。既然没有差异,为什么没有教新诗,这就只能归因于教师的主观方面了。

在调查的过程中,有些教师觉得新诗很难教,在心理上排斥新诗。作为传播者,其传播的角色各有不同。有的是喜欢古诗并且钟爱中国传统文化的志愿者,他们没有经过专业的训练,对新诗的内容缺乏鉴别能力,可能会认为古诗就代表了新诗的内容,有的是编写教材的专家或者学者,但这些学者来自不同的地方,其所接触到的新诗可能并没有古诗多,不能真正地了解新诗的内容,所以会倾向于古诗。作为对外汉语教师,自身素养不够,未能真正掌握和学习新诗的全部内容,缺乏文学素养,还有的教师对新诗存在一些误解,认为中国传统文化的内容只有古诗。对于留学生而言,他们认为古诗都很难懂,更不用提新诗。在访谈的过程中,笔者发现对于初级汉语水平的留学生而言,学习新的汉语知识是一个艰难的过程,从汉字到汉语,每一个汉字都有不同的含义,因为理解能力有限,再加上诗歌本身就很难读懂,他们对本国的诗歌都没有学习的兴趣,更不会主动学习和接受中国新诗,由此就会强化这种对新诗的偏见和刻板印象。

2.新诗自身发展的因素

新诗从发展初期开始就经历了很多挫折,在对外汉语教学中将其引入势必也同样不顺利。究其原因,除了文化因素以外,也有其自身因素,比如它的发展带来的影响。相比古诗,新诗的起步很晚,其中语言形式、文化内容、语言翻译等都给新诗的教学增加了难度。以下试从三方面加以分析。

第一是语言形式的因素。新诗能用最简单的语言和最少的词汇去表达诗人丰富的情感,但新诗的语言具有多重性质,尽管它是白话,但因为产生于中西文化对抗的过程中,所以造成它的语言的陌生化。陌生化是指打破惯有的文学用语表达方式,运用新奇的表达使得表现对象成为陌生对象,原有的表达形式处于边缘化状态,在人们的情感之间加强联系,从而使诗歌的语言富有美感。除了新诗本身追求语言新奇的原因以外,还有语言的变异带来的影响,如词汇的历时变化,方言的习惯,语法的束缚等。因为它是活着的语言,因此比文言要更加富于变化。

语言的第一个变种就是方言,由于人们所处的环境和文化不同,他们可能以不同的方式讲着同样的语言。对于留学生来说,学习汉语本身就有难度,声调都纠正不过来,方言的声调更是千差万别,读新诗对他们来说就是十分困难的。如刘半农的《瓦釜集》就是用江阴方言与民歌写作的新诗集。像"姐园里一朵蔷薇开出墙,我看见你蔷薇也和看见姐一样"这种民歌体加方言化的新诗对留学生来说学习起来更困难。方言对于国内不同地区的人来说都很难理解,海外学者如果想读懂新诗恐怕还得从零基础方言学起。

对外汉语教学的根本目标是传播汉语和汉文化,学习者能够运用汉语进行表达从而能够增强跨文化交际能力。有关新诗方言的内容在教材中很少,几乎为零,教师对这方面也有所回避,新诗若想从方言中打破,还得从对外汉语教材入手。新诗中词汇的不同时代词义混杂也是语言陌生化的一个比较明显的特征。有一些词汇在发展的过程中发生了变化,尤其是古今异义词,这些词汇有了不同的形式和意义,在教学中很难讲解,学生理解起来也不容易。如李金发的《弃妇》这首诗开头就用了六个"之"字。"之"在古代汉语中的用法有很多种，可以作动词、代词、助词等，很明显这是虚词，而对外汉语词汇教学中多以实词为主，由"之"转化而来的词语就是"的"，在《现代汉语词典》中它是助词，留学生对"的"的用法比较熟悉，然而对"之"的用法就不太了解。"之"经历了历时变化，留学生在看这些现代新诗的同时并不能真正理解"之"的内涵，所以读新诗可能一头雾水。一个词虽然影响不大，但是理解起来也颇有难度，如果不能从词语的意思去把握诗句的整体意蕴，不知道"之"在诗句中的语法规则，那么新诗的学习就是枯燥乏味且没有任何意义的，诗人的情感又何以体会？

以李金发的《弃妇》中的"长发披遍我两眼之前"这句诗为例，对教师对新诗词汇"之"的理解进行调查，发现有23.75%的教师不知道"之"的意思，"之"在文言中经常使用，原本学生对古诗中"之"的用法就比较陌生，新诗中如果出现"之"这个词，将会影响学生对诗的理解。新诗人李金发追求语言色彩的多样，加上他所属的时代还去古未远，所以不免在诗中出现古代文言和现代白话交杂的情况。更有甚者，如果出现文言词汇连教师都不懂，那么又如何给留学生讲授。这也是增加留学生理解新诗难度的因素，因此也是影响新诗在对外汉语教学中应用的原因。在教学中我们应该尽量避免出现这种情况，否则会陷入不能给留学生正确讲解新诗的词汇而尴尬的境地。

新诗是用现代汉语表达的诗歌，其形式是随着时代发生很大变化的，但是在形式上还是有很多与古诗和民歌类似的特点。比如新诗诗句的结构还保留着与古汉语大体类似的语法。比如郭沫若的《别离》，其中的诗句就带有古诗的特点，为了追求韵律和平仄，改变了其中原本陈述的顺序，保留了文言文的结构，这样就可能造成留学生的误解。对于留学生而言，这种特殊的语法会使他们对新诗有一个盲区，不知道古诗和新诗的区别在哪里，从而认为诗歌就是古诗，古诗也是新诗。再如有些歌谣和歌词也在不同程度上接近于新诗，对外汉语教材中有一些儿歌的内容，这些自由的语言太过活泼，对成年留学生来说，学习儿歌反而忽略了新诗，教师只将儿歌作为教学的重点，培养了学生的语感，没有看到新诗的实际应用价值。

第二是新诗的文化内容因素。新诗在对外汉语教学中的具有文化价值，但是富有价值的新诗却没有在教学中得以应用，原因也离不开它的自身发展带来的困难。我们知道,新诗最初发生于"五四"时期,诗人大多都来自一些宣扬新思想、新文化的先进知识青年,而这些青年大多都出国留学,接受和学习了西方国家的理论和思想,有泛神论、个性主义、社会主义等。这些思想在当时非常先进,可以说一定程度上令我们中国人的旧观念和旧习俗发生了改观,在当时具有很大的影响力,虽然比古诗发展晚但是也具有不可替代的文化价值。与此同时,新诗也留下了一些具有代表性的诗作。但是新诗由于具有平民化、大众化、通俗化的特点,语言过于直白,所涵盖的文化内容都是反映现代人生活的思想以及观念,而且有些语句太直白,以致达到失去美感的程度。比如沈尹默的《月夜》这首诗只是写一个人站在树旁,语句平直,意思简单,就不适合新诗的教学。

新诗传播的过程就是文化认同的过程,信息传播的好与坏完全在于其中编码的意义与结果,如果这个信息能够让留学生产生共鸣,并且引起文化上的思考,那么新诗的跨文化传播就是有意义的传播,否则就是无意义的。从这个层面来说新诗中确实吸收了西方诗歌的精华,弘扬的是现代人的文明,有些内容在一定程度上可以促进文化传播,但是有些内容比较特殊,比如郭沫若《女神》中的泛神论宇宙意识等是这类内容。泛神论虽然与西方文化吻合,但是毕竟已经时过境迁,这些思想也没有成为中国现代文化的组成部分。因此在新诗教学中,对于留学生来说,这类思想不仅是陌生的,而且也不是中国现代文化的主流。这类诗歌也难以承担跨文化传播的责任。因此,新诗中不合理的文化内容也是新诗不能得以应用的原因。

第三是版本因素。新诗语言翻译的版本不同也会影响新诗在对外汉语教学中发挥作用。翻译的诗句由于各个国家文化之间存在很多差异,各种语言所用的词汇、语法、结构、思想等也会有所不同,这些有可能会给新诗的理解带来困难,因此阻碍新诗在对外汉语教学中促进跨文化传播。

新诗在海外的翻译中有"一千个哈姆雷特"的说法,因为新诗本身是新旧时代交替下杂糅而成的,有很多语言未摆脱旧诗词体式的束缚,对于初级汉语水平的留学生而言就是"黑盒子"。尽管他们可以使用翻译软件将这些看似复杂的文字翻译成自己国家的语言去读,但是翻译的语言有很多种,如英语、俄罗斯语、法语、蒙语、泰语等,每种语言的翻译都是不一样的,翻译软件不同,所翻译出来的汉语也不同。再加上每个国家的语言都有自己内部的语法规则,汉语语法又与其他国家的语言语法有一些区别,一旦留学生学习汉语就会用母语的思维去理解新诗中的语言,这种理解就会有偏差。原本汉语水平就不高,看到这种变异难懂的新诗就更加产生了距离感,所以对学习新诗的动机也就没有学习古诗强烈。如胡适的《蝴蝶》就有旧诗词的轨迹,诗中的词语有"双双""孤单""怪""可怜""也""太",留学生可能会理解"双"的含义,但是其他几个词他们在翻译的时候就会有偏差,如对"孤单怪可怜"可能翻译成"It's pathetic to be alone.""可怜"翻译在前,"孤单"翻译在后,"怪"没有明显的翻译词汇,这样就理解成"太可怜以至于很孤单"与原诗"孤单怪可怜"的意思截然相反。在对外汉语教学中如果没有将"怪"这个词单独讲解,就会使留学生误以为"孤单怪可怜"就是"孤单"和"可怜"的意思,而且"怪"的副词用法对学生来说比较陌生,翻译中找不到对应的单词就很难去懂其具体用法和含义。还有"也"的用法,"也无心上天"用英语翻译出来是"I didn't mean to go to heaven."在这里"也"是副词,它还有语气助词的用法,学生翻译时如果没有将"也"翻译出来,就会误以为这句话中的"也"是语气助词,这就是新诗的语言翻译所产生的结果。

由此可见,这种新诗的文字传播在一定程度上受阻,新诗的语言文字在传播的过程中由于语言的变异使得传播者与受众者双方都不能有效地在此基础上进行编码和解码,信息没有得到很好地传递,使新诗中的语言处于一种更加陌生化的状态。陌生化的新诗虽然能够带给我们审美体验,但与日常简单的汉语言相比,越是艰涩的语言,越容易产生文化误解,不仅不能得到受众的喜爱,反而会削弱受众的阅读倾向力,审美上的认知就更加索然无味了。加上诗歌翻译的过程中也会有不同的版本,其中文化的内容并不能被很多人接受,很多学者或者编者对教材中的新诗语言的使用不够重视,所以对外汉语教学中教师也不会运用这种变异的新诗语言去教学生汉语知识,这就是语言的变异对新诗的跨文化传播造成的阻碍。

三、对外汉语中新诗文化教学的建议

(一)对教材的建议

教材是传播的媒介,是教师教学和学生学习的第一手材料,它在第二语言教学中起着至关重要的作用。教材的好坏决定着教与学的效果。教师需要有好的教材,才能讲好课。教材的选取要符合一定的原则,才能发挥出它原本的价值。

1.编选原则

新诗的内容和古诗一样类别较广,不是所有的新诗都适合作为对外汉语教材的内容,也并不是所有的新诗内容都可以在海外传播。新诗就如诗歌中的个性,诗歌作为共性对象才是世界人民所欣赏的内容,但共性又寓于个性之中。新诗的独特性为中华传统文化增添了引人注目的文化内容,只是个别的新诗内容有艰涩和冗杂的地方,在对外汉语教学中讲解起来是有难度的,尤其是对那些汉语水平不高且文化差异特别大的留学生来说更是难以理解。因此,新诗的内容要以展现世界人民喜闻乐见、易于接受的内容为主,符合针对性、实用性、科学性、趣味性等主要原则。

(1)选材的针对性与实用性

新诗的题材丰富,其艺术成就很高,但作为对外汉语教学的内容,选材应该充分考虑学习者的年龄、国别及文化水平等。不同母语、母语文化背景与目的语、目的语文化对比所确定的教学重点不同。针对不同的留学生,要选取更加实用的新诗内容,以培养其语言交际能力。对外汉语新诗教材要针对教学对象的特点选择适合学习新诗的内容。新诗教材的直接对象是汉语学习者,要考虑到其语言水平和对他国文化的接受情况。如刘半农的《卖萝卜人》虽然在当时有很高的评价,但是其中的语言具有方言色彩,也不能发挥新诗语言教学的功能。留学生的汉语水平不同,接触汉语的时间也不同,学习汉语的目的也不同。因此,要根据汉语学习者的学习起点、学习时间和学习目的,划分为初、中、高三级教材,然后从新诗的语言和文化内容出发,筛选一些适合教学的内容。另外,新诗教材的针对性要将"教什么"和"不教什么"这两个问题作为区分的尺度。汉语学习者的文化背景不同,教材在选取时要注意将中国新诗文化与世界其他文化进行对比,避免因文化差异而造成新诗文化传播的障碍,也避免学习者因为不知道新诗中的文化而引起文化误解,形成刻板印象或文化定势现象。除了对比文化差异,也要注意加强中国新诗与西方诗歌之间的联系,求同存异,以达到教材针对性的目的。

对外汉语新诗教材要选取实用性强、贴近学生生活实际的教学内容。这并不是指让留学生必须将新诗运用到日常生活中去,即使是中国人几乎都不会通过新诗去对话,实用性是指初级汉语水平的留学生可以通过学习新诗掌握其中现代汉语语言的结构和写作的技巧,而中高级汉语水平的留学生可以在掌握汉语水平的基础上,深入了解新诗的文化内容,从而能够运用这些写作技巧写出一些符合汉语表达规范的语句,并在此基础上感受中国新诗人的思想情感以及领悟新诗文化的价值意义。如八十年代的朦胧诗短小精悍,读起来朗朗上口,顾城的《一代人》、舒婷的《致橡树》、杨炼的《大雁塔》等,这些诗歌都承载着民族深厚的文化心理,其诗口吻亲切,易于理解和掌握,重在抒发个人主观感受。留学生如果了解和学习这些富有生命力和感染力的新诗,就能体会到简单语言下中国人的思维方式、价值观念、表达方式以及文化精神等,从而学习中国人常用的汉语表达方式,更好地进行跨文化交际。

(2)选材的科学性与趣味性

新诗的语言虽然大多符合现代汉语的逻辑,但个别新诗与旧体诗杂糅,难免有生僻、难认的字词,有些语句还不符合现代汉语的规范,语法结构较为松散,不适合作为选材的内容。比如林庚的《春天的心》中有一句写"随便的踏出门去",这句话中"的"就不符合现代汉语语法规范,"随便"与"踏出门去"形成修饰关系,前后是状中短语,状语是形容词,中心语是中补短语"踏出门去",中间应该用"地",如果留学生没有学过这些词,不知道正确的用法,很容易将"的"与"地"混淆,会造成偏误。因此,新诗教材要选取规范、通用且符合语言教学规律的内容,对其中不规范的字词句进行适当修改,改成符合我们现代人所表达的语句,注音方面要结合《汉语拼音方案》确保汉字的规范,保证留学生正确拼读新诗内容,而且教材的选取要以由浅入深为大致方向,对新诗中新词语、新语法、新内容进行合理分散,以确保留学生在学习新诗时能够选择符合自己语言水平的教材,加强学习动机。

新诗教材的选取除了要注重字词句音义上和内容上的科学性,还要注意教材的趣味性。教材形式和内容生动有趣,能吸引学习者,对其学习的内容产生兴趣,让相对枯燥的新诗学习变得轻松愉悦。但是趣味性不能简单的班门弄斧,将儿童新诗教材内容搬到与成人教材中去,未免显得"稚化"。留学生对自己感兴趣的话题会表现出浓厚的学习兴趣,如恋爱、婚姻、家庭、教育、妇女、家乡等。选取这些符合留学生口味的新诗内容,特别是中高级语言教材如果带有丰富的文化含量,就更加体现新诗的趣味性。除了题材的趣味性,还要注重语言风格的多样化,教材版式设计活泼醒目、插图能生动有趣、装饰美观大方,都可以使留学生对教材有强烈的学习动机,教学课堂也会变得活跃起来。

2.内容选择

根据以上对新诗选材的原则,结合对外汉语教学的要求及留学生的需求,对新诗选材的内容进行分类,可以选取以下几个方面进行教学。

(1)爱国新诗

新诗的生成与现代思想文化分不开,新诗中有很多反映民族主义的作品,这些新诗都是诗人在异文化环境中所创造的新诗。如最早提倡写白话新诗的胡适在美国写新诗,郭沫若奔走日本所作新诗,李金发吸收法国诗歌精华创作属于自己的新诗等。这不是单纯为了新诗而创作新诗,只是当时中国旧文化生存艰难,西方文化不断强大,中国文学和思想都岌岌可危,国人希望能够通过借助西方思想去拯救落后的中国,所以民族主义新诗在此重生。

民族主义其实也是爱国主义的直接体现,对于长久待在国外的人来说,这种爱国主义情感更为强烈,比如留学生,他们的这种情感就非常强烈,常常怀着一腔浓浓的思乡情绪。在对外汉语教学中,对新诗的选材可以从爱国思乡这个角度出发,筛选一些体现爱国与民族主义的诗歌,让留学生感受通过朗读新诗,感受中国的美好,如光未然的《黄河颂》写"啊!黄河!你是中华民族的摇篮!"这种"啊...."的句式在情感上能够激发留学生的兴趣,在歌颂黄河的同时也能体会民族气概。艾青的《雪落在中国的土地上》写"寒冷在封锁着中国呀",留学生可以被这种寒冷所震撼,厚重的情感更能够在异国感同身受。还有李广田的《地之子》中表达"地之子"对大地母亲的热爱,将感情升华为祖国的热爱。学习它能加强留学生的阅读感受,唤起对故土的思念。对于初级汉语水平者,这些爱国新诗比较简单,可以在朗诵中使其从情感上获得对祖国的认同感,体会诗歌的格律美。

(2)爱情新诗

爱情类诗歌从古至今就有独特的魅力,新诗中大胆表露爱情的新诗比比皆是,留学生可以从新诗中了解中国人的价值观、恋爱观,在生活中也可以对这些进行思考,学会处理自己的情感问题。如徐志摩的《偶然》这首诗将人类微妙的情感用云影和波心建立起联系,"我是天空里的一片云"就是一种偶然的美。留学生可以运用这种句式学会用中文抒发内心情感。席慕容的《一棵会开花的树》写激情澎湃的爱情更是明显,既简短又很好理解,在教学中会有意外的效果。还有舒婷的《致橡树》写"我"是"你"的"一株木棉",通过树的形象写"我",然后用爱拉近"我"与"你"之间的距离,高级汉语水平的留学生可以透过这种形象的表达去进一步了解中国人的民族心理。

新诗中这些明白如话的语言都反映了现代人对爱情的大胆理解,但有一些新诗比较消极,就不适合作为对外汉语教学的内容。如汪静之的《伊底眼》中有写"伊底眼变成忧愁的引火线了",这首诗所写的爱情就较悲观,留学生如果不能够明白汪静之的感受,不从他所经历的生活背景去感受这首诗,就会觉得爱情并不是想象中那么美好,产生一种消极悲观的情绪。

(3)生活新诗

新诗充满西方人所推崇的自由、平等的价值观,而其中情调积极向上的诗歌更是表达热爱生活、热爱生命的思想感情,还有很多表现美好的人生理想。这些作品是前面所说的感性与理性相结合下的一种内在的精神品质,不单单要感慨人生的无常,更多的是怀着永恒不变的信念去拥抱生活,从而肯定人的价值、肯定自我、崇尚自我。如汪国真写《热爱生命》这种对生命的热爱,就是一种"选择远方"的态度,只要"风雨兼程"就会看到美好的彩虹。显然这首诗如果展现在留学生面前,会给他们带来正能量,帮助他们树立正确的人生观,对教学来说是个不错的资源。何其芳的《生活是多么广阔》是对生命的渴望,这也是青春的赞歌,对于汉语水平高的留学生来说能够将其运用到写作中去,从书写到表达逐步提高汉语水平。还有顾城的《一代人》写"黑夜给了我黑色的眼睛,我却用它寻找光明"。一代人是对生活执着的追求,也可以理解为在特定历史时期成长起来的当代中国人,短短诗句揭示了不一样的人生体验,教师可以从对立统一的观念入手,给汉语水平较高的留学生讲解中国这种深厚的哲学理念,让他们在诗句中感悟中国人的思维,从而与自己国家的思维区别开来。

总之,在对外汉语新诗教学中,新诗题材的选取关系到教学的成果,关系到中国文化在世界的影响力。这既需要针对学习者的特点,选取实用性较强,科学地规范教材用语,进一步提高留学生学习新诗的兴趣,还要结合当今对外汉语的教学特点去选择,唯有多方面、全角度、综合化考虑这些因素,才能筛选出海外学者易于接受和学习的中国新诗。

（二）对教师的建议

作为新诗的传播者——对外汉语教师,在向国外传播新诗或者给留学生讲授新诗的时候,要从自身出发,对中国文学向海外传播有一个全新的了解,转换思维,提升自身素质,适应新时代教学的特点,同时不断调整和改变自己的教学方法,运用新的思维和视角去看待新诗在对外汉语教学中的应用价值,从而将新诗中的语言和文化要素传播海外。

1.基本素质

库玛在后方法理论中提出教师教育的五个模块,即知(knowing)、析(analyzing)、识(recognizing)、行(doing)、察(seeing)"这五个模块是对外汉语教师所具备的基本能力和素养,运用到对外汉语新诗教学,我们可以从这几个方面来提升教师的基本教学水平。

(1)思想认知

"一个人在理解来自他文化的另一个人的时候都会出现困难",需要通过视角转换来解决这种困难。在对外汉语新诗教学中,对外汉语教师遇到困难时首先要学会转换思维和视角,不能一直认为古诗对对外汉语教学有帮助,新诗太难而不适用于对外汉语教学,教师要克服这些偏见,应该从内心欣然接受新诗,从主观上去进行尝试和改变。当新诗中有些语言晦涩无法进行教学的时候,教师可以调整自己的教学方法,结合教学实际,想办法将新诗中复杂的词汇或者语句运用简单的符号去进行教学,而不是回避这一教学难点。当然,新诗中有些语句需要教师把握整体诗歌的意境,寻找其中有利于留学生接受和掌握的教学内容,学会趋利避害,将新诗这一优秀的文化发扬光大。[1]

教师不仅要转换教学思维,还要对新诗的概念有一个清晰的认知,它不能够单纯地被认为就是歌谣或者歌词。新诗在历史上发生过三次新诗歌谣化潮流,如早期刘半农的《瓦釜集》、刘大白的《卖布谣》都是以民间歌谣体式创作的新诗,所以我们只能说新诗包含歌谣,不能说新诗就是歌谣,只能从大体上对新诗的概念有个界定。如果教师不能够从根本上认识新诗的内容,没有把歌谣或者诗歌还有新诗的范围区别开来,在对外汉语教学中,就会误导学生认为新诗就是歌谣。有些教师还教授留学生一些短篇儿歌内容,认为儿歌就是诗歌或者新诗的内容,这就是片面的看法。教师

---

[1]陈国明,安然.跨文化传播学关键术语解读.北京:中国社会科学出版社.2010:166

要特别注意这一点,学会转换思维,弄清楚新诗与诗歌之间的区别,才能够更好地在对外汉语教学中将新诗的内容授予学生,从而传播新诗的文化。

(2)知识储备

对外汉语教学中,教师作为引导体,必须掌握基本的文学知识,汉字、语音、词汇、语法、修辞每个方面都要把握牢固,注意发现这些与新诗之间的内在联系,学会融会贯通。新诗中有些语句带有古诗的旧俗,其中的文言文句式还需要在教学中进行展开讲解,对于新诗中的一些特殊语法现象,要仔细钻研并思考教学的方法。如"把个心提在半空"中"把"字句的使用,我们一般说"把心提在半空中"而不说"把个心提在半空中","把"的宾语是已知的事物,但在这里有特殊的表达意义,学习者可能不会理解两个词怎么能搭配到一起,更不会知道"把"这个介词搭配的灵活性。教师首先应该自己查这两个词的基本用法然后理解这句诗的真正意思,对"把"字句的用法深入钻研,让自己明白和掌握这种特殊的语法现象才能在教学中将这个语法给学生清晰明了地讲解出来。

教师不仅要有诗歌知识上的储备,还要有语言学、教育学、心理学及二语习得理论的知识,了解学生的心理,把握教与学之间的整体联系,从而在教学中有针对性地进行实践。教师要充分了解学生的基本情况,针对学生学习汉语的情况,了解不同汉语水平的学生对新诗的接受程度,对学生不能积极学习新诗的态度进行心理上的疏导。还有运用二语习得理论将新诗可能在汉语教学中运用到的日常表达进行梳理,从宏观上把握教学的内容。

2. 文学素养

教师的文学素养也是构成新诗对外汉语教学的重要因素。教师本身是传播者,传播者要传播文化就应该认真钻研新诗的诗歌理论,赏析不同体裁的诗歌,了解不同年代的诗人及其生活背景,从作者情感和诗歌内容两个角度解读新诗,只有这样才能在面对各个国家、各个民族的留学生时从容不迫地将新诗娓娓道来。特别是对于新诗中比较有价值的文化内容,如徐志摩、郭沫若、卞之琳、顾城、食指、绿原、沈尹默等一些具有代表性的新诗诗人所创作的诗歌,要在课前多准备一些资料,对新诗中涉及关于文化的内容如泛神论宇宙意识、自由恋爱、反偶像、个性解放等要充分了解和学习,不断积累,形成一种文学素养。

3.能力培养

"国际汉语教师能力,以往认为包括三种:教学能力,跨文化交际能力和研究能力"。教师能够井然有序地组织教学,合理地控制和管理课堂,在不同文化背景中游刃有余地讲解汉语和汉文化基本知识,并且能够在课后进行反思,从而提升跨文化交际能力、文化传播能力还有教学研究和创新能力。

跨文化交际能力是指教师要具备多元文化意识,对西方诗歌中的文化有所了解,有一种全球化思维能力,并吸收和接纳西方国家的文化,在对外汉语教学中将中西诗歌文化内容进行对比,筛选一些文化相似的内容,减少和避免文化冲突,将其中不同文化内容进行融合,使交际双方能够产生文化上的共鸣,从而更好地进行跨文化交际。如教师在伊斯兰教地区给学生讲新诗时,要谨慎选择带有"酒"字词语的新诗,即使有相关的内容,也要在中高级阶段设置相应的情景进行教学,否则会引起文化冲突。

文化传播能力是在传播文化的过程中,教师既需要对中国文化有正确的了解,又要有效地传播中国文化,不能简单灌输文化知识。在新诗教学中,更要选择合适的传播内容。不能因为自己没有经验,就按照自己的想法传播一些不满足现实需要的内容。教师要根据受众的需求,传播新诗中现代文化交际的内容,如对话式的新诗就是很好的交际素材,教师可以通过设置真实的情景,找出学生对新诗感兴趣的点,共同探讨新诗的文化内容,让学生真正体验中国现代文化的内容。此外,教师可以适当开设相关新诗文化鉴赏的选修课,举办一些新诗文化朗诵、新诗知识竞赛活动、中西诗歌比较的文化讲座等,在有趣的教学活动中,传播中国新诗的内容,让学生在多元文化中体验文化的异同,使师生都能意识到新诗对跨文化传播的促进作用。

教学研究和创新能力是教师要善于发现教学中存在的实际问题并能够运用理论知识分析和解决问题然后促进教学。如在对外汉语新诗教学中教师会遇到这些问题:为什么俄罗斯学生喜欢学习新诗?如何将新诗的内容巧妙地运用到教学中去?新诗能否让学生提高汉语表达能力?自己是否进行了教学反思?教师要设身处地为学生着想,同时查阅相关书籍,研究教学中存在的问题,并运用现代多媒体信息技术直观地呈现新诗的内容,解决自己遇到的问题,由此才能提升自身的价值。教师可以在短时间内选取一两句诗,通过展示PPT图片或者播放音频让初级汉语水平的留学生能够开口交流诗句,对于汉语水平较高的留学生要选取重要的语法结构,简单进行操练,这样课堂上才不会死气沉沉。

(三)教学方法

新诗属于现代文学,彰显着我们中国人的现代文化,同时又与现代汉语相符合,对国内中小学语文课堂来讲,新诗具有现代性,对国内学生有启发和教育意义。对汉语教学而言,我们的教学对象是外国学习者,显然用传统教学方法来教留学生学习新诗是不合适的。教好新诗,除了依靠教材提供的素材,依靠教师的教学能力,还要依靠好的教学方法。什么样的教学方法是好的方法,笔者基于前人对诗歌教学方法的研究,探索了情境教学法、语法翻译法、因素分析法和沉浸式教学法四种新诗的教学方法。

1.情境教学法

情境教学是由 Brown Collin.Duguid 在 1989 年发表的《情境认知与学习文化》一文中提出来的概念。情境教学法是指教师创设生动的场景,激起学生的情感,从而使学生理解教材内容。在对外汉语教学课堂中,教学情境的创设尤为重要。新诗的语言虽然直白,大多数意象来源于生活,但是饱含着深厚的情感,加上意象内涵的丰富,对留学生来说还是会造成新诗理解上的障碍,情境式教学可以帮助不同阶段的留学生理解汉语。在对外汉语教学中,教师可以根据不同类型的新诗创设情境,将平实的语言以图片、视频、实物或者教师的表演等不同的方式给学生展示出来,让学生在诗意中感知新诗的语言与文化魅力。如在讲解戴望舒的《雨巷》时,教师可以通过提问来创设情境,不断启发学生,激发学生的想象力,比如可以设置"你有没有喜欢过一个人"或者"你认为爱情重要还是工作重要"等诸如此类的问题,来引发学生的参与感和热情。学生如果积极性不高还可以开展小组讨论,让他们自己回答问题,进一步理解戴望舒对"丁香一样的姑娘"的错综复杂的情感。然后,教师再讲解其中的故事,对学生的回答进行评价,吸引学生的注意力,使学生能够迅速理解新诗的内容,积极学习新诗。此外,教师还可以提前准备好道具雨伞、油纸伞、丁香,课前准备好配有诗文的朗诵视频。在正式上课时,让学生自觉主动地参与到课堂中来,扮演戴望舒的角色,然后播放视频,表演完后让学生自己描述一下此刻的心情,在真实的情境中深入诗人的内心,从而真正理解诗人忧郁、惆怅的情感。

2.语法翻译法

语法翻译法是第二语言教学法史上第一个完整的教学法体系,它以语法为纲,通过翻译练习加以巩固,主要运用母语教学,从词汇、句型再到语法,用演绎法讲授语法规则,然后通过翻译让学生掌握语法规则,学生再逐句朗读和分析课文并记住其中的内容。这种方法对今天对外汉语综合课和翻译课的教学有很大影响,其优点是注重学生的智力发展,由词汇到句子逐步提高学生读写能力,考虑到不同阶段学生学习的特点。

同样,在新诗教学中教师也应该考虑到学生接受新诗的能力,运用语法翻译法让学生先学习新诗中出现的生词和诗句,对其进行翻译,然后知道生词和诗句的意思才能了解词汇和整个诗句以及整首诗的深层内涵。比如在新诗《断章》的教学中,首先让学生理解诗中词汇的意思,如"站""看""风景""在""楼上""明月""装饰""窗子""梦"等词,对于其中不理解的词汇,可以用翻译加图片的方法展示给学生。比如学生可能不懂"装饰"这个词,教师可以画一幅画,提问学生看到了什么,学生回答之后教师再引导学生用简单的汉语把这幅画描述出来,说:"在物体表面加一些东西就是装饰",等学生完全明白这些生词的意思后,再给学生讲解偏难的拟人的修辞手法。当然,对于初级汉语水平的留学生来说,只要能够理解词汇的意思并认识和朗读词汇就可以了,而中高级汉语水平的留学生则可以学习新诗中更深的知识。如"明月"像"你装饰别人的梦"一样可以"装饰你的窗子",这种相对和谐的画面在汉语水平较高的留学生眼里看来都很难理解,这时教师可以讲解中国注重和谐的理念,配合中英文翻译,使留学生进一步理解诗歌的哲理。由此从简单到复杂的诗句在语法翻译法的教学方法下变得浅显易懂,学生也能提高对新诗学习的兴趣,进一步促进对外汉语教学。

3.因素分析法

雷蕾在《对外汉语教学中古典诗歌教学的教法探究》中提出怀人思乡类诗歌要运用因素分析法进行教学,笔者认为在新诗教学中也可以运用这种方法。通过时间、地点、人物、起因等因素来分析一首诗的主要内容,让学生能够将这些环节进行贯穿,从而能够在整体上体味作者的思想情感这就是因素分析法。

在对外汉语新诗教学中,最主要的是让学生能够读懂新诗,像讲故事一样,对他们进行引导,让他们找出诗歌所写的时间、地点、人物和事情发生的起因,了解整首诗歌的内容。如果只是干巴巴地讲生词和句型,学生可能听不下去。比如在讲解朱自清的《细雨》这首诗时,教师要让学生分析出时间是什么时候,通过文章题目就可以知道是春天,学生可能不知道细雨是春天,教师可以通过诗句的内容"是春天的绒毛呢"来启发学生,人物从第二句就可以知道是作者本人"我",而事件起因是诗人因为细雨掠过脸庞而欣喜,从而对春天的到来表示出亲切喜爱之情。通过分析"细雨""春天"和"我"三个因素之间的微妙情感,来让学生明白作者写"细雨"的用意所在,从而知道这首诗诗人的内心情感,这就是因素分析法的巧妙之处。这种方法比较适合中高级汉语水平的留学生,他们在掌握基本词汇的基础上,能够对新诗进行拆分,从整体上把握诗歌的要义。

4.沉浸式教学法

沉浸式教学法起源于加拿大,而后盛行于美国、澳大利亚、新加坡等国家,是指在汉语教学中通过使用汉语作为目的语进行全封闭式的教学。它的最大特点是在教学环境中师生完全运用汉语进行交流,而且注重创造使用中文的环境,使教学活动"中国化",让学生沉浸在社会大环境里,自然习得汉语。

对外汉语新诗教学要注意给学生提供使用汉语进行交际的机会,同时自己也要参与到这种文化教学的氛围中去,和学生一起感受中国现代新诗的文化,有意识地提高自己对中国现代文化的认识。如在讲艾青的《我爱这土地》时,教师要在上课之前,可以装饰教室,贴一些中国和其他国家的国旗,也可以贴上中国地图,然后播放中国的国歌《义勇军进行曲》。在讲解诗歌的时候,先向留学生解释艾青诗中所描述的"土地"意象,让学生通过看图片,明白"土地"的含义,用自己的话表述出来。然后教师带领学生领略"河流""风""黎明"等词语的意义,反复诵读诗歌,让学生产生汉语学习的兴趣,在封闭式的"中国化"教学中激起学生对自己国家的情感。在课堂结束时,可以让他们用汉语分享自己对中国的看法,然后使用"我对这土地爱得深沉"这句诗描述对自己国家的感情。这样不仅可以让学生学习丰富的文化知识,还能提高汉语表达能力。这种沉浸式的教学方法适合不同阶段的留学生,最重要的是让他们能在中国文化的环境下习得汉语,学会运用汉语进行交际。

第三节 中国国画在对外汉语教学中的应用

如今,世界强国的实力不仅仅是高度的经济发展,更重要的是文化输出的"软实力"。北京语言大学的崔希亮学者在《汉语国际教育与中国文化走出去》一文中提出"文化是软实力,这是毋庸置疑的,所以中国文化能否走出去实际上是衡量国家文化竞争能力的标准。"从闭关锁国到改革开放,中国文化经历了大起大落依旧熠熠生辉。现在的中国发展离不开文化的输出,对外开放带来汉语热兴起,也因此,更多外国人开始重新认识和了解中国,他们越来越为中国文化而着迷。近些年来,我国对外汉语学术界越来越重视中国传统文化教学,相关的研究成果陆续发表,然而面向对外汉语的国画教学研究却始终凤毛麟角。造成这一现象,其实是因为多方面的条件限制,其中包括师资缺乏、绘画难度高以及教学理论匮乏等一系列原因。作为中国三大"国粹"之一的国画,讲究的是天人合一的思想内涵,就其构图方式和创作方法来说,国画讲究"意在笔先""浓淡结合"的水墨变化以及富有诗意的"留白"。这是国画作为中国传统文化的独特魅力,不应在世界舞台缺席。

理论与实践不能有机的结合,文化课中的国画教学一般流于简单的表面介绍欣赏,很难实现深层次的转化,而动手实践的课程又陷于简单的临摹,教师一般来自各高校的美术学院国画教师,他们并没有对外汉语教学经验。经过查阅资料发现,对于可以适用于对外汉语国画教学的教材更是罕见。然而,在与来华求学的外国学生接触中发现,他们对国画十分喜爱,渴望学习这种独特的绘画方式。所以笔者希望通过实践研究,能够将面向对外汉语的中国国画教学深入研究,探索出解决目前该领域发展缓慢的办法,以提高对外汉语国画教学的质量,丰富针对留学生的国画教学内容。同时为今后从事对外汉语国画教学的教师提供可以参考的教学模板。

中国国画相对于西方绘画,不论是工具材料、绘画技法、构图方式都存在较大差异,中国国画又具有注重意境,不局限于实物描绘的特点,所要强调的是"诗中有画,画中有诗"的意境美感,这对于外国学习者来说是新奇而又复杂的。许多对中国传统文化感兴趣的汉语学习者们,不仅仅满足于汉语的语言学习,他们更希望深入研究学习汉文化,那么学习相应的对外汉语文化课程就是非常有必要的。中国传统文化的丰富多彩体现在内容与形式上,呈现出相互包容、相互渗透的关系。中国国画作为其中一颗璀璨的明珠,它汲取了中国传统文化含蓄深刻的文化内涵,又是对其他传统文化潜移默化的直观体现。首先,中国国画与中国文学之间密不可分,历史上的一些国画名家在文学上也具有超高的造诣,如宋代豪放词人苏轼非常擅长"文人画"。再者,浩如烟海的文学作品,同样也是中国国画题材的来源。以诗歌入画,是中国国画独具的艺术美感。其次,中国国画能反映出中国人的性格特征,或借物言志,或借景言情,中国国画承载着中国人的精神追求。最重要的是,中国国画中包含书法、印章元素,在对外汉语领域,书法教学是重要的一部分,相对的研究成果十分丰富。中国人认为,自古书画不分家,所以,关于中国国画的研究更应该与之相匹配。在书法的基础上进行中国国画教学,可以更好地巩固知识,使二者有机的融合起来,对汉字的学习也有帮助。最后,中国国画的题材多种多样,它的内容与社会人文息息相关,可以说是包罗万象。涵盖了衣食住行、精神思想方方面面。以上所述,作为中国传统文化载体的中国国画不只是简单的绘画技能教学,更应该重视其文化价值。从汉语学习者的角度出发,他们能系统的学习中国国画,是全面感悟中国传统文化重要途径,更能培养他们学习汉语、了解汉文化的兴趣。

一、对外汉语教学的中国国画教学

(一)对外汉语中国国画教学发展现状

我国在对外汉语文化教学方面经历了三十多年的不断发展,不断地趋于完善,也取得了丰硕的研究成果。从20世纪90年代末期直到今天,既是深化教学理论研究总结阶段,也是丰富实践教学阶段。对外汉语的文化教学已逐步形成了完整的体系,主要体现在思想观念、文化细节、文化教学原则等方面。在此背景下,作为文化教学内容之一的中国国画,在对外汉语教学领域也有了初步发展。国内目前开设中国国画教学的高校大概有四十多所。

一方面,有的高校开展了短期留学生交换学习项目,比如中央美术学院与国际上同类知名院校间每年交换学习的学生有60余名,为期3到6个月。另一方面,在近几年针对外国来华留学生的对外近汉语国画教学方面,不少高校敢于尝试,开设了国画相关的文化体验课,教师们摸索着进行教学实践,为对外汉语国画教学探索发展之路。例如,作为全国对外汉语教学示范基地的北京语言大学,开设了包含对外汉语国画教学方面的"文化体验课",每年为期十个课时。

东北师范大学等一些高校也相继开办了针对留学生为期一周1~2课时不等的选修课。在海外,中国国画也被作为学习中国传统文化课程的内容之一,一方面是汉办志愿者队伍的教师们在合作院校开展的汉语文化体验式教学,另一方面,是海外本土汉语教学机构的汉文化课程。在汉办官网(www.hanban.edu.cn)上,新闻也报道了各类文化活动,其中很多与中国国画相关的文化活动。例如"早稻田大学孔子学院成功举办中国书画展""曼松德孔院举办泰国手绘'宋干节团扇'中国画体验活动"等。综上所述,目前,正是我国对外汉语国画教学的发展初级阶段,也是探求发展的关键时期,各方面也在积极的探索着。对外汉语国画教学领域初期的发展相对面临着许多亟待解决的问题。

(二)对外汉语国画教学存在的问题

1.学界重视度不够

目前我国对外汉语教学界对国画教学的探索较少,国内高校面向留学生进行的文化技能课程,大多都以剪纸、中国结、书法等文化课程居多。国画教学没有像书法一样形成规范的教学体系,国画并没有担当起应有的传播中华传统文化的重任。在各种各样中华才艺项目开展得如火如荼的今天,最具有中国传统文化精神的国画显然被冷落了。作为"三大国粹"之一的国画,有着深厚的人文素养以及复杂的绘画技法,在对外教学时存在难度,也因此中国国画在文化教学课里显得冷门。一些学者的传统观念还停留在"外国人是否能看懂或欣赏国画?"上。

2.教学内容安排不够合理

关于实践教学方面,对外汉语国画教学缺乏深度和文化素养,没能够充分得将中国传统文化融入其中,成了单纯的临摹。关于理论知识教学方面,现有的对外汉语文化课里关于中国国画部分多以书面的介绍与欣赏为主,缺乏技能得培养。如何将理论与实践二者融合起来,这是目前最亟待解决的问题。

3.可供参考的教学设计不足

教学设计的制定可以推动学科教学的不断进步,然而对外汉语国画教学可供参考的教学设计凤毛麟角,究其原因,尚处于初级发展阶段的对外国画教学缺乏理论和实践的支持,对外汉语国画教学的教学目标相对要求过高,内容又较深,在教学过程中更难以兼具跨文化交际意识的培养。同时,能够专研对外汉语国画教学的学者必须兼具对外汉语教学经验和中国国画教学经验,否则在进行教学设计时难免捉襟见肘,内容过于浅显。

(三)外国学习者对中国国画的教学需求

对外汉语总发展历史仅仅七十年,是从1950年清华大学中文进修班起,经历大起大落。发展关键时期是最近的20年,这是以中国国际地位的提高的大环境背景为前提的。早期的对外汉语教学领域侧重语言学范畴的知识教学,重点一直都是如何教汉语的语法、词汇、汉字等。随着新时代的到来,国家对文化输出重视起来,习近平主席将"对外文化输出"上升到了国家战略层面。而文化和语言是密不可分的整体,所以现阶段,对外汉语的教学又担当了文化传播的使命。

通过网络问卷对部分留学生以及他们的外国朋友进行问卷调查,发放了100份调查问卷,由于各类原因,有效地回收了87份,对其他13份缺失的调查问卷进行作废处理。调查设置了10道有代表性的问题。调查报告收集了被调查者的基本信息,主要包括姓名、学习汉语的时间长短、就读的学校以及他们HSK水平。从1到4题,问题内容的设定是为了了解被调查者对中国国画的喜欢程度,是否有意愿进行中国国画的学习。从5到7题,问题内容的设定针对的是被调查者对中国国画的了解程度,选项包含了多选。从8到10题,问题内容的设定是为了了解被调查者对中国国画教学方式的意愿,更喜欢通过哪种方式学习中国国画。

经过分析调查问卷,喜欢中国国画的并且愿意学习中国国画的有75人,占接受调查人数的86%;其中,选择"非常喜欢"的有48人,"一般喜欢"的有27人,而选择不喜欢的仅有12人。由此可见,外国人对中国国画的喜爱程度偏高,他们对中国国画并没有缺乏欣赏,相反的他们具备跨文化的审美能力。选择"非常愿意"学习中国国画的人数占到了4成以上,"可能愿意"的占了3成,选择"不知道"的占2成多,而选择"不愿意"仅仅有6个人。由此可见,被调查的外国人学习中国国画的意愿同样是强烈的。

关于对中国国画了解程度方面,调查结果显示并不理想,6到7题,回答完全正确的只有8个人,而第五题,是否了解中国国画的回答中,选择"非常了解"的几乎没有,百分之五十九的人选择了"一般了解",大多数的人选择了"不了解"。由此可见,中国国画在对外汉语教学中并没有很好普及,缺乏针对外国人的中国国画知识传播。学习汉语的留学生们在中国国画方面没能接触到良好的教学资源。强烈的学习中国国画的意愿与现阶段面向对外汉语的中国国画教学的缺失形成了鲜明的对比,矛盾突出。在这样现实的情况下,加紧面向对外汉语的中国国画教学深入研究是非常有必要的,不论是为了提高中国国画的普及率,还是进一步弘扬中国传统文化,对外汉语教学界都应该重视并关注对外汉语中国国画教学。

二、对外汉语教学中国国画教学的特殊性

中国国画应用于汉语国际教育具有其特殊性质:首先,中国国画不同于西方绘画;其次,面向对外汉语的中国国画教学又体现出了"对外"的性质,要与中国国画传统的教学区分开来。通过分析中西方绘画的不同之处、对外汉语国画教学与传统国画教学的不同之处,来进一步确定对外汉语国画教学的教学对象、教学目标、教学内容以及教学重点难点。并在此基础上划分出对外汉语国画教学等级水平。

(一)中国国画与西方绘画的不同之处

1.中国国画表达"神似" 西方绘画表达"形似"

"神韵"一直是中国国画的追求。宏观来看,中国国画的水墨渲染可表达出浩渺的江上烟波,也可表现出山川的秀丽险峻,寥寥几笔便可展示出画中的气氛。因中国国画在作画时十分注重水分的运用,所以画面带有水墨颜料渲染开来的神奇效果,就像开启了美化的滤镜。微观处看,中国国画的线条刻画极致,同样没有复杂的涂抹,细致的线条勾勒便可描绘出当时人物的喜悲,传神的表达出人物的神情。相对的西方绘画,是写实的画法,物体的形状需描绘得真实,色彩上也追求真实,多层次的上色叠加出立体感,包括高光的画法,都需要细致入微的按比例去体现。由于写实的特质,西画画家需要深入了解人体构造,解剖学也是他们必学的内容之一。"以假乱真"是西方绘画的最高境界。近代西方绘画也出现了抽象派,但仍然保留原有的笔触和绘画方式。

2.中国国画背景注重"留白"西方绘画背景注重"空间"

"留白"一直是中国国画独具的特色,"此处无声胜有声"是观赏中国国画独到的感受。中国画家常常以留白的手法表达出空间和思想的延伸。背景的整片留白在国画中十分常见,不论是花鸟题材,还是山水题材,抑或是人物题材,留白的部分总是恰到好处地烘托出画面的意境美感。这在西方绘画中是不曾见过的,西方绘画的背景需填画饱满,色彩要运用得恰到好处,背景的细致刻画也是画家们对立体空间的追求。这是由于西方绘画特别注重透视关系的体现,画面呈现不只是简单实物形象,也是科学的透视关系的运用。

3.中国国画题材偏重"自然"西方绘画题材偏重"人物"

中国国画主要分为写意和工笔两大类,至五代时期开始出现了没骨画法。其中写意画最能表现出中国国画的精神内涵,中国历代名家大师也多以写意画见长,题材上多是以山水花鸟为主,人物为辅。中国国画讲究寄情于物、融情于景。相比之下,西方的绘画受宗教文化影响非常大,前期多是人物的刻画,中世纪大都以群众为题材,名作中肖像画占据了绝大部分,比如达·芬奇的《蒙娜丽莎》,凡·高的自画像等。至于独立的风景画是十九世纪才出现的。但人物画仍然占据主导地位。

(二)对外汉语国画教学与传统国画教学的不同之处

1.教学目的不同

我国传统的国画教学是特别专业教学,其教学目的是培养兼具绘画技能和古典美育以及艺术素养的中国国画画家和专业的研究学者。相比较而言,对外中国国画教学的教学目标更为简单一些,主要是面向对汉文化感兴趣的外国学习者,培养基本的绘画技能和传播中国传统文化。教学形式多为体验活动,目的是为了提升学习者的兴趣,在中国国画学习的初级阶段,达到浅显的了解中国国画相关文化知识即可。随着学习者水平不断地提高,教学目的也相应地有所提高,最后在高级阶段能达到理论知识和绘画技能全面掌握的水平。

2.教学的环境不同

我国传统的国画教学的环境单一,主要是中国国画专业的教育机构和各大艺术类高校。相对而言,对外汉语国画教学的环境就复杂很多,分为国内和国外两个教学环境。在国内,一般是面对留学生开设的中国文化体验课和选修课,课堂环境根据高校的资源配置略有不同,但整体差别不大,能够提供良好的教学环境。在国外,以孔子学院为主的汉文化体验课堂也开设国画课程,除此之外,还包括私立教育机构。海外的教学环境有好有坏,条件差的学校有时不能保障教学资源的提供,购买基本绘画工具都十分困难。

3.教学对象不同

我国传统的国画教学对象是以在各大美院求学的专业人才为主,一般都是从小接受中国国画的训练,绘画水平极高、功底极深的专业国画美术人才。中国国画对于他们来说是为了日后从事相关的工作,也是主修的研究方向。相比较而言,对外汉语的国画教学所针对教学对象水平参差不齐,外国学习者的汉语水平不同,国籍不同,对于中国传统文化的认同感也不同。对此,不建议初学汉语,HSK水平低的外国学习者学习中国国画专业课程,因为语言障碍不利于理解复杂的中国国画内涵,一般来说,达到HSK三级及以上汉语水平,并有一定中国文化知识基础的汉语学习留学生,选修中国画课程较为合适。

4.对于教师的要求不同

我国传统国画教学的从业教师多是高校的教授,他们专注于该领域的研究,是专业性的教师,绘画理论知识丰富,具备良好的教育学知识,最重要的是专业素质必须过硬。不需要顾及文化和交流障碍,师生间文化互通,只需要专业技能教学即可。而对外中国画教学,首先由于学习者来自不同的国家,教师应具备跨文化交际能力,还要具备对外汉语教学专业知识。只有这样才能保证师生交流不出现障碍。其次,对外汉语国画教师还要具备一定的中国国画专业知识,以及中国国画的基本绘画技能。综上所述,对外汉语国画教学要求教师具备以上两方面的能力,虽然没有国内美院老师过硬的专业国画技能,但跨学科的难度反而更大一些。所以,我们也就不能聘请美院教师来进行专业的对外汉语国画教学,还需要积极培养对外汉语教师掌握中国国画相关知识。

5.教学重点与难点不同

国内美术院校的中国国画专业,教学重点是专业理论知识和绘画技能培养,难点也是如此。对学生的要求极为严格,学生要在绘画上有超高的造诣,还要专研国画的理论知识。相比较而言,对外汉语中国国画教学的重点则是培养学习者感悟中国文化的魅力,主要是兴趣的培养,并通过国画体验来提升汉语水平。选取难度适当的绘画技法教学内容,不能过于简单也不能太过专业深入。如何找好平衡,是教学的难点。

(三)对外汉语国画教学等级划分

1.外国学习者的汉语水平划分依据

本研究依据权威的HSK考试成绩划分学生的汉语水平。新汉语水平考试即HSK考试,分为6个级别,根据考试的成绩可以看出来考生听力、阅读、写作的能力。根据HSK等级不同由低到高依次划分为三大类:初级汉语水平、中级汉语水平、高级汉语水平。

初级汉语水平:达到HSK(1~3)级水平,掌握300~600个最常用的词语和相关语法知识。能够使用简单的日常用语,具备学习汉语的初级能力,满足来中国旅游和朋友交往的需要。

中级汉语水平:达到HSK(4~5)级水平,掌握1200~2500个常用词语和相关的语法知识。在汉语环境中,"听、说、读、写"无压力,能够流利的与中国人使用汉语交谈,能够完成对外汉语教学过程中老师布置的学习任务。满足就业和到中国求学的需求。

高级汉语水平:达到HSK6级水平,掌握5000个常用词语和相关的语法知识。具有较高的汉语水平,成为外国人中学习汉语的高级人才,对汉语有自己深层次的理解和感悟,能够很自然的融入中国文化圈。满足研究、欣赏和传播中国语言和中国文化两种需求。

2.基于外国学习者汉语水平划分对外汉语国画教学等级

根据外国学习者汉语水平划分的初级、中级、高级。相对应的对外汉语国画教学的等级也应遵循此规则。

初级对外汉语国画教学:主要是对中国传统文化兴趣的引导,对语言学习的深度要求不高,目标是经过初始的学习,使其感受到中国传统文化艺术魅力,注重体验性,趣味性的教学实践,所以内容上要符合简单易操作的宗旨。

中级对外汉语国画教学:这一阶段主要是学习者十分注重语言的教学,那么文化教学也应配合语言点的深入理解。体现在国画教学内容上,应选择符合语言教学实用性和交际性的原则。在国画教学的过程中,也能进行相应的语言知识点的训练。

高级对外汉语国画教学：为了满足研究、欣赏和传播中国语言和中国文化两种需求，这一阶段的国画教学必须符合学习者较高的汉语水平。要十分注重中国传统文化的传播，中国国画的教学内容也相应地融合传统思想，偏向于思想情感的陶冶，理解中国美德与智慧，为培养汉学研究者做准备。

三、对外汉语教学的中国国画教学原则和方法

在对外汉语领域内，因其"对外"的特点，面向对外汉语的中国国画教学同样需要遵循对外汉语的教学原则和教学方法。教学原则是进行课堂教学的基础，依据适当的教学原则能够为面向对外汉语的国画教学设计打好地基。在此基础之上，将适合于本研究的教学方法贯穿于教学实践中，能够为教师的教学质量以及学生学习的质量保驾护航。符合各阶段学生水平的教学方法应用于教学设计中，能够赋予我们课堂教学更多的可能性，激发学生学习的兴趣，提升课堂效率。

（一）教学原则

1.循序渐进原则

中国国画的教学遵循由易到难的原则，这也同样适用于对外汉语的国画教学。国画的学习实际上是用笔技法的不断练习，由简单的笔触到局部绘画练习，再由局部到整体绘画构图。这一过程是循序渐进的，是一个完整的体系，这符合学习者的认知过程。对此，对外汉语国画教学设计也应是由简单到复杂。针对初中高级的学生，设置难易程度相当的课程内容。

2.讲练结合原则

不同于语言教学课堂的是，对外汉语国画教学更多的是动手实践，因此注重实践过程中的动手能力教学。教学的讲解要贯穿于实践的整个过程，在课堂上，教师要不断地观察学生的绘画方式，在学生动手实践的过程中也要给予相应的指导，纠正不正确的绘画方式。因此，教学设计要合理安排教学讲解演示以及实践的时间。

3.知识与能力相结合原则

对外汉语国画教学中要渗透中国文化的知识，这样可以使学习者在实践中更好地理解中国文化。在实践中获得的文化知识对语言的学习是有益处的。所以，面向对外汉语的中国国画教学不单纯是绘画能力的练习，

更应是体现出知识与能力相结合,为学习者创建一个具有良好的中国文化氛围的课堂。

4.趣味性导向教学原则

对外汉语课堂的教学一直非常重视兴趣的培养,因为"对外"的特点,趣味性一直是对外汉语教师们努力的目标,那么作为实践活动课的中国国画教学,在这样的背景下就更应该秉持着趣味性教学原则。如果课堂枯燥无味,使学生丧失学习的兴趣,那么知识的传递就会受到阻碍,更不用说潜移默化的文化熏陶了。良好的兴趣培养会带来事半功倍的学习效果,也会让外国学生们真正喜欢上中国国画,从而愿意更深入地了解博大精深的中国文化。

(二)教学方法

1.视听法

视听法是视觉感知和听觉感知相结合的教学方法,也叫"圣克卢法"。在对外汉语国画教学课堂上,使用视听法可以增加教学的趣味性。例如在课堂教学开始时,以多媒体教具播放本课教学内容相关的视频短片,可以很好地调动学生学习兴趣。在视觉和听觉双重感官刺激下,更易记住国画课的知识,从而达到预期的文化知识教学目标。

2.演示法

在中国国画绘画技法的教学过程中教师的演示是教学基础。演示法能够直观传达绘画的技巧和方法,学生可以通过观察老师的动作,理解感悟作画的过程。演示法非常适用于国画的教学,演示的过程中结合简练的讲解是对外汉语国画教学的基础教学形式。

3.实物教学法

为了丰富国画课的教具,教师可以带实物展示。利用实物和画成果对比,可以加强学生理解中国国画的意境,凸显出国画写意的精髓。例如初级课程中南瓜和葡萄的绘画教学,利用实物更容易讲解"明暗面"的"浓淡"变化。在西方绘画教学中,临摹实物也是最普遍的教学方法。

四、不同阶段面向对外汉语的中国国画教学设计

(一)初级阶段面向对外汉语的中国国画教学设计

初级阶段的对外汉语国画课程整体设置如下:课时安排为国内普遍的

一周1课时,1课时90分钟,共12课时。初级课程遵循由浅入深、由易到难原则,侧重体验和培养兴趣,要使学生在简单的绘画学习中获得成就感和信心,为后续学习打下基础。

1.教学目标

知识目标:①在理论课方面使学生了解中国国画的相关历史以及文化含义。②掌握"点、拉、拖、抹、勾"等动词,以及"花、鸟、鱼、虫、梅、兰、竹、菊"等名词。③认识国画的绘画工具:笔、墨、纸、砚。

技能目标:①掌握笔墨浓淡变化,控制毛笔的水分。②掌握笔锋粗细变化,控制毛笔的力度。③掌握色彩调和,简单运用国画颜料调色。④每节课按教学计划,完成一幅临摹作品。

情感目标:通过中国国画作品鉴赏与学习,让学生感受到中国文化的独特魅力,培养和激发学习汉语和中国文化的兴趣。

2.教学原则

初级阶段的教学原则与前文总体教学原则一致,此阶段最重要的教学原则是第四点"趣味性教学原则"。所以,相应的教学设计会侧重寓教于乐,课堂氛围轻松愉快,不过于追求中国国画技法的运用,鼓励学生敢于动笔作画,体会国画课笔墨的乐趣即可。

3.教学方法

理论课教学方法:主要是视听法,采用多媒体教具展示国画作为中国传统文化瑰宝的魅力,介绍国画的历史和文化内涵。

实践课教学方法:主要是实物教学法和演示法,能够简单的讲解绘画过程进行直观的教学,使学生易于学习和理解复杂的绘画过程。

4.教学重点与难点

教学重点:初级阶段教学重点是基础国画作画过程的体验,培养学生对中国国画的兴趣。为中、高级课打下绘画基础。

教学难点:初级阶段教学难点是使学生喜欢上中国国画,接受不同于西方绘画的水墨美感。情感目标的培养需要教师花更多的心思,既要输出传统中国文化的观念,又要照顾到不同国家学生跨文化交际能力。

5.教学内容

初级阶段教学内容分为三个单元,包括中国国画简介、初级写意、初级中国国画鉴赏。根据课时安排,第一周可安排"中国国画简介——国画的魅力"1课时;第二周为"中国国画简介——国画的工具"1课时;第三周"初级写意——葡萄的画法1"1课时;第四周至第十周都为"初级写意"中不同物体的画法;第十一周则是"初级写意——综合课";最后一周的1课时则用来做国画鉴赏课,让已经学完前面的内容的学生,在有了一些基础之后学会对国画进行鉴赏。

(二)中阶段面向对外汉语的中国国画教学设计

中级阶段的对外汉语国画课程整体设置如下:课时安排为国内普遍的一周1课时,1课时90分钟,共12课时。中级课程仍遵循由浅入深由易到难原则,不同于初级阶段侧重体验和培养兴趣,中级阶段要求要侧重知识和能力相结合原则,使学生在绘画学习中不仅学习到绘画技能,更学到语言和文化两方面的知识。获得理解中国传统文化的能力,以期达到从内心对中国传统文化的认同。

1.教学目标

知识目标:①在理论课方面使学生认识了解中国国画的相关人物和故事。②掌握每单元课程内的生词。

技能目标:①掌握基本绘画技巧。②掌握国画构图规则。③能够自己独立创作一幅国画作品。

情感目标:通过中国国画深入学习,让学生在熟悉中国国画的同时,能够发自内心的认同中国国画的内在精神。

2.教学原则

中级阶段的教学原则与前文总体教学原则一致,此阶段最重要的教学原则是第三点"知识与能力相结合原则"。所以,相应的教学设计会侧重文化知识的讲解,课堂内容增加,既要学会中国国画技法的运用,又要求学生具有学习语言文化的能力。

3.教学方法

理论课教学方法:主要是视听法,采用多媒体教具展示国画作为中国传统文化瑰宝的魅力,介绍国画的历史和文化内涵。

实践课教学方法:主要是实物教学法和演示法,能够简单的讲解绘画过程进行直观的教学,使学生易于学习和理解复杂的绘画过程。

4.教学重点与难点

教学重点:中级阶段教学重点是文化和语言知识的讲解,基于初级阶段基础绘画技法的练习,学生已经了解了国画的作画形式,所以国画技能教学部分不用再特别详细的讲解,要将后续语言和文化的知识补充进来,二者的重要程度相同。

教学难点:中级阶段教学难点是保持学生学习兴趣,同时加深文化认同感,仍然需要教师花更多的心思注重情感目标的培养。

5.教学内容

中级阶段教学内容分为二个单元,包括中级写意梅兰竹菊、中级中国国画鉴赏。根据课时安排,同样为十二周,每周1课时,前八周为中级国画教学,后四周则为国画鉴赏。

(三)高级阶段面向对外汉语的中国国画教学设计

高级阶段的对外汉语国画课程整体设置如下:课时安排为国内普遍的一周1课时,1课时90分钟,共12课时。高级课程既要注重国画的绘画技能教学也要注重国画的文化和知识的教学,要使学生在绘画学习中,通晓中国国画的绘画意境,从国画的意境中感悟中国文化的精神。此阶段由于重在传达国画中所蕴含的高远立意,所以选取最能代表国画"意境"的山水画为教学内容。

1.教学目标

知识目标:①在理论课方面使学生学会国画山水画的布局结构。②了解著名的画家和他们的绘画特点。③掌握中国国画山水画"三远"的作画规则。

技能目标:①掌握山水画的基本笔法:勾、皴、擦、点、染。②进一步掌握墨色的调和,水分的调控。③按课程计划,完成一幅室外中国国画写生山水画作品。

情感目标:通过中国国画山水画的作品鉴赏与学习,让学生感受到中国国画山水画的"意境",即中国画家所追寻的一种,是比如实描绘自然山川更加深远,更加引人入胜的境界。领略中国山河的壮美,培养和激发高级阶段学习者真正热爱中国传统文化,成为传播"汉文化"的又一坚实力量。

2.教学原则

高级阶段的教学原则与前文总体教学原则一致,此阶段最重要的教学原则是第二点"讲练结合原则",高级阶段学生已经具备了绘画基础,所以,相应的教学设计会侧重学习者自主练习,教师的讲解要直观透彻,绘画技法和理论要讲解到位,组织学生进行山水实景写生,在练习的过程中不断提高学生作画的熟练度。

3.教学方法

理论课教学方法:主要是视听法,采用多媒体教具展示中国国画山水画的相关知识。理论课程采取多媒体教具辅助教学,能够吸引学生注意力,提高学生学习的兴趣。

实践课教学方法:主要是实物教学法和演示法,能够简单地讲解绘画过程进行直观的教学,使学生易于学习和理解复杂的绘画过程。

4.教学重点与难点

教学重点:高级阶段教学重点是掌握"平远、高远、深远"三远的中国国画山水画作画特点,品味中国国画山水画的意境、格调、气韵和色调。

教学难点:在实践课方面,高级阶段教学难点是如何组织好学习者进行写生课,写生课是本阶段最后进行的一节非常有意义的课程,组织好写生课则需要教师更加耐心负责,做更多的准备工作,确保室外课程安全有序地进行。理论课程方面,高级阶段的教学难点是如何在教学过程中准确传达中国国画山水画作品所表现出来的高远立意和含蓄内敛的美感。

5.教学内容

高级阶段教学内容分为四个单元,包括写意山水画基本绘画技法、写意山水画整体构图方法、写意山水画名画赏析、写意山水画课外实践。根据课时安排,前五周为不同物体的基本绘画技法训练,第六周至第八周则为写意山水画的构图方法训练,第九周至第十一周则是通过名画赏析提高学生们的鉴赏水平,最后一周则是写生练习。

五、对外汉语的中国国画教学的反思与建议

(一)对外汉语中中国国画教学的反思

1.缺少线下实践教学

在国际疫情防控的大环境下,线下实践教学不能如期开展,因此可以选择线上开课。线上与线下二者存在实质性的不同,不论是教学效果还是课堂反馈都存在差别,笔者认为,后期条件允许,可以再进行线下课堂实践。以期能够丰富教学经验,继续改进教学设计的不足之处。

2.缺乏短期教学设计

笔者所进行的教学设计针对的是在华留学生,而且汉语水平相对较高。课时的安排均按照大学每学期的课时设置来编排。这样的长期教学设计没有考虑到有一部分是短期交流的汉语学习者,他们不能接受长期的对外汉语国画教学。

（二）对外汉语的中国国画教学的建议

1.课堂教学的建议

首先是课堂教学方面,笔者基于教学反思提出以下几点建议:

（1）中国国画教学是循序渐进的

课堂教学应该注重基础的实践练习,使学生掌握好基本绘画方法。一些零基础的学生,需要耐心地从最基本最简单的教学内容开始教,当学生产生畏难的情绪时,时刻给予鼓励和指导。

（2）国画教学应在书法课程后开展

自古书画不分家,连带印章落款,对于国画来说是一个整体。先进行书法的学习,不仅在于落款的题字,还能够帮助学生习惯运用毛笔。

（3）课堂活动要丰富多彩

尤其是高级阶段的课程,内容上复杂难懂,更要配合多元化的课堂活动来吸引住学生的注意力。寓教于乐才能达到教学目标要求的效果。

（4）教师注意纠错方式

开始学习中国国画时,不要过多纠正学生错误,过多的批评在初级阶段是会起到适得其反的作用。初级阶段接触国画的外国学习者注重兴趣培养,鼓励他们勇于绘画才能逐渐进步。

2.提升教师能力的建议

教师能力方面,基于目前既懂得中国国画教学又兼具对外汉语教学能力的教师十分匮乏,所以笔者针对提高教师能力总结了下几点建议:

（1）高校对外汉语国画教学的师资多是美院教授

其优点是中国国画的专业性强,但缺乏对外汉语教学经验,对此,可以采取"1+1模式",为专业国画教师配备对外汉语教学助教,课堂可由两人共同完成。作为助教的对外汉语教师可在此期间培养自身中国国画的绘画能力。

（2）国外教学多由志愿者教师完成

那么在派出前就应该加强国画教学的相关培训。使对外汉语志愿者教师能够具备基本的中国国画绘画基础。国外教学可适当降低难度，侧重初级兴趣培养和了解中国传统文化教学即可。

3.教材开发的建议

市面上还未有专业的教材书籍可供参考，中国国画在对外汉语教学领域仅仅作为中国传统文化教学的一个分支，以欣赏和了解为主。教材对于教学来说至关重要，没有规范的教材，教师的教学就会无所依据。开发出适合对外汉语中国国画教学的教材，是国画教学向前推进的重要一步。

第四节 剪纸在对外汉语教学中的应用

中国剪纸是中华民族文化的重要组成部分，是遍布于我国民间社会的一种特有的民俗文化形式。它有着悠久的历史和顽强的生命力，在中华民族发展的历史长河中生生不息、与时俱进。如今，中国剪纸作为中华民俗文化中特有的一部分，不论其文化价值或是艺术魅力都受到了国内外的广泛关注。它不再仅仅是一种节庆时用来装饰门窗的艺术品，而逐渐成了外国友人眼中代表中国文化的"中国符号"之一。与此同时，中国剪纸在国际汉语文化教学方面的运用也已屡见不鲜。在许多国际汉语教育的一线教学中，中国剪纸在中文兴趣课堂、中国文化课堂、中华文化展示、中华文化体验活动等文化教学形式中都有所涉及。

可见，独具魅力的中国剪纸作为中华传统文化中宝贵的一部分，在国际汉语文化教学中也是不可或缺的。此外，国内众多高校将"中华才艺"纳入到了汉语国际教育硕士的培养体系之中，而中国剪纸作为国际汉语教师应当具备的中华才艺之一，可以很好地被运用于文化教学之中。

一、剪纸在对外汉语教学中的可行性

（一）中国剪纸概述

1.中国剪纸所体现的文化内涵

剪纸是中国民间一种传统的技艺，有着古老的历史，剪纸在纸出现之前就已经出现。早在汉、唐时代，民间妇女即有使用金银箔和彩帛剪成方胜、花鸟贴上鬓角作为头饰的风尚，后来逐步发展，在节日中，民间常用色纸剪制各种花草、动物或人物故事等，贴在窗户、门楣上作为装饰。

传统的剪纸艺术是在剪纸艺人对生产劳动、生活体验、身边事物等方方面面仔细观察并产生切身感受后凭借直觉、印象等完成的。构成剪纸艺术的基本"语言"单位是线和面，剪纸创作者将自己对自然的观察、生活的体悟等通过剪纸这种独特的艺术形式展现出来，不仅展现了美观的剪纸作品，更是融入了剪纸艺术家们丰富的内心情感。剪纸与其他艺术一样，有着自己的特殊语言。只有从根本上认识并了解剪纸艺术的特殊语言，才能真正读懂剪纸、了解剪纸传达的文化内涵。剪纸历史悠久、题材广泛，因此其表现形式丰富多彩。其中，最为常见的剪纸题材表现手法有以下几种。

首先，剪纸作品通过借物寓意来表达特定的含义。例如，"鱼跃龙门"剪出了一条大鲤鱼飞腾跳跃的场景，象征着学业、事业能够更上一层楼。此外，中国龙往往代表着权力与威望，在剪纸作品中常常将龙与凤相结合，"龙凤呈祥"则表达了对新人的祝福，寓意着新婚美满、幸福等。寿桃、龟、松柏、南瓜、寿石等则常常与"寿"字相组合，象征着"长寿"之意。其次，剪纸善用谐音取意，用相同或相近字词寓意吉祥。例如，公鸡站在鸡冠花下的剪纸图样称之为"官上加官"，用莲和鱼的形状共同组成的图案称之为"连年有余"（莲谐音"连"，鱼谐音"余"），剪制金鱼在鱼缸里嬉戏的画面，有着"金玉满堂"之意（鱼谐音"玉"），"五福全寿"则是指五只蝙蝠围绕着寿字的图纹等，类似的表达形式还有许多。最后，传统剪纸作品在创作手法上常常将谐音、象征、符号表义等相互结合以表达丰富的主题思想。

例如，表达吉祥如意主题的剪纸作品可以是龙凤呈祥、四季平安、三阳开泰、鱼跃龙门、喜上眉梢等。表达长寿主题的往往有松柏常青、龟年鹤寿、八仙祝寿、五福寿全等等。表达招财纳福主题的有五谷丰登、招财童子、和气生财、金玉满堂、迎祥纳福、招财进宝等。象征男女爱情之意的有龙飞凤舞、花开并蒂、百年好合等。而民间表达祈求子嗣主题的剪纸作品有鸳鸯贵子、连生贵子、童子戏莲，等等。

综上所述，中国剪纸不仅展现精湛的手工技艺，更能体现极为丰富的中国文化内涵，能够借助国际汉语教学传播的平台实现很好地宣传和推广，为更多的海外汉语爱好者了解中国文化提供丰富的素材。

2.剪纸教学与国际汉语教学之间的关系

第一,学习剪纸能够增强学生对中国民间艺术的了解,有助于中国文化的海外传播。剪纸作为我国最具特色的民间艺术之一,来源于民间并发展于民间,是我国优秀的非物质文化遗产。在中国,剪纸艺术有着极为广泛的群众基础,与各族人民的生活相互交融,是我国民俗文化活动中的重要组成部分。剪纸蕴含了中华民族丰富的历史民族文化信息,表达了中国广大民众的道德观念、实践经验以及审美情趣等,具有认知、教化、娱乐等多重价值。将剪纸引入到国际汉语教学之中,学生不仅能够学习剪纸的基本技法,还能够学习了解与剪纸相关的民俗文化知识。例如,可以将剪纸教学与中国十二生肖文化教学相结合,通过中泰十二生肖文化差异的对比加深泰国学生对中国十二生肖的理解和认识;此外,在进行剪纸教学的过程中,还可以依据学生的实际情况,适当地进行有关民间吉祥剪纸的文化补充,如民间吉祥剪纸常用的词语和吉祥物、民间剪纸的历史演变、各方派系的民间剪纸特点等,都不失为中国文化传播的有效途径。

第二,学习剪纸有助于提升学生学习汉语的热情。剪纸不仅是一项优秀的传统艺术,更是一门充满趣味性的手工。在平时的教学中,剪纸并没有那么高深莫测,也并非寻常人难以企及。一朵精致的雪花、一个立体生动的春字、一副鲜活的蝴蝶剪纸,这些相对简易的剪纸都能够在很大程度上激起学生的学习兴趣和课堂参与度。在手工剪纸的学习过程中,教师还能够潜移默化地将部分汉语词汇、汉语知识教授给学生,避免了传统课堂枯燥的气氛,学生也能够从中收获成就感,在一定程度上增加对汉语学习的兴趣,提升汉语学习的热情。

第三,剪纸教学的引入能够在一定程度上辅助汉语语言教学。在剪纸教学的过程中,教师并非机械地教授学生折剪方法,适当的语言学习能够在一定程度上激发学生的学习动机。例如,剪纸工具词汇、色彩词汇、与主题相关的词汇教学、简单的课堂指令、句型等等都可以运用于课堂之中。

此外,还可以尝试将剪纸教学与中国汉字教学进行有机结合。在中国传统剪纸中,许多指定场合会使用到剪纸字符,如婚庆、寿诞等等。剪纸字符包括单体字符和组合文字字符,其中单体字符包括富、福、禧、庆、寿、万等,在剪制这些字符的过程中,可以将汉字笔顺、汉字部件的组合、汉字字形等方面的知识介绍给学生,让学生感受到一个鲜活的汉字也能够通过一张纸、一把剪刀剪制出来,甚至还可以是立体的形状,能够体会其中的奥秘和乐趣所在。

3.剪纸教学研究现状

段建珺(2003)的文章《中小学剪纸教学初探》深入浅出地介绍了中国剪纸走进课堂的重要意义,包括能够培养学生的审美意识、创造精神和创作思维等等。根据中小学生的生理、心理特征,提出教师在辅导学生进行剪纸时,应当提倡学生发扬个性、深入生活,最后提出中小学剪纸教学不但是素质教育的重要手段,也是剪纸这项民间艺术发展不容忽视的力量。

吴薇(2007)《浅析中学民间剪纸教学》认为,作为中国传统民间艺术,学习剪纸能够增强民族凝聚力和自信心,因此在中学剪纸教学中,除了培养学生临摹剪纸教学作品外,也应当教授学生一定的剪纸理论知识、文化知识等。

胡招艳(2010)《一张纸一把剪刀的艺术魅力——浅谈小学剪纸教学》探讨了作者进行小学剪纸教学的经验,由此总结出在教学中应注重培养学生的剪纸语言、尊重学龄差异、合理选择教学内容等观点。

苏春晓(2011)《剪纸艺术设计的案例教学方法研究与实践》一文着重强调了剪纸教学对于幼儿师范学生而言的重要性,此外就剪纸教学前的准备策略、教学中的实施策略等进行了细致的探讨。

侯志红和石巧莉(2013)共同撰写的文章《幼儿园剪纸教育教学活动方法初探》详细地探讨了针对幼儿剪纸教学的六种教学方法,具体包括共同讨论法、游戏情境法、感官参与法、整合教学法、环境互动法和欣赏评价法,这六种方法在作者的教学实践中显现出较为明显的教学效果。

徐凉玉(2015)《浅谈小学剪纸教学方法》一文作者结合自身教学经验,深入浅出地介绍了五种剪纸教学方法,包括分阶段开展剪纸教学活动、通过导入和教学过程两个环节激发学生兴趣、创设剪纸学习氛围、组织与剪纸相关的文化活动以及注重剪纸教学的课后延伸等方法,极具可操作性和实用性。

(二)剪纸引入对外汉语文化活动课分析

1.外国学生的心理特点、学习风格分析

外国留学生有些人心灵手巧,动手能力强。死板传授书本知识的方式并不受外国学生的青睐,绝大多数外国学生的学习往往需要借助实践操作配合理解练习方可收获良好效果。从视觉型、听觉型、动作型以及综合型四种学习类型上来说,大多数的外国学生属于动作型。善于借助实际操作促进知识理解。这类学生一般心灵手巧、善于动手,能够从实践或实验中获取知识。所以,剪纸作为一项综合锻炼学生动手能力的手工,需要眼、耳、手、脑同时配合完成的形式十分符合外国学生的学习风格。

在泰国,虽然大多数的学校都开设有汉语课,并且将汉语课纳入到必修课程之中,但是学生对于汉语的学习态度是十分懒散的,如果是纯粹的知识教授,学生很快就会失去学习汉语的兴趣。对于泰国人来讲,生活本身就是一种消遣,而学习也并不那么重要,因此他们的天性当中都或多或少带有一种随性与自由。在课堂上,也能够经常听到泰国学生说"ขี้เกียจเขียน(懒得写)""ไม่เป็นไร(没关系)"等等,可见学生在学习上的努力程度实在欠佳。在这样的情况下,如何激励学生学习汉语的兴趣显得格外重要。而剪纸的引入,能在一定程度上缓解语言课程枯燥乏味的气氛,增添课堂的互动性、生动性,同时能够让每一位学生从中获得参与感、成就感,通过儿时的乐趣唤起泰国学生学习汉语的兴趣不失为一项可行的措施。

2.对外汉语教学中剪纸教学的研究现状

赵越(2012)的硕士论文《将中华才艺引入泰国汉语教学——以竹笛、剪纸、书法三方面为例》,论述了中华"才""艺"的文化特质,并以汉语作为兴趣班或选修课的学生作为研究对象,将中华才艺引入汉语课堂。设计了将竹笛、剪纸、书法引入泰国汉语课堂的具体步骤。其中剪纸的教学内容包括"喜"、寿纹、金鱼以及相关的词汇教学和交际对话等的教学,取得了一定的成效。

戴金珂(2015)的论文《对泰汉语教学手工课教学设计研究——以泰国特屏中学为例》将剪纸和灯笼引进泰国手工课堂,利用情景设置、展示法和交际法对剪纸教学和灯笼制作教学做出教学设计,提出手工教学对于汉语国际教育具有积极的意义:能够调动学生积极性、丰富传统的教学模式和传播中华文化。

霍凯雯(2016)在《对泰初级汉语生肖文化教学设计》一文中以剪纸作为教学辅助工具,在对泰实施十二生肖文化教学的过程中引入剪纸元素,并做出教学设计,是一种相对新颖的文化教学方法。

陈俏丽(2018)硕士论文《对外汉语教学中的剪纸课教学设计研究——以

泰国公立致中学校为例》结合了对外汉语文化教学和课程设计的相关理论成果,以剪纸理论课程和剪纸实践课程的相关设计为例,总结出加强对泰汉语剪纸的相关文化研究、注意教学中的文化协同性、注重教学内容的合理设置以及注重教材开发的合理性等具有针对性的建议。

综上所述,国内剪纸教学实践的理论成果略有建树,但对外汉语教学方面剪纸教学的实践相对稀缺,尚有一片沃土值得去探索,其教学实践还有诸多大有可为之处。

二、剪纸在对外汉语教学中的应用情况

(一)讲剪纸引入对外汉语活动课的看法

据调查显示,绝大多数的学生认可将剪纸引入汉语文化活动课堂,认为汉语活动课堂中引入剪纸教学是有一定好处的。这些调查数据的结果也为剪纸引入汉语课堂的可行性提供了有力的数据支持。

在教学实践中,绝大多数的剪纸教学属于体验式教学,如何在较短的时间内给学生留下深刻的印象?剪纸教学内容的选择显得尤为重要。选择能够代表中国文化元素且操作起来简单易学的内容不会给学生带来畏难情绪,且能够在短时间内介绍最精华的文化内容。根据数据显示,超过半数的学生选择了该选项,可见在教学内容的选择上,该选项具有一定的参考价值。而只有8人选择了"剪纸简单易学就好,语言文化因素不重要"这个选项也值得引起重视。该项数据从一定程度上反映了大多数学生认为语言文化因素在剪纸教学中具有一定的重要性,因此在实际教学中切勿忽视该模块的教授和扩展。此外,有4人选择了不确定选项,虽然人数较少,但也在某种程度上说明,在被调查者当中,有少数学生对于剪纸教学的认知尚浅,从而对教学内容的选择呈现不明确的态度。考虑到学生学习水平和认知水平的差异,以上数据都是不容忽视的因素。

从对"我认为汉语活动课中学习剪纸是浪费时间"和"我认为汉语活动课中引入剪纸会增加我的学习负担"两个观点的赞同与反对的统计结果来看,虽然很大一部分学生认为将剪纸引入汉语文化活动课堂对他们的学习时间不会造成太大影响,也不会由此产生其他的学习负担。但不容忽视的是,也有不少的学生选择了相反的选项,对剪纸引入教学并非完全没有顾虑。笔者认为呈现以上数据原因有三:首先,任何一种教学都并非完全只

有利处,剪纸教学也是一样。教师如果在教学内容的选择上、教学课时的安排上不够合理,很有可能就会给学生带来课业以外的负担,因此剪纸教学的引入需要依据学生的实际情况,把握一个合理的度;其次,进行剪纸教学的方法和内容如果不能够激发学生的学习兴趣,反而会使学生产生一定的负面情绪,可见如何抓住学生的兴趣点所在尤为重要;最后,可能学生以往接触的剪纸教学中有过不太成功的经历,导致不少学生持中立态度,抑或是教学活动的开展存在些许不合理的地方,最终呈现该结果。

(二)在对外汉语教学活动课中选用剪纸教学的建议

第一,内容不要太难,具有中国文化元素;第二,内容要体现一定的语言、文化知识;第三,中国民间流行的作品,操作起来具有很强的专业性;这三点对于在剪纸中学习汉语言文化的学生来说更加关注和在意。因此,在教学实践中,教学内容的选择应当重点考虑这三项。不过值得注意的是,诸多学生选择了"操作起来具有很强的专业性"这个选项,从一定程度上反映了学生对剪纸学习的要求,不少学生希望学习一些与剪纸相关的专业性知识。但在真正的教学中应当依据实际教学情况进行综合考量,如进行过度专业的知识灌输可能会让学生失去信心。

(三)在对外汉语教学活动课中引入剪纸的优点

将剪纸引入到汉语文化活动课中不仅能够在一定程度上增加学生学习汉语的兴趣,同时能够缓解汉语知识课堂枯燥紧张的气氛,使得学生能够边做边学,同时促进他们对中国文化的了解。

1.你认为将剪纸引入到泰国汉语文化活动课堂中有什么好处?

A.可以增加我学习汉语的兴趣

B.可以缓解汉语知识课堂枯燥紧张的气氛,我可以边做边学

C.可以增加我对中国文化的了解

D.可以帮助我在轻松的氛围下学习到一些汉语词汇

E.可以掌握一项手工技能,在将来的工作或学习中可能会有所帮助

由统计结果来看,在125名调查者当中,有60人认为将剪纸引入汉语活动课堂能够"增加我学习汉语的兴趣";有32人认为学习剪纸"可以缓解汉语知识课堂枯燥紧张的气氛,我可以边做边学";而有16人认为学习剪纸可能会对将来的工作和学习有所帮助,能够习得一项技能;有10人则选

择了学习剪纸"能够增加我对中国文化的了解";7人选择在剪纸的学习过程中,能够学习到一定的汉语词汇。

2.学习剪纸对自信心和成就感的影响

剪纸制作是一项锻炼学生想象力、动手能力的手工,在体验学习的过程中,不仅能够给学生带来制作手工的乐趣,还能使学生体会到成功的喜悦和满足。该项主要调查的是学习剪纸对学生自信心和成就感带来的影响,如统计结果所示,在被调查者当中,赞同包括完全赞同"学会一个剪纸作品能够给我带来很大的成就感"以及"学习剪纸能够增加我学习汉语的信心"两个选项的人数分别是50人及52人,而反对包括完全反对的人数分别为8人及7人,持中立态度的人数分别为27人及31人。可见,对于绝大多数的被调查者来说,学习剪纸能在一定程度上增添他们的自信心和成就感。但不容忽视的是,持中立态度以及反对态度的人数并非少数,这也从一定程度上反映了剪纸学习并非完全能够帮助学生树立信心,学生也并不是完
全能够从中获取成就感。出现这种情况的原因有以下几点。

第一,每位学生的学习能力和擅长领域各不相同。剪纸是一项十分考验耐心并且要求精细的手工,对于部分男生来说,这确实是一项不小的挑战。第二,教师在教学过程中示范指导不得当,学生跟不上进度,无法完成相应的作品同样会对自信心产生一定的影响;第三,教师对教学内容难度的把控也尤为重要,选择合适学生年龄水平难易程度的教学内容,才能够充分发挥学生的主观能动性,收获良好的教学效果。选项"我认为太难的作品可能会使我的自信心受挫"的数据结果也显示,教学内容的难易会对学生的自信心产生一定的影响。

三、剪纸教学案例——"蝴蝶"剪纸

(一)课堂情况

教学对象:川登喜大学航空系汉语选修班大一学生,汉语为初级水平。

班级情况:该班级共有17名学生,其中男生4名、女生13名。

课程时间:2018年11月7日,星期三,课时长为五十分钟。

(二)教学目标

第一,掌握对边折剪蝴蝶和对角折剪蝴蝶的折法、具体剪法。

第二,掌握刻刀的持刀技巧和用刀方法,能够利用刻刀或剪刀剪刻蝴蝶翅膀中镂空的锯齿形状。

第三,了解一对蝴蝶作为剪纸吉祥物能够与"禧"相搭配,有美满之意。

(三)教学设计

课前准备:课前在网上收集一些蝴蝶的图片,以供学生在课堂上观察蝴蝶的身体特征。此外,制作好课件,包括蝴蝶身体部位的表达、各类纹饰的图案以供学生观察和练习。

课前设计:首先带领学生观察蝴蝶的外形,了解蝴蝶身体分为几部分,外形有什么特点,并用基本形状概括蝴蝶的翅膀,带领学生学习身体部位基本词语。其次给学生五分钟的时间试着剪一剪蝴蝶的大致轮廓。最后让学生先自己试剪,接着由教师演示,完善学生剪的蝴蝶外形。剪出蝴蝶外形之后,教师示范如何剪制蝴蝶身体的花纹,包括锯齿形、月牙形等等,启发学生进行较为精细的镂空。

教学内容:第一,学习语言内容:蝴蝶、头、翅膀、腹部、触角。第二,学剪镂空蝴蝶,认识锯齿纹、月牙纹等剪纸基本符号并学会剪制。第三,学习对边折剪和对角折剪的折纸方法,明白二者之间剪制的区别。

(四)教学过程

1.观察外形、感知特点

跟往常一样,两个小时的语言学习足以使学生们感、到疲惫。稍事休息十分钟之后再便开启了一周一会的剪纸活动环节,学生们也先后回到教室。

课程刚开始,首先询问道:"同学们,之前我们学了哪些剪纸,还记得吗?""春字、喜字、熊猫……"他们参差不齐地回答道。接着开始展示了一幅事先折剪好的对角蝴蝶,学生们连声说着:"老师,很漂亮!"大概是这幅作品在蝴蝶的翅膀上添加了一些镂空的纹饰,看起来更加精致,给学生们带来了一定的视觉冲击。接下来便向学生们明确了今天要学习的主题,"我们今天要学习剪纸蝴蝶。"有学生询问道:"老师,这个怎么读?"便可以让学生们跟着老师又回顾几遍。说罢将课件播放到展示蝴蝶外形的一页,让学生们先观察蝴蝶的外形特点,再带领学生把各个部位的汉语表达逐一学习一遍,相比起刚开学他们的语音有了很大的进步。

2.自主画剪,发现问题

认识完蝴蝶身体之后,可以让学生先自己试剪一下心目中的蝴蝶,"你们先自己试一试,好吗?"学生们非常配合地行动起来。在试剪的过程中,根据学生的表现,会发现许多学生能够很好地"迁移"以前学过的知识,他们的观察能力很强,能够体会到蝴蝶也是一个对称图形,通过对折画好一半的图形就能剪制完整的蝴蝶了。在巡视的过程中,大概了解了大家试剪的情况,想通过示范时再向大家指出来。

等大家都剪制得差不多时,大家的成品大都比较美观。不过还是带领着学生再次进行剪制。这时便问道:"大家看图,需不需要画出整只蝴蝶来剪呢?"说罢,又用英语完整地解释了一遍刚刚的话语。这时本来就采用折剪法的几位学生很自信地回答:"不用。"于是继续问道:"那么下一步应该怎么做?"又用英语重复了问题,学生们拿起纸张进行对折,我向他们竖起了拇指:"很好!"

3.示范基本纹样、鼓励自主创作

接下来引导学生利用装饰纹样来装饰蝴蝶。先将课件播放至展示吉祥剪纸的基本纹样符号那一页,课件上呈现有"圆点形、月牙纹、锯齿纹"三种基本纹饰。

"我们先试着剪一剪这个,用来装饰翅膀。"指了指锯齿纹,他们也都纷纷点头。然后老师走到讲台前面,向大家演示剪锯齿的方法。第一剪,剪刀从一个边上的一点,向另一个点斜剪;第二剪,从第一剪的起点开始,斜落在第一剪相反的点上,第一、二剪长度一样但方向不同。学生们有模有样地跟随我做,第三、第四剪重复第一、第二剪这样类推。步骤并不难,但需要很好的耐心来完成,于是老师告诉学生:"不要急,慢慢来。"又给了他们五分钟的时间练习。老师说道:"我们用这些花纹来装饰蝴蝶翅膀。"说罢,演示如何在蝴蝶翅膀中间抠剪锯齿的方法。

首先在蝴蝶的前翅上对称地画下两个锯齿形状,接下来把剪刀尖张开,用其中一半的剪刀尖对准纸张需要抠去的位置,拿纸的手的食指尖垫在入剪位置的反面,让刀尖缓慢左右旋转直到穿透纸背,随后移开食指尖沿着画好的轨迹剪下去,剪制的方法和锯齿纹的剪法是一致的。每一个步骤都做得极慢而细,争取让学生观察到各项细节。不一会儿,便完成了蝴蝶身体的装饰,学生们都说漂亮。于是老师说道:"现在你们自己试试看。"

学生们便仿照着老师刚才的做法开始剪制蝴蝶的翅膀花纹,锯齿的剪制并不难,不过穿透纸张的时候一定要细心,力度要掌握好,否则就很容易穿破纸张。对于擅长绘画和手工的学生们来说,增添纹饰的环节其实并没有难倒他们,不到十五分钟的时间里,学生们陆陆续续地完成了。而月牙纹和圆点纹的剪制相对简单。老师带领学生熟悉了一遍剪制的方法,在剪制月牙纹时,依然先用剪刀尖穿透纸背,随后用刀尖沿着画好的纹路小幅度地向前剪进。剪制时尤其注意曲线的线条要保持圆滑的弧度,切记剪制出磕磕绊绊的小毛边,影响作品的美观度。圆点纹的剪制与月牙纹基本相仿,因此老师在演示之后,便给了学生许多时间自己探索剪制,先让学生在草纸上试着练习这几个基本图形的剪制方法。

大概对基本纹饰练习了十分钟之后,老师说道:"你们可以把它剪制在蝴蝶身上。"这些学生已经接触了几个课时得剪纸课,他们又很喜欢手工,这样得设计当然深受他们喜欢,创作对于他们来说也是不在话下。

看到他们津津有味地开始剪制起来,有的在蝶身上对称地剪制出锯齿、圆点;有的仅仅点缀了几个锯齿形状,但也不乏简约大方;有的则把所有得元素都运用上,镂空效果十分明显。对边折剪相对容易,接下来带领学生学习对角折剪蝴蝶,以对角折剪的方法通过作图便能一次剪制两只蝴蝶。在演示过程中先将纸张沿对角线对折成为一个三角形之后再次沿中线对折,当再次呈现出一个三角形之后再沿中线对折一次即可。学生们早已熟络折剪手法,学习起来也很快,再完成对角折纸之后他们便开始自行创作和剪制的环节。剪制过程中,有的学生还别出心裁地加入了圆点形、月牙形等元素,收到的效果良好。

四、剪纸教学实践成果分析

(一)教学实践经验总结

1.针对不同年龄段的学生采取不同的教学对策

剪纸教学对象的年龄范围是较广泛的。他们可能是幼儿园小朋友、中小学生乃至大学生,当然也不乏诸多外国本土老师参与其中。针对不同年龄段学生的学习风格、动手能力等,应当采取不同的教学对策,才能真正做到"因材施教"。

针对幼儿和低年级的小朋友,剪纸课主要以培养学生的动手能力为主,让学生初步建立审美意识,这个阶段的剪纸教学不应过分强调作品的精美度。给小朋友们营造一个自由轻松的学习氛围,可以先引导学生"玩纸"通过玩逐渐产生探索乐趣之后再引导他们剪制一些简单有趣的图案。

对于成年人来说,除了机械模仿以外,更重要的是发挥他们的创造能力、激发创作意识。因此在教学中要注意引导学生举一反三,通过已学的纹样进行简单的设计和创作。

2.面对不同的教学条件要随机应变,调整教学方案

在对外汉语教学的剪纸教学中课堂中,所遇到的教学条件、教学环境不可能完全达到相同标准。有的可能是正规的教学课堂,多媒体等设备齐全;有的是文化展台,即教师在展台前开展教学,学生在安排好的座位上就座。有时教师仅有一张展台,学生轮流排队体验,师生均是站姿进行教学,不具备多媒体设备;还有的情况是学生在空旷的教室里席地而坐,除了教师有桌子以外,学生甚至没有一个平面完成画稿,有时还要趴在地上作图。

对于剪纸教学来说,面对不同的教学条件应当做到随机应变,适当调整教学方案。比如,针对航空班的专题剪纸教学和本土汉语教师的剪纸教学,教学条件良好,设备齐全,因此可以在教学中引入剪纸相关视频、借助课件讲解:文化知识、展示图样的剪制步骤、展示大量的剪纸作品,播放背景音乐等。这些举措能在一定程度上给学生带来视觉和听觉上的冲击,可以有效地助力剪纸教学。

但有的时候并没有多媒体设备辅助教学,这时就需要调整教学方案。比如,猜那瓦学校"福"字剪纸教学的案例中,教学以展台的形式开展。笔者事先准备了大量色彩靓丽的图片,包括春节习俗、经典剪纸作品、多种样式的福字剪纸等等。此外,笔者自己画好并打印折纸示意图,除了亲身示范外还能给学生提供纸质的参考。与此同时,笔者增多了巡视指导的次数,尽可能给有疑问的学生提供一对一的操作指导。

3.针对学生的学习需求设计不同的教学内容

笔者在实施剪纸教学的过程中,曾访谈过一些教学对象。在访谈中,了解到不同的学生群体学习剪纸的目的和需求并不相同,因此在教学内容的安排上应适当考虑学习者的学习需求这个因素。

在本土汉语教师剪纸课堂中,许多教师学员表示他们想学习一些能够代表中国文化元素的剪纸作品,且简单易学,主要目的是为了回到各自任

教学校后能够在中文兴趣课上教学生做。基于这个学习需求，笔者选择了传统的立体"春"字剪纸、不同样式的双喜纹作为该堂课的教学内容。一是这两幅作品是最为喜闻乐见的，且剪制过程简单、成品美观；二是两幅作品能够与春节、婚庆两大中国传统习俗联系起来，便于教师讲解相关的文化知识。

对于有些学生来说，一部分学生是为了满足个人兴趣爱好，还有一部分是为了满足学校经常要求学生布置各类文化展板的需要，掌握一门具有中国文化元素的手工是十分必要的。有些人擅长手工，也十分喜欢自己进行手作。我们可以在校园里看到学生制作的各式各样的手工展品、文化展板等。那么针对这一类的学习需求，剪纸教学内容的选择可以更加具有装饰性，例如简易窗花、带有镂空的图样、完整的主题类作品等等。

此外，对于幼儿园小朋友们来说，学习剪纸主要是为了培养他们的动手能力，在学习之余收获乐趣。因此应当选择一些低幼儿童 剪纸作为教学内容，教学的重点应放在识别图案的能力上；对于中小学生而言，除了注重培养动手能力之外，了解一些基本的民俗文化也是十分必要的，因此民俗文化的选择也是课堂的重点之一；对于大学生而言，除了要求熟练掌握剪纸技巧外还应当注重培养学生设计、创作作品的能力，帮助学生全面了解民俗知识。因此，在教学内容的选择上应当有一定的难度，能够给予学生较多的发挥空间。

4.剪纸教学应当体现趣味性、互动性

与中国传统课堂不同，国外的许多课堂更加注重趣味性、互动性。将剪纸纳入到对外汉语教学中，更加要体现这两个特点才能够牢牢地抓住学生的注意力，通过儿时的兴趣爱好唤起文化课的灵感。让学生用行为、行动来体验中国文化，真正让中国文化深入他们的学习生活。

剪纸教学的趣味性、互动性可以体现在课堂教学模式、剪纸教学题材的选择等模块之中。在课堂教学开展方面，应当突破传统的教师教授、学生听讲；教师示范、学生模仿等这样的模式。在教学过程中适当引入游戏环节、情境教学、小组合作以及将剪纸与其他中国文化板块相结合等都不失为一种好的选择。

游戏环节，针对幼儿或低年级的小朋友，可以采纳一些简单的热身暖场游戏作为课堂导入，提前引起学生注意力；针对中小学生，可以借助一些与剪纸相关的字谜、比一比谁剪得最像、猜一猜他在剪什么等游戏活跃课堂气氛。

情境教学的引入以双喜纹的教授为例,可以结合生词让学生进行简短的情境编排,从而更加深刻的理解双喜的字形特点。具体的方法是,在教授完学生生词"男人""女人""结婚""丈夫""妻子""高兴"之后,进行简短的讲解。男人与女人结婚之后,男人变成了丈夫,女人成了妻子,他们双方都很高兴,都咧嘴大笑,所以有两个喜,这就是今天所要学习剪制的内容。可以引导学生根据情境自行编排情景剧,融入今天学习剪纸的细节,最终形成短视频的方式提交。

小组合作,顾名思义将学生进行分组,通过小组合作的方式完成作品。学生的学习能力各有差异,教师的教授示范也有限,通过小组合作的方式,可以弥补这些不足。学生之间互帮互助,也在某种程度上提高了学习效率。

在剪纸教学题材方面,可以分模块进行教学,以从易到难、循序渐进的方式推进。喜、春、灯笼、福、简易窗花、蝴蝶、长城、娃娃、脸谱、人物肖像等等都是可以选择的题材。此外,还可以融入一些深受国外学生喜爱的元素,例如叮当猫、布朗熊等等,来提高学生学习剪纸艺术的兴趣。

5.剪纸教学内容应当专题化

专题式教学能够很好地梳理教学内容,呈现一个清晰的教学思路。笔者在川登喜大学航空班的兴趣课程当中,结合学生需求巧妙引入剪纸,采纳了专题教学的方式,学生的剪纸学习从易到难、循序渐进,收获了良好的效果。

为期一个学期的兴趣课堂上,笔者共进行了六个专题教学。分别是剪纸与汉字、剪纸与动物、剪纸与当代生活、人物剪影、窗花剪纸,每个专题除了教授基本技法之外,还会进行相关的文化知识讲授。

剪纸与汉字部分,笔者重点介绍了平面春、立体春、双喜纹以及"十字形"寿纹字的折剪方法。同时,将作品中暗含的传统花卉、汉字书法和剪纸作品背后对应的文化内涵进行了简要介绍,为学生呈现一个饱满立体的中国剪纸课堂。剪纸与动物部分,笔者将中国典型动物元素引入课堂,教授过程也是由易渐难。在课堂中,笔者首先教授了对折剪熊猫、猴子图形,其次教授了带有镂空纹饰的对边折剪蝴蝶和对角折剪蝴蝶的方法。在此期间,笔者进一步深入,介绍了剪纸基本纹饰剪制的细节和技巧,包括锯齿纹、月牙形、水滴形、圆点形等等,鼓励学生利用基本纹饰进行创作和装饰;剪纸与当代生活部分,笔者主要以文化专题讲座的形式呈现,着重介绍了中国剪纸艺术在当代生活中的运用,也借此机会让学生进一步了解当代中国。窗花剪纸部分,笔者分别教授了四瓣、五瓣、六瓣和八瓣窗花剪纸的折纸技巧,同时介绍了中国春节张贴窗花的文化习俗。由于窗花样式大多华丽,极具装饰性,能够很好地满足学生需求,因此该专题深受学生喜爱。对于体验式的教学活动来说,专题教学是否必要呢? 根据笔者的实践经验来看,答案是肯定的。对于体验式剪纸教学而言,选择教授相对简单实用、耗时较短的团花剪纸和"双喜"剪纸等,学生能在短时间内剪出一幅剪纸作品,从而达到寓教于乐、从做中学的目的。

(二)教学实践注意事项

1.教学过程中应当注意跨文化因素

剪纸作为中国传统的民间艺术之一,历史悠久、文化内涵丰富。将剪纸纳入到对外汉语教学中,除了教授基本技法之外,文化知识的阐释和推广也是极其重要的环节。值得注意的是,在文化知识的阐释环节应当充分考虑跨文化因素。

剪纸是中国吉祥文化的载体。中国民间表示吉祥的文字十分丰富,有的剪纸图案往往借助文字的寓意、假借含义来表达吉祥含义,寓意深远。例如,与"福"字剪纸相关的剪纸吉祥物就有蝙蝠、佛手、祥云、牡丹花等;与"禄"字相关的剪纸吉祥物则有玉如意、文昌塔、猴、鸭、公鸡、鸡冠花、石榴、葫芦等;与"寿"字相关的则有寿桃、龟、松柏、猫、南瓜、寿石等等。了解一些中国民间流行的吉祥词语和与之相关联的吉祥物、人物,有利于学习传统剪纸技艺、有利于剪纸创作的艺术表达。在对外汉语教学的过程中,必定存在不同的文化表现形式,不同的文化表形式之间必然存在差异。在教学中为了避免不必要的文化冲突,应当充分考虑剪纸文化的跨文化因素。

中国往往借助蝙蝠谐音,与"福"字剪纸一同搭配表示吉祥。但在泰国,蝙蝠有象征事业不成功的寓意,这与中国民俗有着较大差别,在进行文化教学、剪纸教学的过程中应当引起注意。以本土汉语教师剪纸教学案例为例,笔者在向学员们介绍到与"福""禄""寿""禧""平安"等相关的吉祥文字和与之关联的吉祥剪纸物时,许多学员就蝙蝠与"福"字的搭配提出了疑问,来自大城中学的周老师还就此发表了见解。周老师说到蝙蝠在泰国有不吉之意,因此在泰国使用蝙蝠的纹饰时要格外注意,与此同时,许多学员就存在文化差异的点做了详细的笔记。由此可见,在教学中,为了避免引起不必要的文化冲突,细微之处的文化差异都应当引起教师的重视。

此外,在吉祥数字方面,由于深受泰国民众爱戴的九世王的原因,泰国人民十分喜爱数字九,九也寓意着事业、学业进步;而因泰语发音的原因,数字五的泰语发音接近笑声"哈哈哈",所以人们常用"五"表示高兴、快乐。截然不同的是,中国数字五的发音则接近哭啼声"呜呜呜",因此"五"往往表示悲伤、哭泣之意。在剪纸教学中,这些文化差异不容忽视,应当在尊重文化差异的同时,对教学内容进行合理的安排。

2.教学过程要注重培养能力

剪纸是一门综合性的艺术,在教授的过程中应当注重培养学生的观察能力、审美能力及创造能力等。首先,剪纸这种民间艺术的题材大多来源于生活,来源于大自然。因此,在指导孩子进行剪纸创作时,需要在平时的生活中,做一个有心人,学会观察并善于观察。其次,剪纸也是一门安静的艺术,需要耐心剪制不急不躁。在剪纸教学的过程中有的学生很难剪出精美细致的图案,原因在于学生没能耐心地进行作图、剪制。这时就需要鼓励学生慢慢来,让他们沉下心来慢慢剪,留充分的时间给学生们进行练习,进而培养学生的耐心。最后,针对创新能力的培养,其实只要发挥自己的想象力并且能表现出来就算是一种创新。在教学中笔者经常会碰到这样的情境:当学生完成既定的内容后,他们会利用剩余的纸张、剩余的时间完成一些有趣的纹饰、图样创作等,并把这些纹饰与作品相搭配,最终他们会很高兴地把作品给我看,并且会说:"老师! 你看! 我自己做的!"其实这也正是这堂剪纸课的成功之处。

3.教学过程中应当合理分配文化知识与技巧练习的比重

剪纸作为我国传统艺术的瑰宝,具有丰富的文化内涵和价值。作为对外汉语教学范畴下的剪纸教学,它也不单单是一节手工兴趣课那么简单,应当列为对外汉语文化教学之列。

那么在进行对外汉语剪纸课教学时,我们应当如何处理文化知识讲述与技巧学习环节的比重呢? 经过笔者的多次实践,针对不同的学习群体、不同群体的学习需求应当做到"因人而异"。

对于低年级的学员来说,过多的文化阐释只会加重学生的记忆负担,开门见山直接进入剪纸主题更能够在最精华的时间段内抓住学生的注意力,有效开展剪纸教学。教学过程中可以适当融入一些简易的词语、短句教学,此外可以播放一些生动有趣的剪纸动画吸引学生的注意力。

例如,"福"字剪纸案例和"雪花"剪纸案例中,由于教学对象的年龄都相对较小,因此知识讲解模块的比重也相对较少。教学一开始,简要地向学生介绍教学内容并引导学生对剪制内容进行观察之后,我便直接进入主题,进行亲身师范,向学生教授剪制的细节。而学生也能够在注意力最为集中的时段接收到本堂课的重点,是为比较成功的教学探索。此外,在"雪花"剪纸案例中,笔者还将雪花动图的视频引入课堂,便于学生观察动态雪花和静态雪花的特点,有助于学生发挥想象力,进行剪纸创作。对于中学层次的学生来说,可以在手工练习之余适当增添文化知识的讲述,甚至可以将文化知识提前分解成各个模块,让学生课前分组收集相关资料,进行小组课堂展示等。

4.教学应当注重过程,不能流于形式

据笔者的调研和实践,了解到剪纸文化在有些国家主要通过上老师的汉语兴趣课、深入不同国家各所学校的中国志愿者老师开展专门的课程,以及各个孔院节庆庆典或开放日活动中为学生和民众提供文化体验等形式开展。

针对这样的教学模式,剪纸教学很容易流于形式,而不能深入实质。许多学生匆匆体验完一个图样的剪制就到下一个体验区进行其他项目的体验,并没有深入地了解所剪图样的内容、文化意义甚至剪制的细节也只是掌握个大概。而在兴趣课堂上,剪纸大多数时候也只是占用一到两节课的时间,教师们大多简单教授一些常见的剪纸图样,教授过程也相对潦草。剪纸作为一门精细的传统艺术形式,其教学过程应当尤为引起重视。教师在教学过程中应当对纸张的折法、画稿的方法、剪制的各项细节进行详细的示范和阐释才能让学生真正体会剪纸艺术的工匠魅力所在。

此外,对于蝶身镂空的剪制,笔者要求学生关注老师操作时的细节并引导学生进行练习。包括如何利用剪刀穿破纸张,如何剪制锯齿、月牙、圆形纹等基本纹饰,如何进行曲线线条的剪制等等。教学过程中学生能够十分专注地观察细节,从而通过模仿练习收获成效,剪制出来的作品大多精致美观。最为重要的是在示范过程中,学生们能够学习到各项细节的剪制方法。

(三)对外汉语教学活动式剪纸教学的建议

1.编写适当的教材、读物辅助教学

纵观汉语国际教育文化课的相关教材,与中国剪纸相关的内容和章节少之又少,有关汉语国际教育剪纸教学的专著更几乎为空白。这使得海外剪纸教学很难成为一个完整的体系,教学内容十分零散。

此外,剪纸作为一门综合性的艺术,如果能够在教学过程中充分利用声、色、像等因素进行教学,教学效果定会加倍。编写符合不同年龄阶段学生学习的剪纸教材同时能够搭配该国语言进行相关说明,能够让学生更清晰地掌握步骤。单纯依靠老师口述和示范过程,对于人数较少的小班来说是可行的,但一旦遇到班级人数较多的情况时,教师的示范范围有限,语言能力也是有限的。如果能有一部可供参考的书本教材、一部声像结合的影音作品或电子教材,教学开展会顺利许多,也更加体系化。

剪纸相关读物的翻译和推广也不失为一项可行的措施。闲暇之余,学生能够在图书室、读书角等地方阅读与剪纸相关的小故事、剪纸的历史演变、简易剪纸作品的操作过程等,了解剪纸在当代中国生活中的运用,学习中国剪纸所体现的中国文化内涵,并利用课余时间学习一些简易的剪纸作品,这些都能在日常生活中给学生带来潜移默化的影响。

2.与多种文化体验模式相结合

文化体验教学活动通常配合其他能够代表中国文化的项目一同开展,例如书法、茶艺、国画、中文歌曲等,学生在既定的时间内体验完一个项目便到另一个文化体验区进行体验学习。通常情况下,一般设立四组体验项目,四个体验项目各自独立,不涉及交叉体验。

试想,如果将剪纸体验与其他模块配合进行,是否更能增加教学活动的趣味性,更能激发学生学习剪纸的热情呢? 将剪纸教学与其他教学模块相整合,能够实现资源互鉴和文化串联,不失为一种很好的途径。例如,可以将书法体验与剪纸体验环节有机结合,剪制书法体验环节所涉及的部分汉字,学生在学习了汉字的书写笔顺、了解了汉字字形特点之后,紧接着学习这个汉字的折剪方法,不失为一个有效的衔接和串联。

以案例四"福"字剪纸教学为例,此次剪纸体验教学同时与服饰、太极和书法几个模块展开。为了提升活动和教学质量,笔者在前期的活动策划中,与组织书法教学的老师进行了细致地讨论,决定将书法教学的内容与剪纸教学内容进行衔接。也就是在书法教学的环节中,老师将会带领学生认识并书写汉字"福",与此同时,对组成福字的各个部件进行简要地介绍。而在剪纸体验环节,笔者将在书法体验环节的基础上,带领学生巩固"福"字的笔顺笔画,同时将中国春节张贴"福"字的文化习俗、福字纹在中国文化中的意义等知识串联其中。最后在学生对字形有一定认识的基础上,步步拆分,亲身示范,先从剪制左边的部首开始,再一步步到"口""田"的折剪,引导学生完成字形的剪制。

剪制过程中,学生不仅是机械地记住折纸步骤,而更能够深刻地认识组成字形的各个部件,了解汉字的组成特点,这也是本堂课的教学目的之一。不仅仅是福字,类似的剪纸字符如春、喜、寿等都可以采纳这样的方式,具有一定的效果。

又如,可以将中国国画体验项目与剪纸体验项目进行串联。学生在学习中国画的过程中,学习体验了一些动物、植物的画法,对它们有了一定的观察和理解之后,再到剪纸体验区学习对应实物的剪制方法,理解也会更加深刻。比如对折熊猫的剪制就能够很好地与国画体验相结合。学生在学习剪制对折熊猫的过程中,对熊猫图样的对称特点会有一定的认识,在进行作画时也会产生相关的意识,这样能够很好在两个体验项目中实现资源互鉴和文化串联。

3.采纳多样化的评估方式

在课后评估方面,我们可以采纳多种趣味性的评估方式。例如,让学生将自己的剪纸作品做成"中国龙"形或中国地图形文化展示长廊,手工制作、形式设计等过程可由学生自行发挥想象;此外可以借助十分热门的脸书、Twitter等网络社交平台,让学生将完成好的剪纸作品发布在脸书上,通过集赞获取奖励的方式鼓励学生学习剪纸。

在任期间,笔者也曾多次采纳脸书集赞的方法作为评估方式之一,学生们的热情和参与度都非常高涨。许多学生将自己剪制出来的作品发布到脸书平台上,为了鼓励学生的参与热情,笔者为集赞最多的获胜者精心准备了中国风小纪念品。纪念品虽小,这样的竞赛机制却牢牢抓住了学生们的参与热情。他们纷纷发动自己的亲朋好友给自己的帖子点赞,这样一来,不仅是参与体验的学生了解了中国剪纸,还有更多的人通过该平台知晓了这样的活动,对剪纸也产生了好奇。通过脸书等社交平台能够快捷、高效地将活动内容宣传推广出去,让更多的师生、民众了解中国剪纸。与此同时,教师还可以邀请部分学生家长一同参与评估考核,增添亲子互动氛围;针对较高年级的学生,可以将学生进行分组,课前收集与本堂剪纸课相关的内容,课上进行汇报;还可以让学生通过录制短视频的方式提交剪纸作业,短视频内容可以不限,可以展示剪制过程、还可以是与剪纸相关的任何题材等等,通过多种方式充分鼓励学生参与其中,找到乐趣。

4.提高教师自身素质

针对海外剪纸教学而言,教师除了教授学生相关的剪纸技巧之外,文化知识的传授也是必不可少的。这就意味着教师除了要掌握相应的剪纸技法之外,还应当充分了解剪纸文化,具备一定的剪纸文化素养,才能于言传身教中把知识教给学生。在实际教学中,会遇到不同汉语水平的教学对象,不同汉语水平的教学对象对于剪纸学习的目的与需求也各不相同。例如,在针对本土汉语教师的剪纸教学中,加大了剪纸相关文化知识的比重和深度。除了向学员们介绍剪纸的历史演变、在现当代生活中的应用外,同时将汉字"春""喜""福"等的教学穿插其中,带领学员们回顾汉字笔顺,亲自动手,理解汉字在书写和剪、画之间的关联。

此外,由于此批本土教师学员汉语水平均在HSK四级及以上,笔者还补充介绍了民间吉祥剪纸常用的词语和吉祥物,如与"福"相关的吉祥文字福寿双全、平安双福等,以及剪纸吉祥物蝙蝠、佛手、牡丹花等。与"财"相关的连年有余、招财进宝、金玉满堂等,以及剪纸吉祥物聚宝盆、金鱼、鲤鱼等。通过实图作品"官上加官""连年有余"讲解了剪纸具有谐音、象征的艺术特点等知识点,很大程度上满足了学员们进一步了解中国文化的需求。可见,掌握一定的剪纸文化知识在教学中是不可或缺的。

除了具备学科方面的专业技能之外,不断提升教师业务素质也是时代之需。随着社会经济的发展,教学手段和教学设备不断更新换代,不同于传统课堂,剪纸教学也可以充分利用现代教学手段向学生展示大量剪纸作品、视频、动图等等,从而帮助学生多种渠道地了解和学习剪纸。这也就要求教师要不断提升专业水平和业务素养,同时要做到与时俱进,设计有趣创新且符合时代气息和学生需求的教学内容、教学方法等。

第七章 文化视域下对外汉语教学的跨文化交际与传播

第一节 文化视域下的对外汉语教学中的跨文化交际

一、不同文化间的差异

(一)中西方文化对比

东亚的儒家文明和西方基督教文明之间存在较大差异,中国文化一开始就关注的是人,研究如何处理人和人之间的和谐关系,富有道德精神,于是诞生了与人相关的实用科学和"仁"学,所以中国古代文化具有一种圣贤气象;西方文化一开始就关注的是自然,研究如何处理人和自然之间二元对立的关系,富有受理性指导的科学精神,创立了最初的自然科学和自然哲学,所以西方古代希腊罗马文化具有一种智者风范。中国文化侧重天人相和的主体意识,是一种德性文化和伦理哲学;而西方文化侧重天人相分的客体意识,是一种智性文化和自然哲学。[①]

1.内陆农业文化与海洋商业文化

中华传统文化是一种内陆农业文明,重农轻商,在文化上表现为安土重迁,性格上比较保守;西方传统文化是一种海洋商业文明,重商轻农,在文化上表现为见异思迁,性格上喜欢创新。中国位于欧亚大陆东部,东边濒临太平洋,西边是巍巍高原,南边是崇山峻岭,北面是茫茫大漠,相对封闭的环境形成了中华文明发源于内倾型的大陆农业文化,经济活动多以农业为主,日常生活以"静"为本位,价值观念多以群体为主。以封建社会为代表,中华传统文化由三个相互依赖的子系统构成,以家长官僚制度为核心的权威政治文化,以宗法血缘关心为核心的集体主义文化,以小农生产

---

①胡晓凯,范祥镇,刘宓庆. 新编当代翻译理论[M]. 北京:中译出版社,2019.

为特色的经济文化,造成了压抑个性、扼杀创造性、消解积极性的不良后果。

西方传统文化受古希腊开放型海洋文化的影响,西方国家以工商立国,而且西方文化注重个性主义,价值观念以个体为本位,强调个人生活独立自由,家庭观念比较淡漠,家庭组织结构以核心家庭为主,不像中国人那样聚族而居,人的经济活动多以商业为主,生活方式多以流动为主,形成了求新、求名、求变的性格。西方民族受个性主义文化熏陶,他们有较强的进取心,喜欢开拓创造,不喜欢安分守己,喜欢冒险、竞争,比较好战。他们企图征服自然,战胜自然,展现人的个性和本质力量,追求个性解放和个人的发展,在奋斗中追求物质财富和物质享受。西方个人主义文化和重商主义结合很容易导致拜金主义享乐主义和个人本位主义等现代社会病。

2.伦理道德文化与科技理性文化

中国传统文化是一种伦理型文化,崇尚"德治"和"仁政",注重情义,鄙薄"技艺"。"仁"的核心就是"礼",中国是一个礼制社会,人际关系和社会秩序是由"礼"规定的,人的日常行为必须"出乎礼则入于法","礼"的目的就是为了维护人际关系的和谐。中华民族在漫长的历史发展过程中,建构了一套成熟的道德价值体系,形成了丰富的个人伦理、家庭伦理、国家伦理,乃至宇宙伦理的体系,并有一套完善的道德教育理论。但是,中国传统教育注重修、齐、治、平之说,把科学技术看成形而下之器,生产技术缺乏实证性独创性思考,以儒学为中心、以科举为手段的中国传统教育造成近代科学技术的落后。毋庸讳言,中国封建统治者也关注科技,但不是对科技本身感兴趣,而只是以科技作为政教的辅助手段,"观乎天文,以察时变",自然科学知识不是用于增进人民的生活福利,而是用于论证封建纲常伦理的合理性,用于加强封建专制统治的稳固性,正是封建教育的这种体用观造成了中国科学技术的落后和异化。

古希腊思想以苏格拉底、柏拉图为代表,关注世界本源,承认理性能力至上,主张美德服从知识,情感依附于理智。希腊人创造了关于自然和世界的科学的抽象概念和逻辑知识,成为西方科学精神的先导,希腊文化的理性也成为西方科学精神的特征。西方的科技教育,一开始就和一种纯探索的学习兴趣联系,与实用无关,科技教育和审美教育一样,是个人娱乐的工具。西方传统教育非常重视科学和艺术,希腊神话中的耀司女神既掌管科学又掌管艺术,西方知识分子群体是一个以科学家和艺术家为主体的群体,西方的科技教育和审美教育造就了大批的科学家和艺术家,他们是知识分子的主体。英国哲学家罗素认为,西方文化的显著长处在于科学的方法,中国文化的长处在于对人生归宿的合理理解。

3.集体主义文化与个人主义文化

东方文化从总体上讲是集体主义文化,传统儒学的"仁和"思想强调人的群体价值,认为国之本在家而不在于个人,国家社会的存在比个人的存在更重要,个人的利益来自集体的利益,个人的价值源自集体的价值,"大河有水小河满,大河无水小河干",社团价值至上的东方集体主义文化推崇的不是作为独立个体的人的自我价值,而是社团和集体的价值,提倡的是人与人之间的相互依赖相互支持,强调的是个人对社会群体的统一和认同。这种群体价值之上的价值观一旦和封建专制主义结合,就会抹杀人的个性的发展,导致人们只能从一个角度去看问题,不容许异端想法出现,容易形成一元化的思想。

真正的个人主义就是以个人强健为中心,保证在机会均等的前提下每个人能有机会通过竞争去实现个人的充分发展和事业梦想,真正的个人需要自我独立(self-independence)、自我发展(self-development)、自我实现(self-made),从而通过个人的发展谋求社会进步,绝不是以自我为中心的自私自利(egoism)。社会的进步,经济的发展,文化的发达,都需要个性独立的强健的个人,个性地发展不是资产阶级的专利,而是人类进步的共同价值追求。

西方的个人主义(individualism)一般是指西方社会在财产个人所有制基础上产生的强调并尊重个人的自由、权力和个人责任的价值观,我们一般译作"个性主义",其思想源泉是古希腊文明的早期城邦制政治制度所培养的民主意识和传统的犹太基督教所宣扬的个人本位主义精神。西方文化是个人主义的文化,强调每个人本身就是目的,注重发挥个人的作用,强调个人的独立和自由、个人的责任和义务。西方的个性主义或个人主义思想起源于卢梭、曼德维尔和休谟,经过托克维尔和阿克顿,19世纪在乔治亚●塔克、弗格森、史密斯和伯克那里臻于成熟。

西方文明是以个人主义为本位的,比较重个人价值、重异议和竞争,中华文明是以集体主义为本位的,比较重群体价值、重和谐和合作。西方文化中的自我是独立的自我(independent self),任何人都不依赖于他人而存在,这是他们的责任和权利,西方人特别强调个人的创业能力与独立从业的能力——The ability to initiate and operate independently。由于英汉两个民族之间在个人主义理念上存在差异,英美人的家庭属 nucleus family(核心家庭),儿女成人之后,年满十八周岁就必须自立,不能再随便花父母的钱,如果年满十八周岁还和父母住在一起并靠父母养活,那就会被看作 a mummy′s boy,要受到别人嘲笑。而中国的传统家庭属 extended family(延续型家庭),子女有赡养父母的法律责任与义务。汉语的"家""家庭"相当于英语中的 family,但两者之间也存在文化上的差异,外国人经常问"Do you have a family?"这不是问你成家了没有,而是问你有没有孩子,因为一个人结婚与否属于个人隐私,在西方是不能问的,这些都体现了中西个人主义文化的差异:东方的个人主义追求自利,西方个人主义追求自立;东方的个人主义讲究圆滑,西方个人主义讲究个性。

东方群体主义源生于农耕文化,西方个人主义来源于游牧文明和商业文化,这两种文化形态对人的影响是不一样的。东方集体主义价值观致力于社会稳定和谐人生,容易导致政治权威主义,存在着忽视个人权力和自由的倾向,个人的事再大也是小事,国家的事再小也是大事,儒家主张用国家本位无条件地压抑乃至取消个性本位。林毓生指出,中国传统文化中有民本思想,但是没有民主的观念,"民主"一词是从西洋翻译过来的,民主就是主权在民(popular sovereignty)。民主的本意就是人民自己做主,也就是在法律的范围内人人平等,每个人都有权利自己做决定。民主政治不是人类发现的最好的政治制度,却是我们人类经验中所能找到的最不坏的制度。儒家群体主义道德理想认为通过人的理性和人为的社会工程可以完善人性,净化社会,设计历史和未来,结果造成公民社会的萎缩和矮化,国家权力过度膨胀,侵犯了个人自由和隐私。

4.中西文化的对比原则与交融互摄

我们在进行中西方文化对比时,反对民族中心主义的一元文化论,反对从自己的民族或种族的文化背景出发,以自身的标准衡量和判断来自其他文化条件下的人。

我们要建设社会主义市场经济的新文化,不能抛弃传统,传统文化是现代化的基础。我们必须把中国文化置于世界文化的背景中,排除传统文化心理中重道轻器、贵义贱利与厚古薄今的僵固思维模式,以解放思想实事求是的马克思主义原则作指导,坚持古为今用、洋为中用、去粗取精、融会贯通、推陈出新的科学文化观,对古今中外文化系统的组成成分和结构形式进行科学的分析、审慎的筛选、辩证的综合,根据社会主义市场经济建设的实际需要,创造出一种生机勃勃的社会主义新文化。这种新文化必须具有改革开放的时代精神、和平与发展的全球意识与天人合一的民族特色,它一定是由中国传统文化、西方工业文明以及中国化了的马克思主义学说三者良性互动而孕育出来的新的价值体系。

我们在进行文化对比时,应该把普遍性研究策略和特殊性研究策略结合起来,普遍性研究策略是以同样的方法、程序、概念和理论应用于不同的社会,通过比较,找出不同文化影响之下人类行为的共同性和差异性。这种研究策略是站在文化之外研究文化,且把文化看成一个外在的系统对个体产生影响。特殊性研究策略不是把文化看作个体之外的影响因素,而是把文化看作是人类行为的组成部分,因为文化是人和人、人和自然、人和社会互动的结果,文化并非脱离人而存在的外在系统,因此这种研究策略是站在文化之内研究文化,所追求的目标是每一科,文化之下行为的特殊性。

在建设社会主义新文化的过程中,我们必须遵循唯物史观关于社会进步和人的解放之辩证统一观点:"反对把人类走向现代化的共同趋向只限于物质文明的层面,或者将新事物纳入儒家道统的旧轨道;我们必须以历史的眼光来审视过去、正视现实、面向未来,根据中国的国情去努力变革一切阻碍现代化之实施的旧事物,包括那些禁锢民族精神、扼杀民族智慧的思维方式和价值观念。"我们要建立社会主义市场经济,就必须建立社会主义市场经济的新文化。从广义角度讲,我们社会主义市场经济新文化包括富强的物质文明、民主的制度文明、高尚的精神文明三个范畴。

(二)文化差异引起学生学习差异

1.认知方式的不同

作为对外汉语老师,首先要明确学生的认知方式,做到大致的分类,而最重要的是教师应该试图引导学生学会用两种认知方式来学习,因为场独立性和场依存性的方式并无优劣之分,各有利弊,也各有特定,我们可以在教学过程中综合利用两种认知方式的优势,发挥其有利的一面。比如说我们在教授汉语语法和语音规则的时候,可以尽量采用场依存性的方式来学习,因为语法和语音规则是比较客观的,它是一种历史的积累和约定俗成,并没有过多可以发挥的内容。所以我们在学习的时候就是要精讲多练,充分依靠老师的讲解和学生的互相纠正,共同促进来完成这一部分的学习。而对于阅读和写作的学习,教师就可以两种方式并用,汉语阅读不仅要注意到细节的表达,也需要对文章的整体进行把握。一句话或者一个词语的意义通常要联系整个文章的上下文来才能准确理解,有的时候还需要了解文章的写作背景。这时候就必须把场独立性和场依存性的认知方式结合起来,简单地说就是两种学习方式的结合,对于只习惯于一种认知的方式,我们的教师有必要在教学过程中就要很好地融合这两种教学方式,使学生能直观体会这种方法对汉语学习的好处。

2.学习方式的不同

对于学习方式有很多不同的界定,这里我们从学习的活动方式上来谈,可以分为合作型和竞争型,是指学习者是喜欢以合作的方式学习还是更喜欢在竞争的独立的环境中学习,竞争型的学习风格一般表现为独立自主的学习方式。对这一点的讨论可以和我们之前的文化模式联系起来,一般来说具有集体主义或者长期导向型的文化模式的国家更喜欢合作型的学习方式,如亚洲处于儒文化圈的国家,中国、日本等,以及拉美文化也教育孩子要具有合作的意识。相反,像个人主义盛行或具有短期导向文化模式的国家更喜欢竞争型的学习方式,像美国(欧裔美国人)、英国、加拿大等一些欧美国家。

在充分了解学生学习方式的前提下,更要针对不同的学习风格,因材施教,实行不同的教学模式,以达到最佳的教学效果。笔者曾经在对外汉语培训机构长期任教,一般在进入一个崭新的班级教学时,通常会事先分组,分组也是按照自愿原则的,对于喜欢合作的同学来说自然很愿意,而对于喜欢独立完成任务的学生,我们通常会允许其独自一组,但是笔者会在课堂上阐述这次教学任务的内容适合合作完成,鼓励每个同学参与分组,但最终决定权在学生自己身上。而且对于一个新的班级,分组不是固定的,可以随意组合,目的是进一步加强他们之间的交流,相互学习,形成一个比较有效的汉语学习课堂。

对于是采取合作学习的方式还是采取独立竞争的学习方式,通常根据两个标准来选择:第一,根据学习的内容而定。比如在对外汉语教学中,对于口语课的学习我通常采用独立自主的竞争性方式教学,因为口语课目的就是为了锻炼学生的口语表达能力,笔者会鼓励所有同学积极发言,而且通常选择一个话题或一个情景,以表演或辩论赛的形式进行练习,既然有表演或辩论的形式,通常会设置等级,以资鼓励,提高他们的积极性。第二,根据学生不同的学习方式而定。因为一个人只有在他适应的学习环境中才能更有成效地学习,虽然我们强调汉语学习的规律性,但是任何规律如果不通过有效的内化和吸收,结果也是徒然的,而且改变一个人的学习方式是很困难的,有时还会适得其反。对于两种不同学习习惯的同学,笔者会采取不同的教学方法,在教学任务的布置上也各有不同,一切以他们的需要为出发点,当然目的最终都是指向提高其汉语运用能力上的。总之,教师应该以实际为基础,灵活选择。

3.交流方式的不同

在课堂上,交流是最重要的活动,教学过程就是一种师生互相交流的过程,教师必须通过有效地交流把知识传递给学生,而且必须随时接收学生的反馈信息,随时对教学做出调整。交流方式就是就是人们偏爱某种交流方法或形式。我们可以把交流方式大致地分为:直接交流/间接交流和正式交流/非正式交流。

文化影响人们的交流方式,一般而言低语境国家的人们更喜欢直接的交流方式,他们一般比较坦诚直率,欧美多数低语境国家都属于这种交流方式。而多数高语境国家的交流方式都是非直接的,即间接的。这很容易理解,从高低语境的定义中就可以理解——根据交流中所传达的意义是来自交流的场合还是来自交流的语言而划分的。

间接交流是一种含蓄的交流方式,通常不会直接说出自己的意图,总是看似说一些与事件不相关的话题,他们认为寒暄是必要的,可以拉近人们之间的距离,而且看似不相关的话题其实就可以反映人们说话的意图,中国人和日本人都习惯这种交流方式。

对外汉语教学的老师需要了解学生的这种交流风格,不能以自己的交流方式为标准而去偏爱与自己具有同样交流风格的学生,对于有些欧美学生,他们对待老师很随意,认为自和老师都是平等的,经常在课堂上直接和老师辩驳,这在中国是不可能的。

正式交流和非正式交流反映了人们在交流场合中所期望的正式程度,

正式或不正式也会影响课堂上交流问题。比如说在埃及、土耳其和伊朗，师生关系相当正式而且非常讲究礼仪，有时候让学生主动很老师讲话都很困难，更不用说直呼老师的名字或者和老师自由讨论了。在中国虽然都在提倡民主型的师生关系，但是传统的尊师重教还是没有改变，而与美国大学里轻松随意的师生关系形成了鲜明的对比。

4.学习动机的不同

对于为何要学习，学习的目的是什么，每个人都会有不同的原因，但是对于学习的重要性和必要性，文化提供了各种理由。这些理由都是促使学生参与教育过程并力求出类拔萃的动机基础。由于各种文化在教育导向方面存在着很大的差异，老师必须采取多种方式去激发学生的学习动机。根据学校情景中学业成就动机，教育心理学上把动机分为认知内驱力、自我提高内驱力和附属内驱力。

认知内驱力是指向学习任务的本身即为了获得知识，满足这种动机是学习本身所实际获得的知识；自我提高内驱力是指个体由自己的学业成就而获得相应的地位和威望的需要，它并不是直接指向学习任务本身，而是把成就看作赢得地位和自尊心的根源，属于外部动机；附属内驱力是指个体为了获得长者(如家长、老师)的赞许或认可而表现出把工作、学习做好的一种需要。它既不直接指向学习任务本身，也不把学业成就看作赢得地位的手段，而是为了从长辈或同伴那里获得赞许或接纳。附属内驱力是一种间接的学习需要，属于外部动机。

在对外汉语教学课堂上学习动机各异，但是都可以划分到这几类。我们也不能笼统地说哪个国家的学生属于哪一种动机类型，毕竟动机是非常个人的心理，因人而异。所以了解学生的学生动机成为一项很重要的工作，但是不论是属于那种动机类型，其最终指向都是提高汉语语言能力，问题是如果是外部动力即自我提高内驱力和附属内驱力，很容易在遇到较难的学习任务时打退堂鼓，因此老师必须要强化他们的学习动机，并且引导学生形成认知内驱力，使学生在学习汉语中获得学习的满足感和成就感，就是要激发学生学习汉语的兴趣。

但是教育心理学又在提醒我们动机的强度与行为效率是呈倒U型曲线的，当学习任务较难时，适度的动机水平还必须与有效的学习行为结合起来，才能达到较好的学习效果。因此在初级对外汉语教学的过程中要尽量以丰富多彩的教学方式,以引起学生的兴趣,在学到中高级时,一方面继续鼓励他们对汉语的学习热情,更重要的是提高教师自身的教学能力,使学生掌握扎实的基本功和一定的学习能力。因为真正能保持他们的学习动机是学习时取得的成就感和获得知识后的幸福感,而知识如何获得就成了教师要面对的关键问题。在对外汉语教学领域已经积累了很多有益的经验和方法,但是教学有方,教无定法,况且教学是个流动的不断变化的过程,学生情况不同,所采用的方法也不尽相同,而且教学方法有很大的创造新,只要有利于学生的汉语学习,我们都应该努力探索并不断尝试。

5.宗教信仰和非语言交流的方式不同

虽然我们认可了文化导致了人们不同思维模式和行为特征,但是我们需要具体分析,特别是那些具有明显差异的特征,因为这会影响对外汉语教学是否能顺利进行。一个人的宗教信仰最不可亵渎,严重的会引起暴力事件,轻微的也会导致人们交流的中断或关系的破裂。世界上有三大宗教即基督教、伊斯兰教以及佛教,每一宗教都形成难以计数的宗派,而每一宗派又分化出复杂的支脉,它们组成了各种各样的宗教组织,创造了各式各样的宗教教义和宗教经典,所以想要完全掌握或彻底理解是不太可能的,但是我们仍然不能就此忽略。一些主要宗教的禁忌还是必须弄明白的。像基督教的主要禁忌是:不准制作或跪拜偶像,不准吃血或带血的肉类,基督教徒在进餐前多进行祈祷。圣诞节是基督教各派信徒纪念耶稣诞辰的日子。为了纪念耶稣的复活,信徒们要举行斋戒,不吃肉食,不用刀叉进食,减少娱乐。伊斯兰教主要的禁忌是:不准像任何画像、雕像、塑像行礼;不食不洁之物,包括猪肉、狗肉、兔肉、马肉、驴肉和无鳞或无鳍的鱼,不准吃猛兽;不准吃血或自死的动物(清真事物);禁止饮酒等等。佛教我们比较熟悉,在饮食上主要是不吃荤、戒酒。宗教禁忌很多,我们只是列举了一些与我们生活紧密相关的禁忌,因为这些很可能就发生在教师和学生的私下交流中,所以提前了解班级里学生的宗教信仰是很有必要的,在教学过程中也可以做到尽量不要涉及宗教敏感性的内容。

非语言交流,顾名思义除了语言交流以外的其他的所有交流我们都可以称之为非语言交流,它包括体态语(手势、目光接触、体触行为、面部表情)、近体语(个人与交流对象的距离)和副语言(运用特殊的发音效果来达到交流的目的,包括高音、重音、语调、音量、语速等)。心理学认为,人在交流时70%的信息是由人的表情、声音等非语言来传递的,语言只是占少部分,我们的对外汉语的课堂上,教师非语言的恰当表达可以促进课堂上师生的交流,比如阿拉伯学生很喜欢近距离地交流;手势的运用也是大相径庭,如果理解或者运用错误,便会引起误会甚至矛盾。比如中国人喊人是手心向下,手指向下摆动,手心向上,四指向上摆动是招呼动物的手势。而这在西方国家却正好相反,手心向上表示叫人过来;又比如在中国点头表示同意,摇头表示反对。而在印度,点头表示反对;在中国伸舌头表示不好意思,而在美国则表示轻蔑、嘲笑,在斯里兰卡伸舌头则表示要吓走魔鬼、怪物。还有许多非语言的差异还包括服装、颜色等等,在多元文化式的对外汉语教学的课堂上,教师了解学生最常见的非语言差异,就可以较好地避免误会,拉近师生距离,增进师生了解。

三、师生课堂跨文化交际

不论是从对外汉语教学自身的特殊属性来说,还是从当下时代发展的大背景来看,尤其是"一带一路"倡议的提出以及汉语国际传播事业在国际舞台中的进一步深化发展,越来越多的学者认可在汉语教学中应当十分重视对师生跨文化意识的提升以及跨文化交际能力的培养。

毕继万(1998)重点论述了跨文化交际研究与第二语言教学之间的关系,指出培养学生的跨文化交际能力是第二语言教学的主要目标。肖莉莉(2019)指出"一带一路"倡议提出的背景下,对外汉语老师肩负中华文化传播的使命,应重视跨文化交际能力的提升,培养多元文化意识。骆仁能、曾建松(2019)分别从跨文化态度培养、文化比较意识培养、文化输出意识培养三个途径探讨汉语国际教育专业学生应该具有的跨文化意识。叶颖颖(2019)认为国际汉语教师可从课程规划、课堂运用和测试与评价三个方面入手,培养师生的跨文化交际能力。李旭中、王希竹、彭爽(2016)认为国际汉语教师应具备文化差异意识和多元文化意识,以此来培养跨文化交际素养。

(一)基于跨文化交际目标的课堂教学

在对汉语教学目标取得共识的基础上,越来越多的研究围绕跨文化交际能力的培养对教学活动提出了改善和优化路径,希望通过课堂教学能够培养出满足现实生活跨文化交际需求的人才,除了能够灵活运用汉语知识,更重要的是培养一种跨文化思考的意识和能力,而不是机械地掌握汉语知识。

张奕雯、许群航(2017)提出在培养汉语学习者的跨文化交际能力时应使学习者学会尊重当地人的生活方式、思维习惯、情感表达方式等。曲凤荣(2014)指出价值观念的差异、民族性格与思维方式的差异等是引起对外汉语教学中跨文化交际冲突的重要因素,并从语言教学与文化教学的角度提出避免跨文化交际冲突和障碍的举措。范晓倩(2017)认为教师要有意识地引导学生发现各国文化的差异,有意识地分辨蕴含交际文化的语言表达所属的汉语水平等级等。孙荔(2011)从激发学习动机、加大文化比较的比重、更新教学模式、开展第二课堂教学活动等方面对教学活动提出了应对措施。李玉琪、崔巍(2017)提出教师应用语言社会化理论来指导自己的教学,学习跨文化交际理论和语用学等相关理论知识、教师应接纳不同的文化,要具备透过深层文化因素来解释交际行为现象的能力等。杨洁(2013)基于跨文化交际目标,考察了美国芝加哥大学汉语教学在侧重语言技能训练的第一课堂之外,构建起的满足不同交际目标的、丰富多彩的第二课堂,并认为这是适应新时期国际汉语教育发展要求的变革创新的重要方向。

(二)跨文化交际适应

跨文化交际的过程伴随着跨文化适应的问题,尤其是对留学生在华的学习来说,在中国的课堂中学习汉语面临着课堂学习焦虑的问题,如梁泽鸿、全克林(2016)分析了留学生汉语课堂交际焦虑、考试焦虑、课堂状态焦虑及汉语本身特点引发的焦虑等多方面问题。对此,关于学生跨文化交际适应的研究也越来越多。史兴松、冯悦(2018)发现亚洲学生更容易适应我国的教育模式,而欧美学生在跨文化适应过程中面临更大的挑战,相当多的留学生很难适应我国传统汉语教学方式,从而使其汉语习得进程受到制约。刘荣、杨恬(2013)研究发现,中高级汉语学习者的跨文化适应性呈现出复杂、变化的特征,高年级学生的适应性略差于中级学生,不同国家留学生的跨文化适应呈现出"倒U形"和"U形"等态势。苏博(2018)基于舒曼"跨文化适应模式"分析了英国来华留学生跨文化适应对二语习得的研究,对有利于文化适应和不利于融入目的语群体及学习的社会文化因素做了分析总结。周雪婷、尹孟杰(2019)对来华学习汉语的留学生的跨文化适应进行实证研究,分析了汉语水平对跨文化适应的影响,研究认为留学生来华时间越久、汉语水平越高、留学动机越强,社会文化适应越好。

(三)师生课堂跨文化交际的问题

在文献梳理中发现,现有的研究对对外汉语教学活动中教师的教以及学生的学给予了高度的关注,使我们对汉语课堂教学模式、留学生汉语学习中存在的难点问题以及教师课堂语言的使用有了非常丰富和全面的认识。研究的初衷都是更好地改善教学活动,现有的研究从知识教授层面对汉语教学活动做出了非常突出的贡献,提供了诸多的研究思路。不过,通过仔细整理文献发现,现有的研究还存在以下几方面问题。

第一,就教学而论教学。对外汉语教学围绕"三教"及留学生学习展开,多局限于具体的"教与学"本身,重视知识本体的传授以及教学技能的改善,没有从思想根源上探讨较为深层次的问题。鉴于此,本文以教学活动为依据,进一步深挖教学中的教育理念及背后的文化特征,为未来教学活动的改善提供了新的思路和方向。

第二,割裂了师生共同体。对外汉语课堂的研究忽视了师生共同体这一重要特征,如对教师话语的研究主要关注了教师一方,而对学生课堂学习焦虑、学习偏误等也只涉及学生一方,且对教师的关注程度远高于学生,忽视了学生的主体地位。本文对师生交际的互动过程展开分析,关注教师的同时,同样对学生给予了充分的关注。

第三,课堂观察缺少深度分析。在已有的课堂观察的实证研究中,技术性实践多于反思性实践,对深层次的课堂文化等难以触及。本文通过课堂观察,在归纳总结了观察到的师生交际行为现象后,进一步从中西教育理念的角度以及文化特征分析层面做了深度剖析,文章的逻辑由浅入深,层层递进。

第四,课堂还原的完整度不够。现有的研究偏向于从某个角度解构课堂,聚焦于某一具体行为,如对教师话语的研究、学生学习偏误的研究等。本文将围绕师生交际,从交际的物理环境、师生交际角色的扮演、师生交际过程的管理、交际关系的呈现等多方面展开。

第五,缺少师生跨文化交际的实证研究。学者们虽然从多种角度对未来课堂更好地实现师生跨文化交际的目标提出了教学优化建议,但依然是认识层面的主观探讨。

（四）师生课堂交际时的物理环境

1.讲台

国内的教室,讲台是标配,讲台的存在传递了这样一个讯息:教师站在讲台上有着比学生更高一级的身份。从地理位置上看,教师可以俯视到全班学生,而坐在讲台下面的学生看老师则稍微需要一点仰视的视角。

观察发现,有老师课堂上很多时间是在讲台下面跟学生进行交流的,不论是老师在讲授新课还是指导学生进行习题操练,都可以看到老师会经常性地走下讲台。教室的座位布置分为两大列,中间有一个过道,老师会站在过道中间与学生交流,也会经常性地点对点为学生答疑解惑。这一主动行为很大程度上突破了讲台的存在对师生互动的限制。

2.座位

座位布置是中西方教育中一个非常鲜明的对比。东京大学佐滕学教授(2014)在《学校见闻录——学习共同体的实践》一书中鲜明提出,以黑板与讲台为中心,每一个人排排坐在单向排列的课桌椅上,教师以教科书为中心讲解传递的同步的教学方式,在欧美各国正在进入博物馆。

国内的教室,桌椅编排多以"秧田式"为主,统一排成横排,一字型依次展开,学生依次而坐,整体面向教师,桌椅摆放形式单一机械。除了讲台,桌椅的摆放也强化了教师的主导地位。而在西方国家,学生桌椅是不固定的,教师可以根据上课的需要灵活安排,如马蹄形排列、圆圈型排列、U字型等排列形式充分体现了以学生为中心的特点,重视合作式学习。

课堂的物理环境能有利于积极学习,也能破坏积极学习。有时候,将课桌稍作调整便可创设不同的学习环境,即使是传统的课桌也可以组合在一起形成不同的布局(郑艳红,2018)。虽然观察到的几位老师的课堂中,桌椅的摆放是"秧田式"的编排,呈一字型固定排列。但由于班级人数少,有时,老师会根据授课内容灵活地调整学生的的座位。如《高级汉语》老师在复习生词环节,给学生布置猜词活动时,把班里学生分成了四个小组,根据小组成员,学生围在一起进行讨论。从学生表现来看,学生参与的热情和积极性都非常高。

3.小班化教学

班级规模指的是为了某一学习目的而将学生组合在一起的人数(王爱玲,2011)。本研究所观察的班级是由来自九个不同国家的留学生组成,全班共24人,越南学生8人,泰国学生5人,老挝学生3人,哈萨克斯坦、吉尔吉斯斯坦各2人,塔吉克斯坦、俄罗斯联邦、也门和日本各1人。相对于国内的常规班教学(一个班四五十人,甚至七八十人),这可以算是名副其实的小班制了。

老师对班上每一位学生都非常熟悉。首先,老师在点名提问时能够非常快速而准确地叫出每一位同学的名字。其次,老师在选择学生回答问题时,对一些开放性的问题,会倾向于让那些积极外向的学生来回答,对于那些不喜欢在课堂发言的学生,老师尽量把一些简单的问题留给他们。如读一下课文,读一下课后习题的题目等。最后,老师拿班上学生做例子来帮助学生理解的时候,对于活泼开朗的学生,老师用他们做例子的机会也多。这些都得益于小班化教学带来的积极影响。

(五)"朋友式"师生关系

师生关系是一种教育关系,它总是发生在具体的教师和学生之间的交往情境中,对师生双方的精神生活品质会产生重要的影响(朱晓宏,2011)。中国古代有"天、地、君、亲、师"的说法,把教师放在了与天地、君王、父母同等崇高的地位,"一日为师,终身为父"的说法正说明了这个观点。中国传统的师道尊严式的师生关系彰显出师生地位分明的等级色彩,强调师生之间是长辈与晚辈的关系,在这种等级分明中又蕴含了某种亲人、家人的情感关系。

而对外汉语课堂中"朋友式"的师生关系一定程度上消解了师生之间等级分明的特点,同时也融入了传统师生关系中情感浓厚的因素,但这种情感更加追求平等。具有两个鲜明的特点:一是师生之间情感的交流越来越凸显,这拉近了师生之间的距离,使得师生的相处像亲密友好的朋友一样。二是师生之间能够展开频繁的对话,互动的机会多。

1.师生情感交往密切

Swain (2013) 基于维果斯基(Vygotsky)的社会文化理论提出,在二语学习中,认知和情感是不可分割的。情感体验与语言教学活动是一体两面的关系,相互交织又相互调节。观察发现师生交际过程中充满了情感的因素,可以概括为:自然大方式的情感表达、真实诚恳式的情感沟通、风趣幽默式的情感释放和温暖体贴式的情感关怀。师生更加人性化的情感流露显示出课堂上的师生是一个个洋溢着丰富情感的生命个体,师生的个性化形象愈加鲜明立体。

师生投入真情实感的课堂中,师生双方形成了相互信任和尊重的情感交往关系。一方面,教师能够从中体验到教学的愉悦感。另一方面,学生也从中获得了学习的安全感、自信心和成就感(朱小蔓、王坤,2018)。教师不只承担知识传授的任务,也更加注重与知识传授对象的情感交流,而学生在情感态度上也更加开放地融入课堂中。师生交际的过程既是一个知识"教与学"的过程,同时也是双方情感产生碰撞,情感得以彼此滋养的过程。

2.师生互动频繁

"子弹论"是传播学上一个非常著名的关于传播效果的理论,这一理论认为传播媒介拥有不可抵抗的强大力量,它们所传递的信息在受传者身上就像子弹击中躯体,药剂注入皮肤一样,可以引起直接迅速的反应(郭庆光,2015)。在该理论中,传播者所说的话就像子弹一样能命中受传者,忽视了受传者的主观能动性。观察发现,老师在讲课的过程中会及时地、频繁地与学生展开互动。不管这种互动是主动的还是被动的,互动的形式是单一的还是多元的,互动内容的深度是深层次的还是浅层次的,学生在互动过程中使用的是短句子还是长句子,都不能否认师生互动的频率是很高的。老师总是在努力给予学生更多开口的机会,而不是像"子弹"一样对学生进行持续的语言"轰炸"。

(六)师生交际行为的教育理念

1.重视教育理念:以教师为中心

巴尔和塔戈与赵炬明等中外学者从六个方面对比了"以教师为中心"和"以学生为中心"新旧两种教学范式(季波、张怡凡,2019)。"教师为中心"和"学生为中心"成为人们区分不同教育理念的一个普遍遵循。中国的传统教育中"教师为中心"的教学模式常见于各个阶段的教育教学当中。"以教师为中心"的中式教育理念主要体现为以下三点。

(1)"知识传授者"的教师角色凸显

师生之间"教与学"的关系贯穿始终,老师更多地是在向学生教授知识,学生被动地从老师那里获取知识,而且所获取的知识大多都来源于课本。教师"促进者"的角色没有得到有效的发挥,这突出地表现在班级内部互动和交际的过程中,学生之间缺少相互协作,互动范围小。

（2）学生依赖认知和元认知的学习策略

教师主导下的课堂,教师多使用教诲式的教学方式,与此相对应的是学生的学习策略,学生用很多的时间来记忆和消化课本中的知识。并且,主要依靠自我管理、自我监控等形式进行自我的学习,很少通过合作的方式来深化和拓宽自己已有的知识。

（3）以教师为主导的教学方式

教师话语量远远高于学生,最高达到了百分之九十二。在教师主导的课堂下,老师与学生之间的互动紧紧围绕教材展开,老师的提问同样局限于课本,学生常处于应对老师源源不断的书本知识的一个被动回答的状态,从书上找答案,缺少自我思考和进行思维发散的时间。学生的回答也显得简短,一个字,两个字的情况经常出现。

"以教师为中心"中式教育理念突出教师的重要性,教师往往采用讲授法、语法翻译法等,以解释知识为主,学生更多是被动地接受知识,缺少积极思考或者主动构建知识。

2.融入西方教育理念:"平等"观念

西方教育强调以学生为中心,师生交际过程中虽然呈现出以教师为中心的特点,然而,一些行为已经发生了不同于中国传统教育的积极变化。教师中心和学生中心的争论,其实追根究底是对师生地位平等的一种呼唤。这些变化集中表现为师生交际过程中越来越重视师生平等,"平等"的实现有一个观念到行为逐渐转变的过程。Samovar、Porter 与 Mcdanie（2010）认为人们的行为受到价值观的深刻影响。这说明人们的意识对人们行为的影响至关重要。融入了西方"平等"观念的师生交际行为已经在某些具体行为上得到了体现,表现为:

（1）师生交际距离缩小

首先,讲台的存在并没有强化教师为中心,相反地,教师有意识地走下讲台,走近同学。当老师走下讲台那一刻,其实已经说明了教师姿态的转变,老师走到学生中间不是要去突出自己的主导地位,而是要与学生平等对话和沟通。物理距离的拉近会又带来了一系列的连锁反应,比如,师生频繁互动。其次,固定的座椅也并没有完全限制住老师组织学生开展灵活课堂互动的意愿,比如说,分小组做猜词游戏,学生都离开座位去寻找新的合作伙伴,活动开始后,学生还有上台表演的机会。虽然还有待进一步提升,但是老师在现有的条件下已经开始有了积极的尝试和改变。最后,小班化教学为实现师生的进一步平等创造了最有利的条件。当班级人数控制在一个合理范围内的时候,师生交际自然也会呈现出不一样的状态。

(2)和谐人际关系的建立

老师在对课堂氛围的管理上追求对良好、和谐人际关系的维护,尽管一节课中长时间对课本内容的讲授会使学生产生某些疲惫和怠惰的情绪,但是老师会在这种已形成既定模式的教学方式中尽最大努力来给学生创造更多快乐的学习时光,而不是不采取任何改变的行动。比如,把所讲的内容跟学生日常生活相联系,甚至老师会拿自己举例子,说明老师从心里把学生看成跟自己处于一样平等的位置,老师愿意把自己更加生活化的一面展现给学生,彼此分享。这使得中国传统教育中严肃有序的课堂文化得到了有效的削弱,从根本上看,这也是对追求师生平等地位的一种有意义的努力和改变。尽管这种尝试还没有从根本上突破以教师为中心,但是已经看到了未来改变的良好势头。

(3)"朋友式"师生关系

"朋友式"的师生关系朝着更加平等的方向发展,与西方师生关系中的平等理念是不谋而合的。师生在情感表达方面,已经流露出更多更加人性化的,生活化的情感表露。教师带着丰富饱满的情感上课的精神状态直接带动了学生各方面情感的迸发,从而才有了师生之间自然大方式的情感表达、真实诚恳式的情感沟通、风趣幽默式的情感释放和温暖体贴式的情感关怀,师生之间良好的情感沟通促进了师生地位的平等。

此外,师生互动密切频繁,这与中式传统教学中老师唱独角戏的课堂有了很大改变。事实上,师生之间的频繁互动已经是对老师牢牢掌握话语权的师生不平等地位的一种消释了。尽管在这种互动中,学生还较为被动,且互动范围也有限,但已出现了非常积极的改变的迹象。

综合以上三点,"平等"观念的融入是对"教师中心"教育桎梏的一种勇敢的突破和对实现更多"学生中心"的积极尝试。"平等观念"的融入虽然还没有完全撼动教师主导的地位,但是已经发生了很明显的改变。当下,师生之间的不平等体现在老师主要围绕教材上课,师生对课本知识掌握的不平等使得教师拥有更多的话语权,但是师生追求平等的意愿一直在潜移默化中不断的生长并逐渐得到强化。

3.融合式教育：中式为主，兼具西方教育色彩

Hall（1976）提出的"文化冰山"理论认为，文化就像大海中矗立的冰山一样，只有十分之一是露出水面的，露出水面的部分容易进入人们的意识当中。如饮食、服饰、语言、文学等，而十分之九是隐藏于水中的，难以被人们所察觉，如世界观、价值观、信仰、态度等。深层次的文化对人们的行为有着深远的影响，是文化最核心的内容。与该理论所倡导的含义有异曲同工之处的是 GHofstede 与 GJHofstede（2004）提出的"洋葱"文化理论，该理论同样解释了文化逐层深入的特点。文化就像一个"洋葱"，被层层包裹着，从外到内包含了四个层次：a象征符号（服装、语言、建筑物等具体可见的部分）；b英雄人物（英雄是文化观念的体现，体现了人们的文化价值取向）；c礼仪（文化中对待任何自然观念的独特表达方式）；d.价值观（文化的核心）。由外到内，文化内容逐层深入。

从根本上看，"融合式教育"是以中式教育为主，中式教育理念是其根本和核心。西方元素的融入就像"文化冰山"露出的部分和"洋葱"的外层，而中式教育就像"文化冰山"潜藏于水下的部分和"洋葱"的内层，占据着最核心的位置。

第二节 文化视域下对外汉语教学中的
跨文化传播

语言的产生是人类传播的第一次飞跃，有了语言，人类开始将抽象的东西具体化，混沌的世界在人类眼里开始棱角分明。语言是文化的载体，是不同的种族文化的重要传承工具。正是因为如此，各个国家都比较重视本国语言的保留和发展。西方国家在殖民时期，不仅对被侵略国家进行政治和经济制裁，也对其语言和文化摧残，将被侵略国的学校和博物馆摧毁，开办本国语言学校，不许被侵略国说母语，以达到文化侵略亡国的目的。阿尔封斯·都德《最后一课》真实地再现了法国遭普鲁士亡国时期，普鲁士要求法国所有的学校不许学法语，必须改学德语对法国师生造成的伤害的场景，由此可见语言文化对一个国家的重要性。

除了捍卫各自民族语言文化,人类还在不断的冲突和融合中,向外传递本国的语言文化,期望通过语言文化为载体,将本国的思维方式,价值观传递到其他国家。人类对外语言文化传播活动早已有之,早在文艺复兴时期,以意大利为首的复兴古希腊,希伯来文化就扩展到西欧各国。中国从唐朝开始就向日本派送留学生,将中国的语言文化带到日本,同时学习日本的文化。

一、西方对中国语言文化传播的历史

(一)明末传教士带来的西学之风

16世纪欧洲思想界的主导因素依然是神学,但对其他国家的语言文化传播已经开始,早在17世纪中国处于明末清初时期,西方开始有传教士进入中国,尽管传教士在主观上的目的是为了宣扬基督教义,但在客观上促进了中国人民的开化和中国的科技的发展,带着西学而来的传教士开展了晚明士大夫学习西学的风气。以利玛窦和汤若望为例,利玛窦在中国的传教一开始很不顺利。为此,利玛窦转变了策略,决定采取了曲线传教的方针,先向公众开放图书室、展示地图、宣传西方科技,马上就改变了处境,招至大批中国士大夫的青睐,影响也越来越大。

利玛窦的成功经历,使传教士们认识到,要想在中国传教成功,必须学习中国的语言文字,并尊重中国人敬天、祭祖、祀孔的礼仪习俗,而"最善之法莫若以学术收揽人心"。于是来华传教士大都是当时西方的饱学之士,在科学上有着较高的造诣,以宣传西方的科学文明作为传教的重要手段。继利玛窦之后最重要的传教士汤若望,继承了利氏通过科学传教的策略,在明清朝廷历法修订以及火炮制造等方面多有贡献,中国现在沿用至今的农历就是由其编写并被古人用来指导农业生产,并一直使用到现在。还著有《主制群徵》、《主教缘起》等宗教著述。汤若望在天历等方面所做的实际工作以及撰写的一系列注重实践的著述,在当时是很有现实意义的。他以孜孜不倦的努力,在西学东渐之中成就了一番不可磨灭的业绩。

传教士自基督教诞生之日就存在,明朝时期,传教士开始走向东方,走进中国。对于在中国活动的传教士的定义,一直是一个很有争议的话题,至今没有定义。"传教士把基督教和西方社会具有近代意义的科学知识、价值观念和风俗规范传入中国,参与了中国的各项改革运动,从而构成了对中国传统文化的现代性挑战,诱发了近代中国人寻求变革的意识,刺激了改革派倡导者和现代化知识阶层的崛起,为近代中国的现代化运动提供了具有示范意义的参照模式,因而对晚清中国现代化运动特别是思想文化的变革产生重要影响"。①

然而另一方面,传教士宣传的是西方的价值体系,他要求按照西方的意志来改革和规范中国的社会制度,他们在自认为的传播福音的宗教的笼罩下推行种族偏见,功利的鼓吹只有基督教才能救中国,要求按照上帝的旨意对中国现有的制度进行改革成资本主义制度。传教士在中国究竟扮演一个怎样的角色,他的活动带有怎样的目的性?

从传教士对中国进行的语言文化传播活动来看,无疑他的最终目的是进行"文化侵略""文化殖民",然而闭关锁国前的中国在世界上仍然处于领先的大国地位,若是单纯的传教不可能得到国民的接受。1583年利玛窦第一次进入中国,在肇庆建立了一个传教驻地,最开始的利玛窦为传教而传教,结果受到冷落,相当不顺利。如何能在儒家思想根深蒂固的中国打开局面是传教士迫切需要解决的问题。中国从古代开始就重文轻"器",文人治国,在中国人看来器物都是不学无术的东西,成不了大事。利玛窦开始研究中国的文化,一方面奉承中国人,另一方面最终决定从中国最薄弱的"器",即科学入手,向盲目自大的中国人宣传西方科技,向中国人介绍真实的世界。据史料记载,利玛窦在1584年获准进入肇庆后,对中国的官员宣称他们来自"天竺",让中国人认为他来自佛教。为了在中国能生存下来而不被驱逐,他们解释来中国的原因是"因为仰慕中国,希望可以留下,至死在这里侍奉天主"。同时低调地学习中国语言和文化。为了获得中国官员的喜爱,他不断地称赞中国,说中国"除了没有沐浴我们神圣的天主教信仰之外,中国的伟大乃是举世无双的"。

利玛窦在中国行事十分谨慎,以博得官员的信任,他们的服装改良得和佛教僧侣一样,让中国人相信他们是来自西方的僧侣。后在韶州时利玛窦发现自己的佛教装束在当时的中国社会并不受到尊重,为了更方便与中国官员交往,利玛窦征得当地官员的同意后开始蓄发留须穿起儒士的服装。在渐渐得到中国官员的认可后,利玛窦开始向中国传播西方的科学。

①李喜所.关于传教士与晚清现代化关系的思考——评《美国传教士与晚清中国现代化》,1998(2):176

1584 年,利玛窦翻译和印行了《山海舆地全图》,让中国人首次接触到近代地理学知识,首次见到了地图,知道地球并不是"天圆地方",而是一个球形。他向中国展示西方各种新事物,如圣母像、三棱镜、星盘等,让好奇的中国人眼界大开。在韶州时,利玛窦向达官贵人赠送自己制作的地球仪,日晷等西洋物品,利玛窦的名声逐渐在高官中传开。在北京,利玛窦向明神宗赠送《万国图志》,大西洋琴等,与徐光启翻译了《几何原本》,将西方先进的数学引进到中国。利玛窦如此费尽心思,终于得到中国的认同,对他所带来的基督教有所了解。利玛窦成为死后葬于北京的第一个传教士,可以说利玛窦在对中国进行文化传播方面是非常成功的。对中国当今进行文化传播具有重要的借鉴意义。

(二)鸦片战争前后清政府西学东渐的过程

清朝时期与明朝不同,鸦片战争前的清朝实行闭关锁国政策,拒绝西方的科学技术,使西方这一时期的对外传播出现断层,但仍有传教士通过各种渠道和方法对中国进行文化传播。最早的中文期刊《察世俗每月统记传》,是英国耶稣会教士马礼逊和米怜 1815 年于马六甲共同创立的,虽然不在中国发行,但有不少流传入中国。中国本土则是 1833 年由荷兰教士郭士立在广州成立的《东西洋考每月统计纪传》,内容介绍西方文化、新闻、文学等。其后数十年间陆续有传教士成立各种期刊,但大多延续时间不长(五年已算长),发行量影响力也都较小。

鸦片战争后,西方人再度开始进入中国,中国的有识之士开始推行洋务运动,洋务运动将目的定于"师夷长技以制夷",过多注重西方的科技而没有从思想体制上找原因。因此在这期间学术思想方面的传入主要由西方传教士创办的媒体。

(三)西方语言在中国传播的概况

西方语言以英语为中心,英语在中国的传播要追溯到第二次鸦片战争。第二次鸦片战争失败后列强在北京设立公馆并于 1858 年在《中英天津条约》续约中规定"嗣后英国文书俱用英文书写……遇有文字辩论之处,总以英文作为正义。此次约定,英汉字详细校对无讹,亦照此为例",为了不受制予外国,在对外交流方面能有自己的翻译,中国开始培养自己的英语人才。1862 年我国第一个英文馆在京师大学堂成立,这是中国第一个官方学习英文的学校。1890 第二次传教士大会后传教士达成了在教会学校可以开设英语课程的一致意见,至此以英语为主要课程之一的各类英美教会学校在中国的数量开始急剧增加,规模也开始迅速扩大,并在 20 世纪 30 年代~40 年代达到顶峰,在很大程度上加速了英语在中国的传播,从此英语开始成为我国的主要外语之一。1949 年中华人民共和国成立后,由于政治原因英语被禁止学习。直到 1972 年中美重新建交,北京、上海、天津开始招收政治上可靠的工农兵学员学习英语。1977 高考恢复英语考试,由此英语在中国开始广泛学习。改革开放后更是掀起英语热,"据估计 20 世纪 80 年代中期我国收看'跟我学'系列英语教学节目的人数已达 100 万",同时,由于出国热潮引发的"托福""雅思"考试更是将英语学习和培训推向社会的前沿,这种情形一直到今天仍方兴未艾。中国加入 WTO 和成功开办奥运年会以后,英语的热潮达到顶峰。

二、中国对外汉语在世界传播的历史

(一)古代中国对外文化传播与交流

1.丝绸之路与早期对外传播

中国的对外文化传播历史源远流长,早在西汉时期(公元前 202 年—公元 8 年),张骞就开辟的丝绸之路,丝绸之路成为这是亚欧大陆的交通动脉,是中国、印度、希腊三种主要文化的交汇的桥梁。丝绸之路促进了中古古代技术的西传,造纸术,印刷术沿着丝绸之路传到了欧洲,为欧洲文明做出了贡献。其中唐代的《金刚经》雕版残本如今仍保存于英国。这说明印刷术在唐代至少已传播至中亚。

2.玄奘取经,鉴真东渡促进中外文化交流

唐朝时期,玄奘因感各派学说分歧,难得定论,决心至天竺学习佛教。贞观元年(627)玄奘结侣陈表,请允西行求法。但未获唐太宗批准。然而玄奘决心已定,乃"冒越宪章,私往天竺",始自长安神邑,终于王舍新城,长途跋涉十余万里。玄奘的西游不仅把大量的佛经带回了中国,将唐朝的文化介绍给了沿途众国,而且他在西行的时候从北印度进入中印度,然后转道东印度,又沿印度东海岸到达南印度,再经西印度返回中印度,完成游学取经后从中印度取道回国。玄奘踏遍印度,促进了各地佛教学术的发展,印度人封其为升任,时至今日,在印度的小学教科书里,还有记载玄奘取经事迹的课文。

玄奘回国后唐太宗马上命其撰写《大唐西域记》(公元645年),此书于第二年写成,书中详细记述了玄奘足迹所至的138个国家、地区的历史、地理、民俗、语言、政治等情况,为后人了解古代中亚、南亚提供了最珍贵的资料。后世的考古学家根据此书中发掘出了大量文化遗产。

与玄奘同一时代的僧人鉴真对促进中外文化交流方面也做出了巨大的贡献。天宝元年(742)始,鉴真先后六次东渡日本,将中国先进的科学、技术、文化、法律、教育制度、天文历算、医学、建筑、美术、乐舞、风俗娱乐甚至年中行事等带到了日本,与其他遣隋唐使、留学生、留学僧、学问僧等帮助日本从奴隶制过渡到了封建制,而日本从中国吸收了各方面先进的生产资料后进入了大化改新,大化改新最后又促使日本进入到了历史上辉煌的平安朝时代。

鉴真是日本佛教律宗的开山祖,是日本天台宗的先驱者,他带到日本的大量佛经中还有许多华严宗、真言宗的经典文籍,为日本佛教诸宗的创建和发展打下了基础。

到了近现代的1963年,鉴真逝世一千二百周年忌日之际,虽然当时中日两国尚未复交,但中日两国人民都举行了盛大的纪念活动,这充分地表现出鉴真在中日人们心中的价值和影响。日本人民把1963年称为"鉴真年"。

3.明朝空前的中国对外文化传播盛举

唐朝和明朝开放的国家政策,对周边的国家都是采取友好的文化交流活动。在明代永乐三年(1405年)至宣德八年(1433年),郑和受朝廷派遣,率领规模巨大的船队七次出海远航,最远到达非洲东海岸,同南洋、印度洋的30多个国家和地区进行和平友好的交流,完成了历史上空前的对外文化传播盛举。

(二)近现代中国对外汉语教育发展概况

我国对外汉语教学早在2500年前《周礼》的"通译"就有所记载。而留学生或者外国外族人真正意义上的大批派遣到中国学习汉语的始于东汉初年的匈奴。此后几个朝代都断续有他国人派遣到中国学习汉语。近代对外汉语教育以1950年7月清华大学正式成立"东欧交换生中国语文进修班"为标志。新中国对外汉语教学事业正式开始,先后经历了四个阶段:初始阶段、发展阶段、恢复阶段、飞跃阶段。

三、传播的符号和意义

（一）对外汉语教学中中国传统文化符号分析

在传播学的定义中,符号是信息的外在形式或物质载体,是信息表达和传播中不可缺少的一种基本要素。符号一般指人们共同约定俗成的,以任何形式来显示意义的标志物,即再这种标志物中可以感觉和体现指代的对象的意义。比如一提到"长城",首先能感受到中国宏伟的气势,感受到古代中国劳动人民创造的伟大奇迹。对于国家,民族这种巨大的事物,符号本身就是一种公认的结果。符号不同于一般的记号,对于一个国家,它是首先被想到、记忆最清楚的,也是最响亮和夺目的。能够代表中国的符号不仅能让中国人唤起民族自信,而且可以运用于对外汉语教学中,在留学生在心中打上中国文化的烙印。笔者将能运用于对外汉语教学的中华传统文化符号可以分为物质文化符号和非物质文化符号讨论。

联合国教科文组织收录的中国物质文化遗产名录:周口店北京猿人遗址、长城、敦煌莫高窟、明清皇宫、秦始皇陵及兵马俑坑、承德避暑山庄及周围寺庙、曲阜孔府、孔庙、孔林、武当山古建筑群、布达拉宫、大昭寺、丽江古城、平遥古城、苏州古典园林、颐和园、天坛、大足石刻、明清皇家陵寝等。

这些文化遗产仅是众多的中国符号中比较突出的代表,从某一方面或者整个方面象征了中国,但是中国符号远不仅限于此。中国的文化符号可以和对外汉语教学结合起来,让留学生对中国文化有更深刻的理解。

语言是文化传播的媒介,文化是语言表达和传播的内容,文化教学在对外汉语教学中越来越重要。现在来到中国的外国学生已不再只为学习语言,许多学生来华前就有一定的汉语基础,甚至汉语水平很高,感受、体验中国五千年的文化成为很多留学生和社会学者踏上中国高校的一大原因,另一方面,对中国文化的理解程度和熟悉程度也最终决定留学生是否最终掌握了这门语言。

留学生在拥有一定的语言文字功底时,即可进入对留学生进行中国的文化感受环节。中国文化经过五千年的沉淀,自身已经形成了一个完整的形态和系统,涉及中国人日常生活的方方面面,借鉴冯骥才的《符号中国》,本文将能支撑起中国对外汉语教学的传统文化分为语言文化氛围、物质文化氛围、历史文化氛围。

（二）汉字中的中国传统文化符号意义

语言文字是一个民族的象征,也可以说是一个民族的面孔和灵魂。没有汉字也就不会有辉煌灿烂的中国古代文明,可以说汉字是中华文明之母。汉字承载的中国传统文化,体现在每一个汉字的构成。汉字是汉族人的祖先在长期社会实践中逐渐创造出来的。汉字之所以能够承载中国的传统文化,是因为汉字是表意体系的文字。表意体系的汉字于表音体系的文字不同,他不是直接表示音素或音节的字母,而是用不同笔画构成的大量表意符号来记录汉字的单音节语素,从而代表语素的声音。唐汉在《图说文字》里将汉字分解为不同的部件,从而得出这个汉字的起源和意义,有助于大家理解和记忆这个汉字。如"母"字是象形字,甲骨文中的"母"字是一个朝左跪立的女人形象,中间加了两个点突出女人和母亲的形象。"牢"字是一个会意字,甲骨文中的"牢"是一个小房子里有一头牛,门被锁起来了,发展成为"监牢""囚禁"的意思。唐汉认为每个汉字都是有意义的,可以分解开来得出这个汉字的来源。经考古发现,中国的文字起源于图画,虽然今天的简体字有很多已经看不到当年图画的痕迹,但是对留学生掌握最初的字根,掌握象形文字,还是有很大的帮助。可以肯定的是,最初原始的文字数量不会太多,到后来庞大的汉字系统是如何创造的呢? 早在东汉时期,许慎就著有《说文解字》,第一次系统地阐述了"六书"(象形、指事、会意、形声、转注、假借)的造字法和用字法,"文""字"不是同一个概念,反映了汉字发展的两个阶段。"文"指汉字的图画符号阶段,主要针对象形文字和指事字,"字"指汉字的表音符号阶段。古代文学称独体的字为"文",合体的字为"字"。独体的结构需要说明这个字的来源,故叫"说文",合体的字一般由两个或两个以上偏旁组成,故需要解剖,再来分析,即"解字"。

中国的语言文学中,文字固然占了非常重要的位置,朱俊声曾说"读书贵先识字,识字然后能通经,通经然后能致用"。而诗歌则是汉字所承载中国文化底蕴的精华。中国古代称能不合乐的称为诗,合乐的称为歌,现代一般统称为诗歌。从中国第一部诗歌总集《诗经》开始,中国就和诗歌结下了不解之缘。诗歌发展经历了《诗经》《楚辞》,汉赋,汉乐府诗,建安诗歌,魏晋南北朝民歌,唐诗,宋词,元曲,明清诗歌,现代诗的发展历程。从唐朝开始,诗赋成为科举考试的重要科目。诗赋不仅是世人进入官场的敲门砖,也是评判一个人是否"有才"的标准,更是上流社会、官场应酬场合的必需品。诗赋同时也影响到社会的普遍风气,认为"才子佳人"是最完美的婚姻。中国传统文化铸造了中国的民族精神,这些精神在我国古代的诗歌中得到了充分的反映。可以说诗歌史记录的也是当时的历史,饱含着作者的思想感情与丰富的想象,承载了大量的中国文化的内涵,而诗歌本身也是中国传统文化的重要部分,唐诗宋词也是中国的象征之一,是对外汉语教学中中国传统文化教学不可或缺的一部分。

四、跨文化传播教学的原因及目的

从传播学的角度来考察文化,就出现了"跨文化传播"一词。它是20世纪80年代由美国人类学家霍尔在他的《无声的语言》(The Silent Language)一书中首次提出的。霍尔在他的书里曾指出:"本书从整体上把文化看作是一种交流"(It treats culture in its entirety as a form of communication)。霍尔用了许多具体的事例论述了在不同的文化之间实现传播的困难状况以及非语言因素参与传播的复杂状况。这一理论的提出影响深远。跨文化传播或叫跨文化交流,是指来自不同文化背景的人们相互交流的一种情境。它的重要和独特之处在于,文化的不同,交流者固有的背景、经历和预存立场的差异,都会使交流异常艰难,有时甚至根本无法开展。跨文化交流有两种主要交流形式:国际交往和国内交往。国内交往顾名思义,指的是在一国内部同一大文化背景的人们之间的交往;国际交往是指那些来自不同国家和文化的人们之间的交往。而我们这里论述的对外汉语教学,是一种跨文化传播活动,是一种基于语言教学的国际交往。

(一)跨文化传播教学的原因

从上文我们可以了解到,为了成功地进行跨文化交流,第二语言习得者除了要有必要的语言基本知识和听说能力之外,还需要能正确判断交际场合、交际目的,了解和掌握对方的文化背景,也就是在学习第二语言的同时进行第二文化的学习。盛炎在他的《语言教学原理》中谈到第二文化学习时说道:"人们在习得第一语言的过程中,已经形成了一种自我认同。这种自我认同跟第一语言息息相关,在学习第二语言的时候就会表现出来,影响第二语言的学习,形成一种自我疆界。学习第二文化的目的在于超越这种自我疆界,或者说扩展这种自我疆界,消除两种文化接触时所产生的障碍,使自己处于目的语国家人们的位置和思路中,达到移情的理想境界,获得第二个新的自我认同。"可见在外语学习的过程中,也要加强对目的语文化的学习,只有语言和文化的同步学习才能达到理想的学习境界。文化差异是跨文化交流的障碍,克服文化差异造成的交流障碍已经成为整个世界共同面临的问题。一个企业若想让自己的产品打入国际市场,一个跨国公司若想在众多国家和地区创造高效益,不仅需要高超的经济和技术手段,而且需要深入了解对象国的文化。现代社会中一个企业的成功不仅是经济成功,而且是跨文化交流的成功。

了解文化知识是学习语言知识的关键。不懂得文化的模式和准则就不可能真正学习语言,不掌握文化背景就不能教好语言。语言是文化的载体,又是文化的一个重要组成部分。然而语言受文化的深刻影响,又反映了某种文化的独特之处。离开了特定文化背景的语言是不存在的,如果不了解目的语的文化,我们就很难理解某些词语项目的意义。

文化知识的教学是达到语言教学目标的关键。发展交际能力是语言教学的主要目标。语言能力是交流能力的基础,然而具备了语言能力并不意味着具备了交流能力。越来越多的人已达成共识,即交流能力应包括五个方面、四种技能,听、说、读、写加上社会能力即和不同文化背景的人们进行合适交流的能力。我们必须明白语言能力和语用能力在社会生活中是相辅相成的,明白文化知识是组成交流能力的一个重要方面,是达到语言教学目标的重要教学内容。一般认为,成功的跨文化交流,应当既有很好的听、说、读、写能力,还要有跨文化交际能力,共包括以下几个方面的语言能力。语言能力:指较好地掌握母语和外语的语言知识,如语音、语法和词汇。知识结构:指常识性的知识。策略能力:指有良好的心理素质并能在各种交际场合运用语言和非语言技能应对和修复交流渠道。使用能力:指适时地使用各种语言形式的能力。行为能力:指一个人运用外语与异域文化人交流时所表现出的合适的语言和非语言行为。

我们在过去的对外汉语教学中,把训练学生的听说读写作为首要目标,极少考虑语言的文化内涵和使用环境。我们的对外汉语教学长期以来固守在一个模式,那就是片面强调语言能力,围绕书本讲语法,背句型,而不太注重语言环境的教学,这是我们的学生在真正的跨文化交流中发生语用错误的症结所在。近年来,这种情况有所改变。许多对外汉语教师认识到在语言使用时,除了结构规则,即语音、词汇和语法等起作用外,还有一种规则——使用规则——在起作用。为增强学生在汉语学习中的综合素质,真正达到汉语学习的目的,进行跨文化传播教学是十分必要的。也正因为此,现在我们要开始补上这一课。

(二)跨文化传播教学的基本目的

培养学生对不同的文化的积极理解的态度。文化是有差异的,通过发现对方的不同点,反过来加深对我们自身文化的理解,从而做到客观地把握各自的文化特性。在理性分析的过程中了解异域文化中重要而细微的特点,并接受与自身文化的差异。

培养跨文化接触时的适应能力。初次与不同的文化接触时,往往会受到文化冲击,从而产生某种不适应。要使交际得以继续下去,必须设法减缓冲击、提高适应能力。

培养跨文化交际的技能。随着对外开放的进一步扩大,走出国门或留在国内参与跨文化交流的人越来越多,他们都需要学习、掌握与不同文化背景的人打交道时的实际技能。掌握跨文化交际技能,以适应国际化社会的需要。

异体文化之间的交流是跨文化交流,跨文化交流的语言是跨文化中最重要的载体。大多数跨文化的交流是通过语言这个工具来实现的,跨文化传播的研究是一个重要的研究领域,且从八十年代来吸引了越来越多的关注。在外语教学这个特殊的领域,跨文化沟通问题则具有很强的特殊性。外语教学跨文化交流研究是最近几年兴起的令人非常感兴趣的话题,随着中国的日益发展和经济增长,"中文热"也在全球范围内渐进的变暖,外语教学中跨文化传播研究关注度也翻了一倍。外语教学中的跨文化研究,正在经历一个"从不认真到认真对待,并且被充满热情"的关注,还慢慢地历经了"从无意识的到有意识的,从经验到科学的本质改变。"从传播学的视角来将汉语教学作为一个跨文化交流的工具与手段,可以令很多问题变得清晰,毕竟外语教学中跨文化交流本身就是一种实践,它是十分特别的,也是最直接、最具体的跨文化交流活动。

随着经济文化全球化的深入发展,信息全球化才是真正意义上的全球化。语言是文化的有机组成部分,又是文化的载体更是信息的载体,世界文明的多样性在很大程度上表现为世界语言的多样性。汉语是中国文化的载体,要让它成为中国与世界沟通交流的工具,在全球化浪潮扑面而来的今天,我们在进行对外传播时,应采取积极和主动的态度,推进汉语的国际传播,让世界了解中国,让中国走向世界,实现多样文化的共存共荣。同时,通过对外汉语传播的实现,提升我国软实力,营造有利于我国的国际环境,在国际上树立我国的良好形象,维护国家的安全稳定,为我国的现代化建设和改革开放营造良好的国际舆论环境。

在国家政治层面上,文化软实力就是在新的历史条件下在价值上对文化进行的一种战略判断。全球化背景下,世界经济的一体化和现代科学技术的进步,其实是传媒技术和交通手段空前的发展,使地球成为一个都市、成为地球村。国际传统的经济、技术、军事等"硬实力",已不是新时代背景下各国竞争的单一的决定因素,文化、信息、组织和结构等"软实力"的地位则日益重要,成为更具时代特征的国家综合实力的表现。

一种语言的国际推广,重要原因就是推广国的国际影响力。较大的经济影响力,才能对国际产生吸引力。中国经过40多年的改革开放,实现了经济的高速发展,从而跻身于世界大国行列。为配合中国国际地位的提高,加强汉语的对外传播工作具有重要的理论和现实意义。在全球化的背景下,文化软实力逐渐成为国家实力强大的重要标志。

了解了跨文化传播的目的之后,就应当将跨文化传播的目的结合到对外汉语教学之中。深入思考各种文化跨文化传播与冲突中出现的相关问题,并找到解决办法,使对外汉语教学发展得更好。在中国现代性文化的建构当中有所作为,增强自觉性,变被动为主动,减少冲突与摩擦,更有效地促进不同文化间的对话、沟通,相互理解,和谐发展。

五、跨文化传播的教学方法

(一)汉字文化的教学思考

众所周知,汉语是世界上最难学的语言之一,原因在于汉字难写,难记。本小节将许慎的《说文解字》中提到的"六书"理论运用到汉字的教学中,期望通过这种方法让留学生掌握汉字的构成,让留学生更深刻地认识汉字的来源和构成,对学习汉字起到事半功倍的作用。

1.图画展示法

图画展示主要用于象形文字的教学。象形是描绘事物形状的造字法。

象形文字是中国最早的文字,是根据事物的形状简化而来。古象形字有的像事物的整体轮廓,如"车""舟"等;有的像事物的特征部分,如"牛"像牛角下弯,有的除了具体事物外形外还有必要的附带部分,如"瓜"的瓜蔓。象形字是构成汉字的基础,学习这部分汉字用图画展示是最简便的方法。

对于很多象形文字,如"雨、泉、口、日、月"等,都可以采取图画展示的方法来教认,图画展示形象生动,有助于初学者对中国文字产生兴趣。对于这部分少量的象形文,要讲的浅显透彻,同时由于很多甲骨文到今天的简体字以及经历了很多的变迁,有的已经看不出原型,需要对留学生做一个字发生演变过程的展示。做图画展示不需要讲得太过深入,以免造成留学生对中国文字的类推,对学习中国文字产生负迁移的效果。

2.字根分析法

字根分析法适用于由指事、会意法造出的汉字。指事是指用象征符号或在象形文字上加提示符号来表示某个字的造字法。如用三条线表示"三",用弧向上合向下的两条长弧线为基准,上边和下边各加一段横分别表示"上""下"。在象形文字上加提示符号的如"本"字。"本"的原意是树根,在"木"字下面加一点,表示树根的所在。简单的指事字也可以用图画展示法展示。现代的指事字,基本就是从古代的指事字演变而来。会意字是指用两个或者几个部件合成一个字,把这些部件的意义合成新字的意义。在造字的最初阶段,一般的物质都可以用图画展示出来。但随着历史的推进,语言的发展,有很多意义再也无法简单地用图画表示出来,于是就发明了会意的方法,用加符号的方法使无形的意义变得有形起来。

指事、会意是借助象形文字发展起来的。象形字只是孤立地表达了事物的外形,指事、会意则可以让孤立,具体的象形字集合地、抽象的表达意义。用今天的视角看,象形就是一幅图片,而指事就像在这个图片上加一个警示标志,赋予了这个图片新的内涵,会意字就像一幅FLASH动画,让人们根据这个动态的效果来体会字的意义。学习这一部分文字,一方面要借助图画展示法,使枯燥的汉字形象和生动起来,另一方面要"解字""析字",将汉字拆分开来,分析它的字根,看这个字是怎么组成,依托于哪个字根,"得其意忘其形",这样有利用留学生把握会意和指事字。例如教指事字"朱"字,甲骨文的写法是在"木"字的中心用一短横,这个短横是指事符号。"朱"表示红色,为什么用"木"做字根呢?因为"朱"的本义是指松柏属的红心木,引申为红色。我们给留学生分析"木"这个字根,再向留学生展示红心木的图片,然后在"木"上加指事符号,就可以让留学生完全掌握"朱"字的来源和写法。再如会意字"伐",甲骨文的写法是由"戈"和"人"两个象形字会意组合而成,左边是一个"人"字,右边是一把长戈,戈刃砍在人的脖子上,这就是伐字。充分理会了"人"和"戈"这两个字根后,就不难理解"伐"字了。

3.形旁声旁归纳法

汉字中有90%以上的汉字是由形声字组成。形声,"形"即形旁,也叫形符或意符,"声"即声旁,又叫声符或音符。形旁将形声字的意义归类,声旁将形声字的表音分类。纯表意的象形字、指事字、会意字就是形声字的造字素材。形旁的来源主要是象形字,如"木、心、衣"等,声旁的来源兼有以上三种造字法的字。形声字从理论上说造字法和会意字是一样的,不过形声字有两大优点:第一,它又表音成分;第二,它的造字方法简单。对于形声字的学习,可以对形旁和声旁进行归类,以此起到举一反三的作用。如以"木"作为形旁的字"树、柏松、村、林"等,一般都是和树木有关的,以"奂"为声旁的字,一般都读"huan"音,如"换、唤、焕、涣、痪"等,在根据这些字的形旁,揣摩这个字的意思。形旁声旁的归纳和掌握能有效地掌握中国汉字,但也存在一定的不足,每个字都存在自身的特殊情况,有的形声字在简化的过程中已经省形或者省声,看不出是形声字了,有的字根既可以坐形旁也可以坐声旁,为这一归纳法增加了难度。汉字从古到今,无论是字形、字音、字义都发生了很大的变化,这些变化绝不是三言两语能说清楚的,必须用文字学、音韵学、训诂学的专门理论来做科学的解说,这里不再探讨。

(二)诗歌在对外汉语教学中的跨文化传播实践

中国的古诗无论是国内学生还是留学生,都无法避免地需要学习和吟诵的,中国的古诗承载太多的文化因素在里面,如何将中国古诗的意境传递给留学生,让他们能对其产生共鸣一直是困扰对外汉语教学的一大问题。笔者认为,诗歌的精髓在于"不求甚解""难得糊涂",能让留学生体会到诗歌的意境,能在适当的时候因景生情吟诵出来就是成功。在此笔者借助恋爱的三步骤——相识、相知、相恋来阐释诗歌教学的三部曲,力图对对外汉语中的诗歌教学建立起一种可操作的教学方法,使其实现人文性和工具性的统一。

1. 初识庐山真面目——相识

中国的古诗不同于白话文,是文言话语系统,里面使用和涉及的词汇、语法和文学典故与现代文不同,需要有一定的积累才能了解诗歌的意境,使用在留学生初学古诗的时候,需要先扫清基础性的阅读障碍,触类旁通,让留学生积累中国古文化知识。在倡导"素质教育""文学教养"的今天,跟不能忽视积累基础知识。不过在相识阶段不能讲得太深,单纯的分析文本是不能得到诗歌的意境的。有的老师在诗歌的课上将古诗一句一句的翻译出来,这种做法是不提倡的。将古诗翻译,就成了一篇篇的散文、记叙文,无法体会到古诗的意境,无法体会到诗人遣词用句,"推蔽"的能力,更不能体会到中国诗歌的独特魅力了。相识这一步讲求点到为止,为下一步的相知扫清障碍。

2. 海内存知己,天涯若比邻——相知

李健吾认为:"解释一首诗往往就等于解剖一个活人,要解读准确,使之较为接近作者本意,就必须要了解作者所处的时代、要了解作者的人生经历、精神气质等。"所以鉴赏一首古诗,关键在于"知人论世",即了解作者,了解作者当时所处的时代背景。它不仅对留学生深层了解诗歌的意境有帮助,也有利于留学积累中国的古文化知识,提高文学修养。

3. 蓦然回首,那人却在灯火阑珊处——相恋

体会古诗的已经并且能有感而发的吟诵出来是留学生学习诗歌比较高的境界,也是最难达到的境界。想让留学生爱上中国的古诗,关键是体会到古诗的意境。明朱承爵《存馀堂诗话》:"作诗之妙,全在意境融彻,出音声之外,乃得真味。"中国的古诗教学经常谈"意境",那么"意境"究竟是什么呢?字典对意境的定义是"指抒情性作品中呈现的那种情景交融、虚实相生、活跃着生命律动的韵味无穷的诗意空间"。"意境"最大的特点就是虚实相生,有"实境",也有"虚境"。体会诗歌的意境是一个由浅入深的过程,在教学的过程中应当环环相扣。教师应当借助各种手段和工具,加强留学生对诗句的理解。教师可以代入典故讲解,也可以利用音乐、视频、美术效果创造意境。例如在讲到李商隐的名句"庄生晓梦迷蝴蝶,望帝春心托杜鹃"时,就需要对这两个典故进行解释。这跟讲到诗经名篇《蒹葭》时采取的手段又不同,《蒹葭》属于完全的"虚境",诗人在一咏三叹,并没

有刻画怎样的景色,留学生对于诗人反复感叹"蒹葭苍苍,白露为霜,所谓伊人,在水一方"不能理解这个到底有什么意义。不仅对留学生,对中国的小学生来说,也很难理解蒹葭要表达的意图。这种情况教师可以借助多媒体来展示。巫启贤的MV《在水一方》就是根据《蒹葭》改编,在清晨的河边用大雾遮盖作为背景,情景交融、虚实相间,非常成功的展示了这首诗要表达的意图。

在留学生理解了诗歌要表达的意图之后,需要对诗歌进行朗读联想,品赏诗歌的意境。朗读是一种把无声语言转化为有声语言的过程,是对文本信息的再创作,尤其是声情并茂的朗读,根据诗人的情感抑扬顿挫,能让人的思想驰骋,结合自身的经历和感触,完全沉迷于诗歌所表达的意境。

诗歌的教学和理解是一个由浅入深、由景入情、由情入理的过程,教学过程中要环环相扣,让留学生体会到诗歌耐人寻味的意境,进而更深刻地体会中国文化。

五、跨文化传播教学要注意的问题和原则

提高学生的文化素质是教育的关键,也是外语教育的关键。英语作为一门国际语言,能了解世界上各个国家和各民族的文化历史、社会习俗、政治经济、风土人情等多方面的知识,加深对世界的了解,帮助学生借鉴和吸收外国优秀文化精华,也可以提高学生的文化素质。英语跨文化传播教学就是实现文化素质教育的一条重要途径。这其中有几个问题和原则需要注意。

(一)对外汉语跨文化教学中要注意的关系

在对外汉语跨文化教学过程中,有几个关系需要注意正确处理。

1.正确处理教与学的关系

外语教学是一门实践性很强的课程,应在教授语言知识和培养语言运用能力的同时,着重培养学生自我学习和自我提高的能力,帮助学生尽快地找到适合自己自学、自练的最佳模式。要注意的是,以教师讲授为主的单一的课堂教学培养不出学生较强的外语应用能力。如果学生只是被动接受,没有时间练习和思考,这样的教学只会扼杀学生学习的积极性。外外语学习的首要任务是学而不是教。外语的语言知识和语言技能是需要通过过学生的实践才能获得的,也就是说,教师在课堂上不能搞一言堂,而是要提供机会给学生练习、讨论和提问。强调学生在课堂中的积极主动性并不是要抹杀教师的作用,相反,这样更加大了教师工作的难度,更强调了教师的指导作用。在这样的课堂上,教师是课堂活动的设计者和管理者是学生活动的参与者、鼓励者和合作者是学生问题的分析者和解答者。教师还应根据学生的个性特点,适时调整教学方式,培养学生正确的学习方法。

2.正确理解教材与教学的关系

教材的编写以学生的发展为宗旨,着重培养学生的创新精神和独立思维能力,使学生获得为适应学习化社会所需要的英语基础知识和基本技能,并在学习的基础上了解文化差异,发展健全的人格,培养合作精神和社会公德意识。教材内容贴近学生生活,以日常生活为主要内容,逐渐适当增加社会、科技和自然等方面内容的比重,同时适当安排一些文学性的篇章。而且,按学生身心发展规律与兴趣特点设计大量丰富的语言和语用活动,以利学生在学中用、在用中学、学以致用,不能为了语法教学的需要而编写在目的语国家的日常生活中根本就不可能出现的对话,即使迫不得已要写,也应当注明对话使用的语境。总之,教材应既体现素质教育的要求又遵循语言教学的理论。当然,任何教材只能给教师提供静态的语言素材,教师才是教材的活化者。只有通过教师组织学生围绕教材进行活动才能赋予教材以生命力。教师决不能被教材束缚住手脚,而是应该通过教材进行实践教学。通过教材提供的语言素材,开拓学生的视野、扩大知识面、加深对外部世界的了解、在使用课程指定的教材时,亦应鼓励学生根据个人实际情况自学其他参考资料。

3.正确处理语言知识和语言技能之间的关系

前面已论述过,语言知识是指该门语言的语音、语法和词汇知识。语言技能是指听、说、读、写、译的能力。语言知识是语言技能的基础,没有扎实的语言知识就不可能获得较强的语言技能。而语言技能的提高也会促进对语言知识的加深理解和巩固。在进行听、说、读、写、译的技能训练时,应用语言知识的准确性和应用语言技能的流利性往往会产生一定的冲突。只要处理得当,可以消除冲突。但准确和流利不是对立的。它们像一个硬币的两面,互相依赖。准确是流利的基础,没有准确,流利无从存在若没有流利,就谈不上能进行有效的口笔头交际。阅读是信息时代使用最频繁的语言活动。而获得有效的阅读能力与其他语言能力的培养也是分不开的。

4.全面培养学生主动学习、自我完善的意识

教师在培养学生系统全面掌握语言知识的同时,还应强调学生培养自己归纳知识的能力。当学生抱怨单词记不住时,教师应告知学生使用什么样的词典,怎样使用词典,怎样在学习过程中通过上下文来记忆和巩固已学单词等。教师还可通过使用教材引导学生区分母语和外语的异同,区分语言中所隐含的不同文化和价值观念。培养学生主动学习、自我完善的意识。学生在学习一门外语的时候,更重要的是在学会如何学习。这样,学习外语的过程亦可成为一个人提高综合素质,获取宝贵人生经验的过程。

(二)把握对外汉语跨文化传播教学的原则

在进行对外汉语跨文化传播教学时,有几个重要原则需要把握

1.相关原则

所谓相关,是要求所导入的文化内容应该与教材的内容有关,或者是教材的拓宽。文化导入教学应充分利用教材中的语言材料,尽可能与语言教学同行。如在教授英语里的称谓的时候,就可以导入一些与家庭关系相关的文化。英语中的亲属称谓词比汉语少得多,一个涵盖了"堂表兄弟,堂表姐妹"等几种关系,汉语中亲属称谓的繁多,反映了汉族大家庭的现实,也反映了汉族人的宗族观念而西方社会里,家庭是社会的基本单位,但是它可以进一步分解成为个人。在处理个人和家庭的关系时,个人的利益和愿望是主导因素,家庭是次要的。中国人重亲情,讲人情,所以有熟人好办事,也就是我们所谓的"关系"西方人重原则,讲公平,关系在他们那里极少存在。这种东西方称谓上的繁简之分,也正好说明了两种文化之间的差异。

2.实用性原则

实用性原则是指文化导入要注重与日常交际的主要方面紧密联系,对于那些干扰交流的文化因素,应该详细讲解,反复操练,做到学以致用。比如数字13,在英语里代表厄运,那么在与英语国家的人交往时就要注意他们的这种忌讳,不要安排他们住13楼,13号房间,会面的日子也最好不要定为13号,还有要特别注意尊重英语国家人的隐私,不要探听对方的收

入、年龄、婚姻状况等。与对方的身体接触也要注意,他们比较尊重个人空间,人与人之间较多的保持着一定的距离,尤其是同性之间的身体接触更是不受欢迎。凡是这类直接影响信息准确传递的文化知识,在课堂教学时就要传授给学生,让文化教学与语言教学紧密结合,激发学生学习语言知识和文化知识的兴趣,也使学生了解语言和文化的密切关系。

3.循序渐进原则

循序渐进原则要求导入的文化内容应适合学生的年龄特点、认知能力和培养目标,注意由浅入深,由现象到本质,逐步扩展其范围。高一虹教授在她的《语言文化差异的认识与超越》一书中,将跨文化交际能力分为"道"与"器"两部分"道"是交际主题的基本取向"器"是对信息和技巧的掌握以及交际的结果或功效。也就是说,交际者内在的人格状态、整体素养以及由此而来的对待交际的基本态度是"道",其他外在的信息、技巧、行为和结果,都是载"道"之"器"。从文化导入的角度来说,文化导入的初级阶段,即教学生"了解什么"和"做什么"是"器",对于年龄层次较低、认知能力较弱的学生,是适用地对高年龄层次的学生,就要使学生认识到不同文化差异的本质,进行整体素质的培养,上升到"道"的高度。

4.平等原则

无论是在教学中还是在实际交流中,我们首先要了解的是两种文化的关系。外国文化是与本国文化相对的矛盾关系,彼此互相依存,两种不同文化的关系应该是并存,互相学习,互相渗透和互相妥协,而不是一种凌驾于另一种。学习外国文化不是说对方的文化就高于自己的文化,学习是为了更好的交流,不但吸收他人的文化,同时也把自己的文化传播出去。文化平等还意味着排除文化优越感和文化偏见,不要将本文化的价值观当成衡量其他一切文化的标准凡是与本文化相同的文化就是好的,反之则都是坏的。跨文化交流的前提是平等,只有在平等的基础上才能谈交流的成功。不平等的跨文化交流,双方对对方语言的理解再怎么正确,交流再怎么顺畅,对其中一方来说也不是成功的。因此我们在进行跨文化教学时,要本着平等的原则,去粗取精,传播本国文化的同时也要吸收外国文化。

5.文化本位原则

在对外汉语跨文化传播中,我们要强调学生掌握母语和母语文化的重要性。没有好的母语及其文化基础就不能奢谈外语会学得有多好,跨文化交际能力有多强。只有了解本民族的文化,才能在学习外国文化的同时进行比较,也只有这样,才不至于盲目模仿推崇别国文化,以至东施效颦,适得其反。有人在吸收外国文化的同时就摈弃自己的文化,以至任何时候与人交往都以洋化的做派出现,这种做法,不但会引起本文化民族的反感,甚至真正的"洋人"也会对此不以为然。跨文化传播,并不是说要全盘照搬目的语国家的东西,不是为了进行跨文化交流就可以不顾我们自己的文化。也就是说,跨文化对外汉语教学的重点在于立足本文化。

参考文献

[1]布热津斯基.大棋局:美国的首要地位及其地缘战略[M].上海:上海人民出版社,1998:34-36.

[2]陈国明,安然.跨文化传播学关键术语解读[M].北京:中国社会科学出版社,2010:166.

[3]陈宏,吴勇毅.对外汉语教学课堂教案设计[C].北京:华语教学出版社,2003:39.

[4]程棠.对外汉语教学目的、原则、方法[M].北京:北京语言大学出版社,2008:13.

[5]弗莱雷.顾建荣译.被压迫者教育学[M].上海:华东师范大学出版社,2001:51.

[6]国家汉语国际推广领导小组办公室.国际汉语教师标准[M].北京:外语教学与研究出版社,2007.

[7]胡明扬.对外汉语教学中的文化因素[J].语言教学与研究,1993(04):103-107.

[8]胡惠林.中国国家文化安全论[M].上海:上海人民出版社,2005:167

[9]胡文仲.文化与交际[C].北京:外语教学与研究出版社,1994:142-143.

[10]胡晓凯,范祥镇,刘宓庆.新编当代翻译理论[M].北京:中译出版社,2019.

[11]季羡林.东方不亮西方亮——在北京外国语大学的演讲[J].中国文化研究,1995(4):1.

[12]李泉.对外汉语教学理论思考[M].北京:教育科学出版社,2005:44.

[13]黎天睦.张占一译.中国对外汉语教学印象记[J].世界汉语教学,1987(1):57.

[14]乐黛云.文化自觉与文明共存[J].社会科学,2003(7):120.

[15]刘军平.西方翻译理论通史第2版[M].武汉:武汉大学出版社,2019.

[16]李培元.中国对外汉语教学的40年[J].世界汉语教学,1989(3):132.

[17]廖赛娟.传统文化在现代大学中的教育价值及其实现[D].武汉理工大学硕士学位论文,2006:14-15.

[18]刘要悟.教学评价的基本问题和主要工作[J].西北师大学报(社会科学版),1994(5):86.

[19]刘要悟,朱丹.教育相关群体的教师角色期望之社会调适和教师自我调适[J].教师教育研究,2010(2):39.

[20]林祥楣.现代汉语[M].北京:语文出版社,1995:15-16.

[21]李喜所.关于传教士与晚清现代化关系的思考——评《美国传教士与晚清中国现代化》,1998(2):176.

[22]迈克尔·H.普罗瑟,何道宽.文化对话:跨文化传播导论,北京:北京大学出版社.2013.73.

[23]覃兰.新诗语言的陌生化,文学界(理论版).2010(10):182-183

[24]让-诺埃尔·罗伯特.马军,宋敏生译.从罗马到中国[M].南宁:广西师范大学出版社,2005:226.

[25]石鸥.教学病理学[M].长沙:湖南教育出版社,1999:237.

[26]吴予敏.跨文化传播的研究领域与现实关切.深圳:深圳大学学报,2000(17):76.

[27]王英鹏.跨文化传播视域下的翻译功能研究[D].上海:上海外国语大学博士论文.2011.

[28]周庆元.语文教育研究概论[M].长沙:湖南人民出版社,2005:25.

[29]周思源.对外汉语教学与文化[C].北京:北京语言文化大学出版社,1997:2.

[30]赵贤州.文化差异与文化导入论略[J].语言教学与研究,1989(1):81.

[31]张占一.试议交际文化和知识文化[J].语言教学与研究,1990(3):15.

[32]赵金铭.对外汉语教学概论[M].北京:商务印书馆,2007:78.

[29]张传燧.行走于传统与现代之间[M].长沙:湖南师范大学出版社,2005:135.

[33]周晓明.人类交流与传播[M].上海:上海文艺出版社,1990:10.

[34]张翻子.初探新媒体对跨文化交流趋向的影响[J].语文学刊,2011,(24):52-53.